创意写作书系

从创意到畅销书

修改与自我编辑（第二版）

REVISION AND SELF-EDITING FOR PUBLICATION

Techniques for Transforming Your First Draft into a Novel that Sells（Second Edition）

詹姆斯·斯科特·贝尔（James Scott Bell）著
刘在良 译

中国人民大学出版社
·北京·

“创意写作书系”顾问委员会

第二版序

《江湖浪子》(*The Hustler*)是我最喜欢的电影之一。在这部影片中，保罗·纽曼扮演的艾迪·费尔森是来自奥克兰的台球高手，他野心勃勃，想要成为世界上最棒的台球手。要做到这一点，他就必须击败过去十五年里从未有过败绩的明尼苏达胖子(杰基·格里森饰)。

影片开始时，艾迪确实与胖子交锋了，并且有所斩获。之后他变得有点自以为是，而且慢慢地开始酗酒了。此时，胖子的经纪人伯特·戈登(由演技精湛的乔治·C·斯科特饰演)对他说："跟这小子耗下去，他必败无疑。"

结果，艾迪真的输了，他又回到了原点，一无所有。在一个公交车站，他遇到了一个叫莎拉(派珀·劳瑞饰)的姑娘，当时她也处于人生低谷。她很漂亮，不过很显然有过一段艰难岁月。她酗酒，曾经受过虐待。她和艾迪双双坠入爱河，而且艾迪搬去与她同居了。

有一天，艾迪问莎拉："你觉得我是个失败者吗?"他将伯特·戈登对他的评价告诉了她。莎拉问道："戈登是个'赢家'吗?"艾迪说："嗯，他拥有很多东西。"

"有很多东西就是赢家吗?"莎拉问。

然后艾迪就告诉她打台球是什么感觉。如果一个人知道自己在做什么，并且能够为了取得胜利而努力，那么即使是垒砖也可以很伟大。"在我打球的时候，我真的会全神贯注，感觉自己像一个骑在马上的马术选手一样，能感觉到坐骑的速度和爆发出的力量，我知道即将开始最后一圈，也能感受到那种压力。只是凭**感觉**去收放缰绳、增减力道。时间和力道的拿捏，一切都在掌控之中。这种感觉真爽，就是因为深谙其中的要领，真是太棒了。突然之间，我的胳膊就像上了机油一般，球杆成了我的一部分，能感觉到那些球的滚动，无须去看，就是知道。我能打出别人都打不出的好球，因为我用一种前所未有的方式来打台球。"

莎拉看着他，说："你不是输家，艾迪，你是个赢家。有些人从来不曾体验过这种滋味。”

写作与此相似。写小说的时候，你应该知道你在写什么，知道怎样写才会成功，你知道什么是错的，也知道应该如何弥补，这种感觉妙极了。

自《从创意到畅销书——修改与自我编辑》第一版出版以来，让我最欣慰的是一直有作者拿着这本书来找我，书都已经被翻得破破烂烂、边角都卷起来了，他们会说：“这本书简直就是我的救星。”一位作者告诉我这本书是“她的《圣经》”，她写每一本书的时候都会用到它。

另一位作者也给我看了他的这本书，上面贴满了彩色标签。“没有这本书我就写不了小说。”他说。

所有这一切都让我这个教师的内心深处充满了爱和满足感。

这就是我写这本书的理由。我看到作者有这样的需求，所以应该用全面系统的方法来处理修改工作。很多作家只是埋头修改，毫无计划，而我曾经也是其中的一员。这有点像是草莓跳进了搅拌机。

然而，作者应该知道要做什么、什么时间做、该问什么问题以及什么时候问合适，这些能为作者带来一种力量感，已经成稿的作品都会不约而同地呈现出这种力量感。

而作为作者，我们总能更加深刻地理解这些。

这也正是我和《作家文摘》出版社决定出版本书的第二版的原因。

除了在第 2 章中提出的人物问题，我还增加了一个章节，即“深化”。从我自己的作品以及工作坊里学生的作品中，我发现初次通读和开始修改之间这段时间是一个绝佳的时机，你可以往书中添加若干可靠的材料。

这是通过我在“新起步工作坊”使用的一些练习方法而完成的。我的很多学生都告诉我，他们曾经运用其中的一个或是多个方法展开了自己的故事，而这些方法的功效是他们所用的其他方法无法相比的。通过这种方式可以解决主人公的动机问题和情节问题。新鲜刺激的故事材料能够从“基础阶段”跳出来，期望得到关注。

你会如何处理这种新材料呢？

就像快枪手艾迪所说，你是**知道**的。凭着感觉你就能够收放自如，拿捏得恰到好处。一切尽在你的掌控之中。

太妙了，写作时能够深谙其中的要领，你也会有很棒的感觉。

目录

第二部分　修改

成为作家

大约十年前，我头脑一热，决定开始打高尔夫球。

最初几年，我买了书和磁带，并订阅了杂志。我相信，有了足够的学习和实践之后，我很快就能打到 80 杆。

听到这里，你们当中会打高尔夫球的人可能都笑了。但那时我并没有笑。我也不只是玩玩而已。我认为最好的学习方式就是抛掉一切，专注于重点。

结果就是，我满脑子都是那些方法技巧、各种提示和视觉资料。每当打球时，我总是想方设法回想那些方法技巧什么的，比如完美推杆的 22 个步骤、在击球点应该注意的 13 个要素。

简直痴迷到了疯狂的地步！但是，球技并没有什么提高。

就在我要把球杆扔进垃圾箱之前，我遇到了一个叫沃利·阿姆斯特朗的高尔夫球教练。沃利的高尔夫球教学远近闻名，他能用简单的生活用品来模拟这种运动的不同方面，帮你寻找**感觉**，比如扫帚、衣架、海绵等。

沃利说，如果你打球的时候还在想挥杆的理论，那你就输定了，这会让你紧张起来，迷失在理论的迷宫里，找不到出路。

但如果你将这些理论熟记于心，你就会只专注于打球，而忘掉所有的技术。以这种感觉进行训练，你的身体会自动做它应该做的事。

沃利说的很对，从那之后，我一直在享受比赛。尽管我还是没能突破 80 杆，但我乐在其中，并且不再感到局促不安了。

或者是很少再紧张了，就是如此。

在我看来，写好小说和打好高尔夫球一样，它们之间有很多相似之处。当然，也有同样的危险。教你写作技巧的各种书籍和文章简直数不胜数。但是，当你写作时，如果你总是想着所记住的这些技巧，你就会感到紧张。就像布兰达·尤兰所说的那样，“你不会写得那么自由欢畅”。同时，写作也不会有任何乐趣可言了。有时你会有一种想把写的东西都扔进垃圾箱的感觉。（好吧，很多作家有这样的感觉，不过这只是一种职业病而已。）

因此，我希望你能做到**享受**你的写作。当你坐下来写作时，不要去想技巧问题，跟着感觉走，往下写就行，让语句自然流淌出来。然后，你再回过头来看看它，并开始修改它。这本书将告诉你应该如何修改。

不写作的时候，你要不断学习各种写作技巧，增加知识储备，运用你头脑中的各种技巧分析你写出来的东西。

但是，当你正在进行写作时，一定要心无旁骛、专心致志。应该相信你所学的写作技巧一定会自然地发挥作用。

如果事实并非如此，你就可以从中发现问题所在。

这些应该正是修改与自我编辑的全部内容。不断地去学习、感受、写作、分析、纠正，并让你的写作越来越好。

将此过程循环往复，贯穿于你今后的人生。

这才是正确的。你是个**作家**，而不是只想随便写几本书的人。你掌握了各种写作技巧，是交过会费的俱乐部成员。

因此，你需要认真做好以下几项。

阅读

不读书，你就不能成为一位优秀的小说家。要大量阅读不同体裁的作品，包括各类小说、诗歌和非虚构类作品等。

每读一本书，这本书的流畅行文和写作节奏就会自然而然地在你的头脑中扎根。若是这本书写得很好，能够引起你的共鸣，那么你就会把它归入**优秀**文库中。若是写得不那么好，你也会有感觉，并把它归入**低劣**文库中。

你能从中学到构建故事情节以及塑造人物性格的技巧。这样你的知识宝库就会被填满，并且随时能在你需要的时候调出来使用。

在阅读时要进行自我指导。在《情节与结构》(*Plot & Structure*)一书中，我解释了学习情节写作的技巧，这样你就会对这个过程有更深的感悟。简单归纳如下：

1. 找十几本你想要写的那种类型的小说。

2. 以消遣的方式来读第一本书，然后仔细思考一下你喜欢这本书的哪些部分。

3. 接下来读第二本书，同样花些时间来仔细思考。

4. 以同样的方式读接下来的几本书。

5. 现在回到第一本书，将其中的每个场景都标在索引卡上，给它们编号，然后指出其中让你想要读下去的每一个元素（如果有的话），比如小说背景、场景等。

6. 阅读这些书的时候，重复进行此项工作。

7. 随便找一摞卡片出来，开始迅速浏览它们，回忆这本书的情节，然后在脑海中形成一部电影。

8. 对其他索引卡也进行同样的演练。

这项练习的作用是让情节与结构在你的头脑中留下不可磨灭的印象。将卡片保存好，定期回顾一下。

稍加改动之后，你就可以将此方法应用于训练小说写作技巧的任何一个方面。

所以，读书吧。

记录观察的结果

起初，我试着弄清写作到底是怎么回事，每次当我发现了在小说中起作用的某些因素时，我就会非常兴奋。有些写作指导书能够点亮我头脑中的灵感火花，每当从中学到一种写作技巧时，我也同样会很兴奋。

每当我学到了一些东西，我就会记下来。有时记在报纸上，有时记在餐巾纸上，手头有什么就记在什么上面。我现在仍然有一摞这样的笔记，很好地保存在一个大信封里。我会时不时地翻看这些笔记，因为这样做能够使我的创作灵感源源不断地涌出来。

例如，下面是我早期的一份笔记，标题为“阅读技巧！”：

1. 动作、冒险、追逐和危险，先设置场景再解决危难。（参见孔茨所著《观察家》（*Watchers*）第一章。）

2. 稍微提一提故事发展的预兆，然后切换到另一个场景。（参见斯蒂芬·金所著《死亡地带》（*The Dead Zone*）中第一个场景的最后部分。）

3. 先提示，再将场景拉回来。

4. 最终决定出现的那一刻，就要离开此处的场景。

每次回顾这份笔记，我仍然能学到不少东西。我努力学习怎样写出让读者爱不释手的小说，而这些技巧就像是找到的金块。

每当遇到一些事情时，随手记下你所学到的知识，养成习惯。不要让你的任何领悟和见解溜走。

吸收消化

你从一本不错的写作指导书中学到一种写作技巧后，一定要亲身实践一下，运用这个技巧来写一个场景，并让这个场景从脑海中落实到纸面上。

当你进行这样的练习时，你正在吸收并消化学到的技巧。这样的练习能够使你将学到的知识转化为你自己的东西，使你成为一个更好的作家。它会渗透到你的记忆之中，就像高尔夫球技巧浸润到你肌肉里面的**感觉**一样。

如此一来，你就会知道你的写作一定会越来越好，这是一种令人陶醉的感觉。如同雷·布莱伯利曾经说的：醉心于写作，这样现实就不能伤你分毫。

学无止境

作为一个作家，永远不要停下你前进的脚步。即使你的书出版之后也不能停。

不对，应该说出版之后尤其不能停。如果你想不停地出书，就应该让每一本新书都比上一本有所提高。因此要不断提升你自己。

事实上，应该系统地提升你自己。为了增强你作品的实力，你应该创建自己的“行动计划”。

回顾我的写作生涯，看看我写的几本小说，同时评价一下我当时的写作水平。我知道我的强项是情节铺设，而在人物刻画方面则弱了一些。我希望我塑造的故事人物能够更加生动。于是我坐了下来，制订了一个计划，步骤如下：

1. 挑几本故事中人物令人难忘的小说。
2. 找出书架上最好的写作指导书，翻到其中人物刻画的部分。
3. 在接下来的几周里阅读并分析这几本挑选的小说。阅读的同时做笔记。
4. 分析笔记并将其精心组织起来，与自己塑造的人物相比较。
5. 使用学会的原则来塑造一本书的人物。

即使登上了《纽约时报》畅销书排行榜的第一名，你也不要停止学习。我认识的一位作家已经达到了这个水平，但是他仍然去参加一位著名编辑主持的研讨会。原因很简单，他并不满足于已经取得的成就。自那之后，他的进步更是突飞猛进。

如何使用本书

第一部分“自我编辑”涵盖的内容十分广泛，包括各种小说技巧，同时附有练习题，简直可以称得上是一个写作方面的新手训练营了。

所有写作指导书的主要内容都包含在这本书的每一章里。尽管如此，这里的材料并不全面详尽。写作本书的目的是进一步说明每个章节里**最重要的环节**，那一定是可想而知的东西，**你也不必去仔细思索**。

因此，刚开始写作的人会发现这本书是对小说这类虚构文学作品写作技巧的一个基本概述。如果你想写出好的小说，有些因素是必不可少的，而本书就将这些因素汇编到了一起。按照本书来做，你小说出版的可能性就会大大增加。

如果你是一个水平较高的作家，你也可以使用本书，可以把它当成一个庞大的小说写作技巧备忘录。你可以用它来为特定的写作进一步润色，它能够提升你的写作技巧，让你重新思考写作方法。用你早上做填字游戏的办法来做练习。每一点积累都会对你有所裨益。

第二部分会让所有的作家都受益匪浅，因为它提供了修改小说的一整套方法体系。

本书中我所列举的例子既有源自小说的，也有源自电影的，因为二者有很多相通之处，而且有些时候人们往往只看过电影而没有读过小说。

我的建议是什么呢？就是多读书、多看电影。同时，每次都要好好思考里面的内容。这样你就会越写越好。

下面这个建议，语出我最喜欢的作家之一——已故的约翰·D·麦克唐纳。他在职业生涯的后期广受欢迎，代表作有特拉维斯·麦基系列电视剧。但我更喜欢他在20世纪50年代所写的平装书原创系列。他纯粹是通过自己的写作能力脱颖而出的。

有人曾经问他在故事中寻找什么，他的回答适合所有的作家——无论他们写的是什么体裁。以下内容引自麦克唐纳的短篇小说集《过去的好东西》（*The Good Old Stuff*）的序言：

> 首先，必须有很强的故事感。我希望故事能够激发我的好奇心，让我想知道接下来会发生什么。我希望我读到的书中的人物能够身处困境，无论是情感方面、道德、精神还是其他方面的困境。在他们寻找解决这些困难的方法时，我希望和他们在一起。
>
> 其次，我希望作者能够让我放下对他的作品的疑问……我希望自己能置身于作者构建的故事场景之中。
>
> 再次，我希望他有点散文风格的魔力，还有不事张扬的诗歌风格。我希望文中的单词和短语可以真正咏唱出来。我喜欢文章富于幽默调侃的风格、现实主义精神和宿命感。我认为写作——好的写作——应该像听音乐一样，你能够明晓主题，并且能看出“作曲家”对那些主题做了怎样的处理，然后当你认为自己正确认识了其主题和方法的时候，你又发现其实他还在其中加入了一点始料未及的跌宕起伏，而这个起伏恰到好处，比较得体，会让你读起来有种欢欣愉悦的感觉，虽然跌宕起伏的部分很有可能是本书中非常可怕和充满血腥的部分。
>
> 所以，我希望所读之书故事性强、充满智慧、朗朗上口、讽刺幽默、趣味十足，当然还应该反映现实。我在写书时就努力要求自己做到这些。

你也完全可以试着照此开始你的写作。

第一部分 自我编辑

坚持不懈地工作。不要坐等灵感，工作激发灵感，不要停下工作。

——迈克尔·克莱顿

1 自我编辑的哲理

你可以写出美妙绝伦的句子，这些词语就像唱歌一样自然涌现、朗朗上口，并且能收放自如。

但如果你只能做到这一步，那你写的就不是小说，而是诗歌。我并没有轻视诗歌的意思，相反，我很喜欢诗歌。但如果你想写一本小说，那么，你就必须知道如何才能成功地写出长篇叙述。

应该将自己训练成自己的编辑。本书的练习部分会帮助你充分了解编辑小说的要领。

练习的时候应该将所学内容植入作为写作者的你的脑海之中。

这便是还未出版作品的作家得以获得出版机会的途径。

自我编辑是这样一种能力：清楚如何才能使小说充满魅力。所以当你真正开始写作（初稿）的时候，你所雕琢的应该是适于畅销的作品。你应该学会做自己的引导者，就像兰尼·布朗和戴夫·金在其《小说家的自我编辑》(*Self-Editing for Fiction Writers*) 中所说的那样："用一个编辑的眼光去审视你的手稿，去做一个出版社的编辑应该做的事情。"

在本书关于修改的部分中将会对修改的内容给出进一步的解释。应该用一种系统的方法对整个初稿进行修改，所有初稿都要经过修改校订才能完成。

做自我编辑的练习，反复修改润色你的作品，所有这些将会大大提高你的写作水平。你的笔触会变得更加敏锐，终有一天你会被一种美妙的感觉唤醒，仿佛冥冥之中你就知道接下来该做些什么。

至少你会比一个月甚至一年前知道得更多、做得更好。

所以永远都不要停止这一过程。

写作生活

在此，我们应该考虑一下写作中经常出现的几个问题，从现在开始的一年里，主要进行自我编辑的心理准备，避免你匆忙做出决定。

如果你想成为一名作家，那就不停地写下去吧，永无止境地写下去，我坚信必须如此。即使你每天只能挤出区区一百个字（任何人每天都可以写出一百个字，假如你不能的话，那你就真的没有什么写作天赋，所以现在你就应该放弃）。

> 不要轻言放弃。而很多人在第一个十年里是很容易放弃的。
>
> ——安德鲁·杜伯斯

还有几点应该思考一下。

思维僵化

著名作家马塞尔·普鲁斯特著有巨作《追忆似水年华》（*Remembrance of Things Past*）。有一次他的女管家走进他书房的时候，没有看到伏案疾书的主人，而是看到了在地板上痛苦地翻滚的主人，就像是中风一样，旁边放着他的手稿。女管家尖叫着跑到他跟前，但普鲁斯特却厉声呵斥，让她出去，不要管他。原来，他只是因为一个词拿捏不定而正在苦苦思索、艰难咀嚼。

普鲁斯特也许是遭遇了史上写作障碍中最糟糕的情况。

幸运的是，他终于找到了让他拍案叫绝的词，如此才得以继续写下去。虽然他在写作时经常处于痛苦的煎熬之中，但他还是留下了惊世巨作。

我们在写作过程中都有卡壳的时候，觉得再也写不下去了、故事陷入了僵局。有时候，我们只是脑袋空空地干坐在桌子前，什么构思也没有，感觉时间并不是飞逝而去，反而是止步不前，就像科学小怪蛋伊戈尔在疯狂科学家的实验室里来回穿梭一样。如果情况真的变坏了，那么我们可能会认为自己是恐怖电影《永不消失的障碍》（*The Block That Would Not Die*）中的真实人物。

应该记住的是：永远不要向绝望屈服。所有天才都有灵感枯竭的时候。所以要记住这一点：你可以，也能够克服一切困难。当然，首先我们要认识到问题的根源所在。

在《写作的勇气》（*The Courage to Write*）一书中，拉尔夫·凯伊斯指出了影响写作的三个主要问题：

1. **我能够圆满完成写作吗？**换句话说，既然我已经告诉世人我要成为一名作家，那么，我能够写出一些人们感兴趣的东西吗？

2. **页面恐惧，也就是面对一页空白的纸就会感到恐惧。**正如约翰·斯坦贝克所说："我总是在动笔之前饱受煎熬。"

3. **害怕完全暴露给他人。**一旦完成了作品，担心别人尤其是母亲的看法。

此外，有时我发现自己经常与另一个吓人的鬼怪斗智斗勇，它就是完美主义综合征。当然，我一直要求自己写出最好的作品，但在动笔之时，为了使每句话都完美无瑕，故事常常会走入死角，以致停滞不前（我觉得这一点正像普鲁斯特所遭遇的情况）。

还有另外一种形式的写作障碍，我们称之为"思维僵化"，这常常发生在写作出现混乱局面之时，思维出现了停滞，而且完全不知道下一步该怎么做。

下面的几点可以帮助你：

- **在动笔之前充分热身。**假如你打算写一部小说，而且每天都要完成定量的写作任务，在此之前应该做一些简单的、自由联想式的写作练习，这可以让你的灵感源源不断地产生。娜塔莉·戈德堡认为有一个练习可以“让你的手持续活动”十分钟，以保持写作的感觉。也就是说要不间断地写上整整十分钟，用“我记得……”开头，然后就尽情地写吧，你可以写任何你想写的话题。这期间写的东西并不是用来发表的（但是，灵感往往源自这种练习），目的是让你的头脑进入一种创造性状态。

伦纳德·毕夏普的《敢于做伟大作家》（*Dare to Be a Great Writer*）一书提到了另外一种练习，那就是写一句一页长的长句。从故事的一个方面切入，可以是一个人物角色，也可以是一个场景，由此展开一个长句子，不用任何标点而铺满整个页面，尽可能使用更多技巧，比如对白、倒叙、描写等。这个练习可以帮你摆脱刚刚开始写作时的人为限制。

- **在“密封舱”里写作。**不要看你的整部小说，而要着眼于你正在写作的那一幕。安妮·拉莫特称之为“一英寸框架法”（“one-inch frame” method），就是把注意力只放在框架之内的小场景上，而不要管其他的。用这种方法你就会发现，其实你的修改阶段并不是那么令人却步了。

- **具有战略性。**应该学会区别修改初稿时的轻重缓急，从最重要的部分入手。本书将帮助你学会如何区别。

- **获取灵感。**我最喜欢的电影之一就是《追梦赤子心》（*Rudy*）。这是根据鲁迪·鲁迪格的真实故事改编而成的电影，讲述了一个心怀橄榄球梦想的少年的故事。鲁迪渴望去他所崇拜的圣母大学校队打球。但他身材矮小，不符合球队的要求。他毫不气馁，在小组里拼命训练。在毕业前夕的一场重要比赛中，鲁迪的努力感动了教练，终于获准替补上场，帮助球队拿下了比赛。

是的，这是一个再熟悉不过的情节了，开始处于劣势的主人公凭借自己的勇气和毅力取得了最终的胜利，故事的情节与场景也通过导演和演员的共同努力完美地呈现了出来。

有些时候我们需要补充精神食粮后，才能够全身心地投入到工作中来，譬如我，我就会仿照《追梦赤子心》玩玩橄榄球。其实这是一个小把戏，就像在上场拼杀之前教练鼓舞士气的讲话一样。

为什么不呢？写作这个游戏如此累人，如果再不增加点乐趣，就可能让大脑崩溃。

● **反复咀嚼：应该相信可以修改得更好。**美国著名剧作家尼尔·西蒙有一次在看他新戏的排练时，发现有个地方明显不对劲儿，而且导演也看出来了。在黑暗中，西蒙在一张纸上写下了寥寥数字，然后交给了导演。这张纸条上写着四个字：我能改好。

这一做法值得写作中的你铭记心间，因为任何写作上的问题都可以得到妥善解决，你所需要的只是工具和经验，而写得越多，修改得越多，你就会越来越熟练。

记住这一点，任何问题都可以得到解决。

当然，在修改的过程中，某些问题可能很棘手，你甚至不得不撕掉之前所写的部分而重新开始。

这也没有关系，因为：

● **提醒你自己，你所做的一切都是为了让你的书更加完美。**想象一下一个编辑或代理人看到你的原稿时脸上的表情吧，他们都希望发现又一部伟大的小说，而这部小说出自你的笔下。你要假设将来一定会是这样的。

故事选择

关于编辑，你要问的第一个问题可能是：**究竟要选择哪一个故事**

来编写一部小说呢？是从头写到尾吗？

接下来你应该会花费很长时间在你的小说写作上，可能是几个月，也可能是一年，在某些情况下还可能更长。我不希望你只坚持了三个月就半途而废。

因此，在故事的选择阶段，有几个关键问题需要注意：

1. 获得大量的创意。创造力的关键就是要有很多很多的想法，**讽刺的是这些想法没有经过任何的自我编辑，**需要你扔掉其中那些你不想要的。

这有点像律师挑选陪审团。实际上他们不是去挑选陪审员，而是排除一些人。那些候选的陪审员被随机抽取，然后通过一个名为“预先审查”的环节，律师们经过思考提出一些问题，努力去淘汰那些他们认为会对己方不利的人。

所以，作为一个作家你也应该如此，面对很多的想法，经过思考斟酌，最终丢掉那些你不愿意写的。

但是，在你挑选这些想法之前，一定要先放飞你的想象力。

2. 寻找最重要的创意。长篇小说必须要有一定规模的故事予以支撑，并非简单地堆砌词汇，而是暗流涌动的情感、各种事件和致命追击等。

这就需要你运用作家的思维去感知。想想小说中最令你感动的部分，是什么因素让你如此感动？如果这是一个令人刻骨铭心的角色的话，是什么成就了他呢？如果它是一个转折点、是扭转剧情的情节，那么高潮应该是什么样的呢？

在你酝酿构思的时候，应该考虑这些内容。

3. 写出你的封底宣传语。关于你的构思，有几个问题你应该反复追问，比如它是否具有整体性、连贯性？它是否既能让你自己满意，又能令出版商和读者喜欢？

有一种行之有效的办法，就是写下你自己的封底宣传语——这是写在书的封底（或是腰封）上的用于商业营销的文字，目的是让读者产生购买的意愿。

在做这一步的时候应该着眼于大局。你需要反复地修改，但如果这一步做得好的话，就会成为你整部小说的点睛之笔。

让我们来看一些封底宣传语的例子，这些例子或许能够让你获得一些灵感：

戴维·默莱尔：《迷途漫漫》（*Long Lost*）

> 布拉德·丹宁的弟弟彼得遗失多年。彼得在他 9 岁的时候，自己骑自行车离开了粗心的哥哥，走失了。时间仿佛冻结在了这一刻，几十年过去了，弟弟瘦弱的身影一直在布拉德的脑海中挥之不去。如今的布拉德生活富裕，但他始终认为自己应该为弟弟的失踪负责。他知道多年来父母饱尝思念之苦，但这解决不了任何问题，也不能把弟弟带回来。直到有一天，一个陌生人闯进了布拉德的生活。
>
> 一个自称是他弟弟的人出现在布拉德面前，并告诉布拉德这么多年来他是如何流离失所、饱经磨难而又绝处逢生的。布拉德的怀疑渐渐消失了，并且让这个所谓的弟弟住进了自己家。但是没过多久，这一切都破灭了。彼得再次消失了，并且掳走了布拉德的妻儿。
>
> 现在，布拉德必须独自与这一残酷的神秘人物斗智斗勇。这个对他们儿时所有的亲密细节都了如指掌的人真是他的弟弟吗？还是一个邪恶的骗子？他把布拉德的妻儿带到哪里去了？他为什么要这样做呢？时间一天天地流逝，几周过去了，摸不着头脑的警方和联邦调查局被迫结束了搜救行动。现在布拉德唯一的办法就是把自己想象成那个自称是他弟弟的人，然后亲手逮住他。

詹妮特·芬奇：《白色夹竹桃》(*White Oleander*)

阿斯特丽德是单身母亲英格丽德的独生女。英格丽德是一位才华横溢的诗人，她惯用自己明艳动人的美貌来威逼和操纵男人，游走于各种男人之间。阿斯特丽德崇拜自己的母亲，并且珍视她们那充满神秘色彩的私人世界。但这田园诗般的自由生活随着母亲与她的一个情人的分手而支离破碎。惨遭抛弃的英格丽德在精神错乱的状态下杀死了她的情人，被判处终身监禁。

《白色夹竹桃》讲述了阿斯特丽德在一连串的寄养家庭中的难忘经历。她努力在丧失希望的环境中寻找自己的立足之地。在那些收养她的家庭里，阿斯特丽德的经历也是一段自我发现的历程。每个家庭都有自己的家规和对她来说各种不同的危险，她也从中汲取了每个家庭的经验教训。拥有决心和乐观之心的阿斯特丽德独自面对孤独和贫穷，历经艰难和迷茫，作为一个失去母亲的孩子，努力学习如何在一个冷漠的世界中变得成熟和自立。

约翰·格里森姆：《露天看台》(*Bleachers*)

故事主角尼利·克伦肖曾经是全美高中最好的四分卫之一，为传奇球队“墨西拿·斯巴达人”效力。然而辉煌的日子一去不复返，十五年后，尼利为出席当年校队教练埃迪·雷克的葬礼而回到墨西拿。当年正是埃迪教练一手打造了“斯巴达人”球队不可战胜的王者岁月。

如今，埃迪教练当年的队员都端坐在看台上，等待球场上的光线慢慢变暗以示他的离去。之后他们重温往日的比赛，重温旧日的辉煌，并最后一次试着理解他们对埃迪教练的情感到底是爱还是恨。对于尼利·克伦肖而言，他终究是要原谅他的教练的，并且也原谅了他自己，因为只有这样才能继续生活下去，否则付出的代价将难以想象。

伊丽莎白·伯格：《永不改变》（*Never Change*）

51岁的迈拉·利平斯基自称为老姑娘，她与她的小狗弗兰克生活在一起，职业是家庭巡访护士，她对眼下平静的生活非常满意。但这种平静在奇普·里尔登成为她的病人后被打破了。奇普是迈拉在高中时代所崇拜的那种帅小伙儿，因为得了不治之症而选择了放弃治疗，回到他在新英格兰的家乡度过余生。如今，迈拉和奇普发现他们二人惺惺相惜，一起沉浸在过去错综复杂的回忆中，既有互相碰撞的感情，又有内心深处的渴望。

创造性和营销

有些时候，你不得不放低姿态，以诚恳的态度推销自己的作品。

出版业也是一个产业。那些出版书籍的公司以此赚取利润。这就意味着较之平平淡淡的小说而言，那些能够吸引大量读者的小说出版的可能性更大。

那种更平和、更具文学风格的小说不如商业小说畅销，这并不意味着这种小说就不值得出版，或一定不会成为畅销小说。

本书针对小说的写作技巧方面做出的解释说明，能够使你的故事更具可读性和趣味性，更容易受到读者的欢迎。即使你是要写那种非常新奇复杂的故事，这些技巧也能帮你实现你的愿望。

小说公式

对于小说写作而言，是否有一种放之四海而皆准的公式呢？

答案是有的，而且我即将告诉你。

但是，应该清楚的是，仅仅有公式本身并不能保证你的小说一定成功，你仍然需要学习小说写作技巧的各项要领，以便使整部小说更加丰满。我告诉你的只是一个概述，但你也要铭记于心，并且贯穿于你写作和编辑的每个阶段。

请看下面：

立意＋人物角色×冲突＝小说

立意是最重要的想法构思，是小说最基本的前提，是交代整个故事的主要方式。

每一部成功的小说都有一个成功的立意。它可以是一个“宏大的”立意，带着美元的标志，像许多电影一样：“如果一个杀人不眨眼的凶手在旅游高峰期威胁到整个海滩度假地该怎么办呢？”

它也可以是一个较小的、与生活紧密联系的立意，例如：“一个陷入困境的预科学校的孩子旅行到了纽约，想要找到继续生活下去的理由。”

当然，人物角色也是小说必不可少的元素。没有人物，故事就无从谈起。

冲突是小说的精华，是叙事的灵魂。没有冲突，小说就没有生命，如一潭死水。我经常引用英国导演阿尔弗雷德·希区柯克的一句格言：“一个伟大的故事源于生活，只不过是把生活中乏味沉闷的部分剔除掉了而已。”

因此，没有冲突＝乏味无趣。

现在，明白了这一点，你能推测出一部伟大小说的公式了吗？它是这样的：

立意^{x}＋人物角色^{x}×冲突^{x}＝伟大的小说

在这里，符号 x 表示那些超出一般范围的元素。你应该领悟每个元素，并且使这些元素越多越好。

你应该经常每隔一段时间就停止写作，让你的想象力与每个元素都互动一下，比如可以试着问如下问题：

- 什么会使小说中主人公的处境变得更加糟糕？
- 如何才能让已经很糟糕的情况变得更加糟糕？

- 有没有觉得立意中的哪一部分很熟悉？之前有没有写过类似的东西？怎样才能使之焕然一新？
- 如果我使用了完全不同的场景会怎么样？
- 我的主人公所拥有的特质中哪一项是他的弱点？
- 这一特质可能给他带来怎样的致命伤害？
- 如何才能让处于冲突中的人物彼此憎恶？
- 如何才能让相爱的双方变得对立？
- 能否建立一套更加吸引读者注意力的人物关系？
- 如果我的小说改编成电影，预告片会是什么样的？我想要看那样的电影吗？如果不是，那么，我应该做些什么才能让它变得好看？

关于初稿应该注意的几点

于是你开始写作了，并试着去完成你的初稿，但是写到中间的时候，你就会发现写作过程变成了艰难的跋涉。或者，也许你草草完成了初稿，但小说就像是赫特人贾巴①一样，坐在那里嘲讽你。

即便如此，请不要绝望。你应该做的只是重新激发自己的斗志并回到故事之中，回到写作的正轨上来。以下几点会帮助你为自己充电、写出好的故事。

写小说的感觉有时就像是飞蛾扑火。更糟糕的是，你可能觉得一丝希望都没有。但是，不要放弃！总会有一个解决的办法。

首先要问自己，这是否只是作家的惰性，而非写作障碍。你应该做的就是长时间坐在书桌前，手指不断地敲击键盘。这一点没有任何商量的余地。就像广告里说的那样，就是动手去做。

也许阻碍你写作的是你内心的那个编辑，它在你创作的时候叫个

---

① 科幻电影《星球大战》（*Star Wars*）中的怪物。——译者注

不停。那么，关掉这个声音，并允许自己写得不好。首先开始写，之后再慢慢润色修改。这是创作完美作品的黄金法则。

另外一个更为隐蔽的阻碍你写作的困难就是缺乏自信，你可能会觉得自己写在纸上的所有一切都好像只是傻傻地浪费时间而已。

这就是“围墙”，你应该清楚大多数小说家在写初稿的时候，某种程度上都会撞上“围墙”。对我来说，30 000 字便是分水岭。当我遇到“围墙”的时候，会突然觉得我的整部小说都很糟糕：构思烂透了，简直无药可救；我的作品是不完整的，人物乏味无趣，情节几乎全是空白。我不可能继续写下去了，写作生涯就此结束吧。当写到一半的时候，这种焦虑便会放大。下面是我总结出的一个简单的解决办法：

● 暂时停止写作，给自己放一天假。

● 试着在一个安静的地方停留一段时间，比如公园、湖滨或是废弃的停车场。去任何一个可以让你独自思考的地方。

● 至少静坐三十分钟，不要做任何事情。不要阅读，不要听音乐。深呼吸，只是聆听你周围的世界。

● 尽情地放松自己，去看电影，或者逛街，逛几个小时却不买任何东西，或者去吃冰淇淋。

● 到了晚上，喝一杯热牛奶，睡觉前读一本你最喜欢的作家的作品。

● 第二天你首先应该做的事情就是，至少写上 300 个字，不管写什么，不要进行任何修改，千万不要慢下来。只管写下去，你会重新感受到那种兴奋的。

● 坚持下来，直到完成你的初稿。

此外，还应该明白一点，那就是你的初稿绝对不会像你撞到“围墙”时所想象的那么糟糕。

我希望这本书能够成为一本很好的参考书，帮助你突破“围墙”，同时，也能够帮助你战胜在小说写作过程中遇到的所有困难。

2 人物

在环球电影公司的经典恐怖电影《科学怪人》(*Frankenstein*)中，科林·克莱夫扮演的弗兰肯斯坦博士夸张地喊道：“它是活的！它——活——了！”当他的创作真正有了生命时，他兴奋到不能自已。

博士确实做出了惊人的东西。就像是一个作家创造出了扣人心弦、有血有肉的人物。单调的纸板剪贴画并不能取悦于你或你的读者。我们需要的是鲜活的人物。

曾经有人说过，所有的小说都是“人物驱动”的，这一点毋庸置疑。即使是在非常着力于情节发展的小说中，也只有通过刻画人物才能使读者产生共鸣。

小说就是对人物所经历的威胁或是面临的挑战的记录。可能是来自外部的威胁，比如肉体的死亡；也可能是来自内部的挑战，比如心理上的障碍。无论是什么样的危险，只有在某种程度上与故事的主人公心灵相通时，读者才会产生共鸣。

约翰·加德纳既是小说家又是教师，他曾经说过这样一句话：“最先让读者决定选择阅读一本书的因素便是人物。”

当然，情节是不可或缺的，主题深化了故事。但是，如果没有引起人们兴趣的人物，什么也无法打动读者。

人物的性格特征也是小说独创性的关键。正如著名的写作导师拉约什·埃格里所说：“鲜活的、有血有肉的人物始终是伟大的、经久不衰的作品的秘诀和法宝。”

主要人物类型

有三种主要人物类型：

正面主要人物

这种人物传统上被称为“英雄”。英雄的标志就是代表共同的价值观，代表大多数人共同的道德观念，也是我们全力支持的人。

绝大多数小说都选定正面主要人物，这是因为正面主要人物最容易打动读者，也最容易贯穿于整部小说。但是请注意，我们所说的“正面”并不是完美无缺的意思。主要人物应该贴近现实生活，但并非十全十美，必须要有瑕疵和缺点。

此外，这些缺点还应该有其存在的根源，比如源于人物过去的经历。毫无来由的缺点说明不了任何问题，有缘由的缺点才能够体现其深度。

反面主要人物

自然，这是最难创作的主要人物类型，因为读者可能会不喜欢他。读者为什么要读一本其主要人物是个不关心公共利益的人的书呢？究竟是谁应当受到谴责呢？

本章后面部分还将进一步解释如何创作反面主要人物。

非传统英雄式主要人物

这一类主要人物不会力求成为社会群体的一部分，但也不会竭力反对公共价值观。他活在自己的道德准则中，独来独往。

像电影《卡萨布兰卡》（*Casablanca*）中经典的非传统英雄式主要人物里克，他是一个“不为任何人出头”的人。

随着情节曲折离奇的发展，这个非传统英雄式主要人物被迫加入到社会群体中来，此时，一个非常强大的故事主题就出现了。

在《卡萨布兰卡》中，里克无意中卷入了反纳粹活动的密谋中。他还能继续明哲保身、避免任何麻烦吗？答案是否定的。我们知道，在影片结尾，他重新加入了反纳粹社会群体，开始与自己的新朋友路易斯并肩作战。

在电影《日落狂沙》（*The Searchers*）中，约翰·韦恩扮演了伊桑·爱德华兹这一人物，加入到公众群体中，一起寻找在儿时就被科曼切人（北美印第安部落的一支）掳走的侄女。但在影片的结尾，他并没有留在群体中，反而转身离别家人，回到自己的世界中去了。

在本章中，我们将把注意力集中在正面主要人物身上。但应注意的是，其中许多方面也会涉及另外两种类型的人物。

那么，怎样才能创造出一个伟大的主要人物呢？

勇气、机智诙谐和“它”

主要人物必须能够引起我们的关注。当我们回想起那些伟大的经典文学作品时，闪现在我们脑海中的主要人物有哈克·费恩、盖茨比、汤姆·乔德、斯佳丽·奥哈拉等。

商业小说同样如此。雷蒙德·钱德勒笔下的菲利普·马洛，或珍妮特·伊万诺维奇笔下的斯蒂芬妮·普兰姆所带给人们的影响力是持久的。

究竟是什么使得这些人物令人如此难以忘怀呢？在分析了数百个令人难忘的人物之后，我认为主要有三个因素，我把它们称为“勇气、机智诙谐和‘它’”。

勇气

首先，让我们来看一条对小说中的主要人物而言不容违背的规则，那就是——不是懦夫！

懦夫就是那些逆来顺受的人，总是瞻前顾后，而非即刻行动。即使一个人物最初是懦夫，但慢慢地，他将挖掘出内心真正的勇气。因为，他必须做点什么，必须勇往直前。

勇气是你在行动中展示的胆量。就像查尔斯·波蒂斯在《大地惊雷》（*True Grit*）中所描述的那样，罗斯特·考伯恩是一个警长，他帮助年轻的玛蒂·罗斯追查杀害她父亲的凶手。从另外一个人物的口中得知，考伯恩的性格“异常强悍，在他的头脑中根本就没有‘恐惧’这两个字”。

这固然很好，但在小说中勇气最终必须通过行动展示出来。波蒂斯在高潮部分是这样写的：考伯恩骑在马上与内德·派普和他的一群帮手展开厮杀，他用牙咬着缰绳，用双枪射击。

另一个勇敢刚毅的人物便是玛格丽特·米切尔的经典巨作《乱世佳人》（*Gone With the Wind*）中的主人公斯佳丽·奥哈拉。虽然她并不完全令人钦佩，尤其是在小说刚开始时她那卖弄风情、夸张过火的表演，但斯佳丽勇敢地面对许多挑战：她帮助梅勒妮接生婴儿，在战后重建时保住了塔拉庄园。

在斯蒂芬·金的《玫瑰疯狂者》（*Rose Madder*）中，他给我们塑造的主要人物起初脆弱不堪，是一位受到残暴虐待的妻子。在开场白中，我们看到怀孕的罗丝·丹尼尔斯被丈夫野蛮地殴打。在这部分结束时，我们知道罗丝忍受她丈夫的疯狂虐待已有九年多。

第一章开篇的一幕就是罗丝遭受殴打，血从鼻子里流出来，她终于听到了自己内心的声音——“离开吧”。但她还是犹豫不决，生怕一旦尝试了，丈夫会杀了她。况且她又能去哪里呢？但最终她还是鼓足勇气，打开门，迈出了第一步，走向她那吉凶未卜的未来。

罗丝的每一步都需要勇气。面对外面的世界，她丝毫没有准备，就连买车票或找工作这么简单的事情她都应付不了。而与此同时，她清楚地知道她的丈夫正在追踪她。但她还是勇往直前，而且读者都很支持她。对于斯蒂芬·金来说，花上整整十章的篇幅详细描述罗丝遭受她丈夫的野蛮虐待是件很简单的事情。但是作为掌握写作技巧的大师，他知道那样就是赘述了。

如果你的小说读起来拖泥带水，那首先要考虑的问题就是你的主要人物的内心世界：他是不是放弃得太容易了？他的这段经历是不是已经太长了？是否在太多的场景里他只是在原地瞻前顾后、踌躇不前呢？

如果是这样的话，那就回到之前较早的场景中，加入一些冲突，让你的主要人物重新精神抖擞、充满斗志；让他对某个人或某一境遇采取行动，不管是不假思索地进入陌生的领域，还是一马当先冲进危险的战场，让我们看到他身上的勇气。

为了描写勇敢的行为，你必须提前做好准备，然后再予以证明。

● 回想一下你小说中先前的一个场景，这个场景应该能够使你的人物表现出内心的勇气。例如，他必须要面对老板做出一些违背公司规定的事情，他可以忍受这一切，而这也预示着到最后他应该表现出更大的勇气来。

● 或者上面提到的人物能够做出让步，默默成长。在奥利弗·斯通的电影《华尔街》（*Wall Street*）中，金融巨头戈登·盖柯要求年轻的股票经纪人巴德·福克斯对对手做一些不道德的窥探。在这至关重要的转折点，福克斯屈服了，尽管他知道这是错误的。福克斯需要通过这些痛苦的经历使自己成长，坚定内心的勇气，最终才能与盖柯抗衡。

● 最后，在遇到挑战的时候，突出你的人物激烈的内心斗争，这将进一步加强对抗性。除了詹姆斯·邦德，没有人可以无所畏惧地投入战斗。

兰伯特的秘密

在我的孩子还很小的时候，喜欢迪士尼卡通片《羊妈妈与狮子》（*Lambert the Sheepish Lion*）。这是一个关于一头叫兰伯特的小狮子由绵羊抚养成长的故事。结果是，兰伯特并没有成长为森林之王，反而非常胆小懦弱，经常被别的动物取笑。

换言之，就是一个懦夫。

可是有一天来了一头恶狼，把羊妈妈逼到悬崖边上，眼看恶狼就要吃掉羊妈妈，或者让她坠崖而死。羊妈妈大声叫着："兰——兰——兰伯特！"

兰伯特闻声寻去，抬头叫了一声："妈妈？"

然后看到了眼前发生的一切。

霎时间，他本能地朝恶狼大声怒吼着，立刻窜到母亲身边保护她。

恶狼被兰伯特的咆哮吓破了胆，兰伯特趁机把它撞下了悬崖。

从此兰伯特成了群羊的英雄。

要知道你的人物内心的雄狮，更要知道怎样才能使他重振雄风。在小说开始的时候就应该把这一点预示出来，这样你就不会为人物胆小怕事的性格特点所困扰了。

机智诙谐

在克里斯汀·比莱尔贝克的《失控的她》（*She's Out of Control*）中，主要人物阿什利·斯托金戴尔正在与她的朋友布雷亚争论不休，布雷亚已婚且怀有身孕：

> 我现在真的很恼火。"因为怕给不起承诺，你永远不会再跟男人约会。在你还不是'巴士诱饵'的时候，很年轻就结婚了。""巴士诱饵"是我哥哥的用语，意思是说，我被车撞的概率比 30

岁之后结婚的概率大多了。如今我31岁了，而且年龄还会继续增长。现在我过人行道都很小心。

最后一句脱口而出的话看似漫不经心，其实是绝佳之笔，机智诙谐地避免了伤感自怜的尴尬。阿什利的机智诙谐帮助她在黑暗的约会世界里保持清醒。

机智诙谐是人们自然而然就能感受到的一种温暖，而不是强加的。一个简单的方法足以证明这一点——利用诙谐风趣来自嘲。如果人物有自嘲的能力，那他自然而然就能诙谐起来，就像瑞德·巴特勒指责斯佳丽时所说："你为什么不说我是个十足的流氓、跟绅士一点都不沾边呢?"

机智诙谐也可以改变过于多愁善感的局面。当斯佳丽与瑞德第一次跳舞时，她挑逗他，让他说些赞美之词。瑞德回答道：

要是我说你的眼睛像一对金鱼缸，里面满满地盛着最清澈的碧绿的水，当金鱼就像现在这样游到水面上来时，你就魅力四射了——这样说你会高兴吗?

就算是反面人物，通过诙谐风趣也可以变得生动活泼。在托马斯·哈里斯的《沉默的羔羊》(*The Silence of the Lambs*)中，吃人的反面人物汉尼拔·莱克特便是一个绝佳的例子。有谁会忘记莱克特的菜单上列出人口普查员的肝脏和一些蚕豆呢?

- 寻找一个实例，你的人物可以稍微自嘲一下。如果把这一点增添到书中早先出现的那些场景中，更能给读者留下一个非常美好的第一印象。
- 仔细审视你的对白，并调整那些太过伤感的部分。如果你能想出一些绝佳的妙语来表述，那就再好不过了。

"它"

小说家埃莉诺·格林创造的"它"这个术语，是指"咆哮的20

年代”这一代。关于“它”，格林的意思是指个人魅力，也就是性格吸引力，一种让别人钦佩（或羡慕）的特质等。当一个人走进房间时，马上就能吸引房间里其他所有人的注意力，那他便拥有这种个人魅力“它”。（默片女演员克莱拉·鲍因为所扮演的此类人物而被称为“魅力它女郎”。）

我们都知道一些这样的人，但要把这些人的魅力呈现到纸面上，那就绝非易事了。

一种方法是让具有这种魅力的人物由作者亲自介绍出来，或者是借其他人物之口说出来。玛格丽特·米切尔在《乱世佳人》的开篇选择了前者：

> 斯佳丽·奥哈拉生得并不算漂亮，但是当男人们像塔尔顿家那对孪生兄弟那样为她的魅力所着迷时，就不会这样想了。

在这里，作者告诉我们斯佳丽拥有那个有魅力的“它”。随后米切尔又巧妙地用一些行动表现来支持这一点：

> 不过她说话时总是面带微笑，刻意加深脸上的酒窝，同时把像蝴蝶翅膀似的两圈又硬又黑的睫毛迅速地扇动起来。小伙子们给迷住了，这正合她的心意，于是他们赶快向她道歉，他们丝毫不因为她对战争不感兴趣而轻视她。相反，他们更加敬重她了。

随后，在十二橡树庄园的烤肉晚会上，斯佳丽坐在橡树下的长软椅上，四周围满了男人。这一场景为我们验证斯佳丽的个人魅力提供了更多的证据。当然，就连号称“没有征服不了的女人”的瑞德，此时也拜倒在了斯佳丽的石榴裙下。

● 你在开始写作之前，心中要勾勒出你要描写的人物的一个画面。你可以浏览各种杂志，直到找到一幅图片，让你惊叫着说：“这就是我要写的人物！”剪下这张图片，以便在你写作过程中作为参考。

● 试想在一个聚会上，人们都在闲聊，此时你的人物走进了房间，打扮得非常漂亮。其他人物会作何反应呢？对于你的人物，他们会说些什么呢？记录下这些表现，可能会在以后的小说写作中大有用途。

● 在你小说的前面部分加入一个场景——另外一个人物为主要人物所倾倒。可能是因为个人魅力、能力或者是超凡的魔力。它可以很微妙，也可以很明显。这样做能让主要人物的个人魅力牢牢印在读者的脑海之中。

勇气、机智诙谐和“它”，将这三者融合在你的主要人物身上，那么，你就会用自己独特的方式创造出真正令人难忘的小说。

> 不要犹豫，赋予你的男主人公以旺盛的情欲、阴暗的情感和对于邪恶的强烈的冲动，因为这些黑暗的力量和它们的对立物——做善举的意愿、道德冲动、精神上的鼓舞——结合起来，会给你的主要人物以力量，正像水与火对于利剑的剑刃所做的那样。
>
> ——威廉·福斯特-哈里斯

观点

能够激发人们兴趣的小说人物有看待这个世界的独特观点，这使他们看起来与其他的人物不同。

如果你正在以第一人称写作，那么你的观点应当通过叙述者表达出来。在朱莉安娜·伯格特的《女孩的密语》(*Girl Talk*)中，主要人物莉西·雅布伦斯基聪明伶俐、机智诙谐，还有点愤世嫉俗。她这样描述她的一个前男友：

> 他学陶瓷专业是因为他想让自己脏一点，学哲学专业是因为他想要去思考肮脏，学林业是因为他想与肮脏为伍，学心理学专

业是因为他想帮助别人去处理污垢。但这一切都不适合他。

从她那另类的言谈中，我们对莉西有了很多的了解。其中有一点是非常清晰的，即她并非乏味无趣之人。

以第三人称描写的人物主要是通过对白和思想表达观点。在克里斯托弗·达登和迪克·罗切特的《洛杉矶大法官》（*L. A. Justice*）中，尼基·希尔——地方副检察官——是这部法律惊悚片的主要人物。在一幕场景中，我们看到她向上司——代理地方检察官复命。这是一个有着双重性格的人物，**尼基把他称作“爵士博士”或“骗子先生”。在办公室，他绝对是后者，顽固阴郁，尖酸刻薄，丝毫没有绅士风范……此时，他无疑是“骗子先生”的代名词。**

这种表述让我们对尼基看待权威的态度略有了解，而在小说接下来的部分中将会加深印象。

寻找人物独特观点的最佳方式就是**倾听**。你可以通过创作一种自由体的日记来表达人物的声音和观点。如果最初你不知道应该表达什么样的观点，没有关系，继续往下写，用上你的速度与激情，每次多坚持 10～20 分钟，人物的观点便会开始出现。

准备一些问题，看看你笔下的人物是否能马上回答它们：

- 在这个世界上你最关心的是什么？
- 最让你恼火的是什么？
- 如果你可以做一件事情，并且能取得成功，那会是什么事呢？
- 你最佩服什么人？为什么？
- 你的童年是怎么度过的？
- 你经历过最尴尬的事情是什么？

将这些问题的答案以某种形式呈现出来，不要进行任何编辑。你的目标不是建立可用的副本（虽然你肯定会找到一些可用的材料），而是更加深入了解你计划用一整部小说来刻画的人物的特点。

人物观点的日志

新建一个空白文档，用意识流的方式专门记录人物的内心世界。这一点要满腔热情地去做。你应该努力让你的人物的内心世界自然发展。你不会希望听到别人说你的人物与其他的人物没什么差别吧。应该使人物个性化、独特化。这些方法可以帮你做到这一点。

惊喜

雷蒙德·钱德勒对如何给情节增添情趣提出了几点建议。当故事写不下去时，他建议“增加一个持枪的家伙”。换句话说，就是要有惊喜。

为什么要让你的人物去做千篇一律的事情呢？从未带给过我们惊喜的人物无疑是乏味无趣的。

令人惊喜的行为往往潜藏于兴奋、紧张或内心冲突之中。

在汉·诺兰的《当我们是圣徒》(*When We Were Saints*）中，十四岁的主角阿奇·卡斯威尔一直忍受着他那神圣的经历带来的煎熬。他独自一人在山上，**双手在地上划拉，捧起了一些松针和泥土，向树上扔去。又抓起了更多的松针和泥土，扔过去。**他大声指责上帝，然后又向上帝乞求宽恕。这个专惹麻烦的小孩与我们之前所期待的正常的人物形象截然不同。

● 找到你的故事中情节比较紧张的一幕，然后再将紧张的局势升温，进一步激化双方的矛盾。

● 为你的人物可能会采取的行动和反应列个清单，但是注意，这些行动和反应是要超越常规的。允许自己去考虑之前从未考虑过的可能性，越令人吃惊，效果就越好（这一点通常在你强迫自己继续列表时发生，所以你的清单要列出十条以上）。

● 暂时停下来，选择一个看上去从来没有用过的、充满生机的动作或反应。不要害怕未知的后果，将这些动作情节加入到你的场景中去，并且看看能否用到其他地方。

无私

我们关心那些关心别人的人，我们一直都喜欢那些不仅关心自身利益的人。那些对不如自己的人表现出关心的主角，总能与读者建立一种牢固的关系。

比较一下伍迪·艾伦的两部电影。在《独家新闻》（*Scoop*）中，斯嘉丽·约翰逊扮演了一位在伦敦学新闻的美国学生。在她的第一场戏中，她靠醉酒之后跟一位名人睡觉而得到一个面试机会。

伍迪·艾伦扮演的是一个三级魔法师，他让约翰逊给他当一个晚上的志愿者。在神秘的密室里，约翰逊遇到了一个鬼魂，这个鬼魂生前是一个著名的记者，他给了她一条关于一个连环杀手的独家新闻。

于是她央求艾伦帮她追踪犯罪嫌疑人。

但这些我们都不关心。

为什么呢？因为我们所了解的女主人公身材火辣，但道德品行值得怀疑。我们对于她的朋友也没有特殊的兴趣。虽然很显然她朋友的行为还不算太恶劣，但他那滑稽的动作并没有给人留下什么深刻印象。

那么，究竟是哪里不对劲？

现在想一想艾伦的另外一部比较成功的电影——《百老汇的丹尼·罗斯》（*Broadway Danny Rose*）。在剧中，艾伦扮演了一个与《独家新闻》中的魔法师非常相似的人物，一个说话很快但却没有给人留下什么深刻印象的布鲁克林人。然而，我们却十分喜欢丹尼·罗斯。这是为什么呢？

因为对于像双目失明的木琴演奏者或独腿的踢踏舞者这些几乎没有任何机会的人而言，丹尼就是一个天才经纪人，尽管他真正关心的是他的中介费。这也是关键，但是我们喜欢那些关心别人的人物角色。

- 在你的故事中是否也有一个为主要人物所关心的次要人物呢？如果没有，那就创造一个。
- 你的主要人物没有必要十全十美，不能要求他是一个圣人。他也可以有内心的冲突，或者在帮助别人时遇到烦心事。但我们最终应该看到他的行动。
- 一个很有用的技巧就是“拍一拍狗”的节奏（见第 17 章）。

秘方：荣誉

荣誉可以被定义为在坚守道德原则时体现出来的高尚品质。它是一种激励人们采取正确行动的内在素质，尤其是在面对可怕局面时这种素质的体现。

在影片《正午》（*High Noon*）中，威尔·凯恩（加里·库珀饰，因此角色获奥斯卡奖）是一个西部小城镇的卸任执法官。他刚与一个教友派女信徒（格蕾丝·凯莉饰）成婚，并且即将开始他们幸福平静的生活。

然而凯恩却得到一个可怕的消息：五年前被他抓获的一名凶手如今出狱，并扬言要报仇，要乘正午的火车来小镇彻底解决威尔。而且他还带了三个枪手，来帮助他完成这项复仇任务。

凯恩觉得他应该留下来，但是镇上的人们不同意，逼着他和他的妻子乘上马车，并催促他们赶快离开小镇。

刚走了半英里，凯恩停下马车，告诉妻子说他必须回去。如果他不回去，凶手肯定不会放过镇上的人们，而且他们两人将在逃难中度过余生。

电影的主题表现人性更加深刻。更重要的主题是：凯恩知道自己肯定无法忍受一生都生活在逃亡之中，更不用说让妻子和他一起颠沛流离了。他这样的人是不可能活在屈辱之中的，因为那样会比死还要痛苦。他必须回去，而且很可能会因为这个决定而失去新婚妻子格蕾丝·凯莉。格蕾丝·凯莉啊！是她告诉他美德胜过灵魂、胜过生命！

影片的关键时刻发生在第三幕，枪战的高潮之前。凯恩努力想拉起一小队人马，却没有人愿意出来帮他。他曾为小镇居民奉献大半生，他们如今却见死不救，这令他很失望。他单枪匹马，而那四个持枪的恶棍很快就要来杀他，他几乎必死无疑。

他来到马车行，心里开始有点打退堂鼓。自己究竟做了什么？放弃了妻子，也放弃了未来，到底是为了什么？为了荣誉？荣誉值得这样做吗？

他看见了一匹马，还有马鞍，心想自己是不是应该骑上去一走了之。

这时哈维（劳埃德·布里奇斯饰）散步经过，他是一位年轻的副警长，一直在威尔·凯恩的巨大光环下不得升迁，如坐针毡。他生性怯懦，最大的希望就是凯恩永远离开小镇，那样他就能够接替凯恩的位子，成为这个镇上的老大了。他曾经甚至想要把凯恩的旧情人占为己有，但她对他只是嗤之以鼻。

哈维立刻就明白了凯恩在想什么，并且欣然为他备马。“没有人会责怪你的，”他说，“你必须这样做。”

而在那一刻，凯恩意识到了如果他离开，他将会变成什么样。这一耻辱将会使他沦为像哈维这样的人。即使他还苟延残喘地活着，他的生命无疑也已经终结了。

想到这里，凯恩拒绝上马离开，这彻底激怒了哈维，他使出吃奶的力气想把凯恩打倒，结果是被凯恩打倒在了地上。

凯恩决定留下来面对杀手们。在接下来的电影中，你会看到发生了什么。

但就是那一瞬间，那个展现他心理斗争的瞬间，才是凯恩所经历的最为激烈的战斗。就像散文家蒙田所说的那样："灵魂所发挥的作用并不在于外在的表现，而在于我们的内心。能够看透内心的只有自己，别无他人。"

在另一部经典文学作品——赫尔曼·梅尔维尔的《白鲸》(*Moby-Dick*)中在最出人意料的地方也写到了荣誉。当食人族的鱼叉手魁魁格冒着生命危险去救一个溺水的年轻新水手时，以实玛利很是惊讶，主要是因为魁魁格对此根本不在意。他不接受任何人的祝贺，也不要任何酬谢，只要能有一些清水洗掉身上的海水，再有一个地方可以让他用烟斗抽上几口烟，这就足够了。以实玛利似乎了解了他们土著人的思想：人们只是简简单单地在一起，必须相互照应，这就是人们应该做的。

一个人物的本质特征表现在当他处在道德压力下必须做出的选择。这个选择是光荣的还是可耻的呢？

在《卡萨布兰卡》中，里克·布莱恩（亨弗莱·鲍嘉饰）放弃了他一生的挚爱——伊尔莎（英格丽·褒曼饰），这是一个绝对完美的结局，因为布莱恩爱的是别人的妻子，因此他做出了牺牲。尽管伊尔莎是心甘情愿的，但还是有违道德。布莱恩对伊尔莎说，也许他们现在不后悔，但很快就会后悔，并且会在懊悔中度过余生。于是，非传统英雄式主角布莱恩变成了一个真正的英雄，与他的新朋友路易斯（克劳德·雷恩斯饰）一同离开，再次全身心投入战斗。

可以将《卡萨布兰卡》与西奥多·德莱塞的经典名著《美国悲

剧》（*An American Tragedy*）对比一下，德莱塞的这一名著后来被改编成了电影巨作《郎心似铁》（*A Place in the Sun*）。克莱德·格里菲思刚出场便由于他不光彩的行为而名声扫地。在小说开始的部分，他身边的一些人怂恿他去妓院，克莱德有一次选择的机会。他很好奇，但又有点害怕，这与他的家庭教育背景相关：他的父母都是虔诚的基督徒，他从小就生活在严格自律的环境中。

德莱塞写道：克莱德把他父母的想法“坚决地赶出了脑海”，因此他做出了选择。

有了妓院的经历后，克莱德回想起父母按照《圣经》对他进行的教导，一直觉得很羞愧。然而那次猎艳经历“在他心目中闪烁着某种粗鄙、异端的美和世俗的魅力”。荣誉总是会让人陷入两个极端之间的斗争。

克莱德已经做出了他的选择。他去引诱不幸的罗伯塔，并且在她怀孕后同意和她结婚（为保全自己的名声），之后却又想淹死她，那样他又可以不受约束地去追求另一个女人。

就像看见了克莱德想要淹死罗伯塔的想法，德莱塞称之为“魔鬼的私语”。

当我们塑造的人物展现出激烈的内心挣扎时，我们便具备了创作精彩小说的素材。无论最终的选择是荣誉还是耻辱，我们都会看到其后果，读者需要引导，而不需要教育。

● 定义小说人物的道德标准。这无须在故事中做出明确的解释，但如果你知道他们是哪一类人物，那么，人物的言谈举止就会与他们的身份相符。

● 构建或重写一个场景，使人物在道德上做出选择。为那些不光彩的行为创造充足的理由，并且告诉我们人物这样做所造成的后果。

身体特征

谈及如何描写人物，职业作家也莫衷一是。有些人主张使用完整的视觉描述，以此来控制读者脑海中浮现的图像。这种观点曾经风靡一时。比如，作家达希尔·哈米特在其作品《马耳他之鹰》（*The Maltese Falcon*）的开头这样写道：

> 山姆·斯佩德的颚骨又长又硬，下巴突出，呈V字形，嘴巴更加柔软，也是V字状；鼻孔向后弯曲，形成一个更加小的V字形；他黄灰色的眼睛呈水平方向；鹰钩鼻子上方的眉心有两条皱纹，向外生出两道浓眉，也呈一个V字状；浅棕色的头发从高而扁平的两鬓向前额拢作一处，又是一个V字。他看起来像个讨人喜欢的金发魔王。

另一种现今比较流行的观点是极简主义。这种观点认为：不管怎样，读者的脑海中都会形成自己的图像。而这种图像，比作者的描绘更具影响力。

根据这种观点，作者只要去写出那些必不可少、真正有特色的细节即可。一两处有效的细节描述胜过一整页标准规范的全面描述。

获奖小说家阿瑟尔·迪克森提出了一个重要观点，认为不管描写什么细节，都要与故事深层次的目标联系起来。他说："在我前两部小说和正在写的这部小说中，三个主人公都具有身体上的外在特征，它们能够在展现故事的核心冲突中发挥作用。一个故事是寻根，主人公是一个蓝眼睛的美国黑人孤儿；另一位主人公在充满敌意的家里用脏兮兮的长头发和浓密的胡须来伪装自己；还有位主人公虽然觉得自己'胆小如鼠'，但还是希望有人能够接受自己的爱。与把人物堆砌到读者面前相比，这种体型特征的描写所发挥的作用更大。这些特征也会经常暗示读者书中人物的内心挣扎。"

描写多少并不重要，但对描写的选择一定要巧妙，争取使其发挥“双重效果”。不要只是简单地描述，不要泛泛而谈，而应该将情绪和气氛融入到小说之中。描写不应该只是创造出一幅图像，也应该为你故事中的其他内容提供支撑。

在唐纳德·维斯雷克的作品《361》中，主角在第一章中失去了他的一只眼睛，在第二章中安上了一只玻璃眼。后来，当主角尽力说服一位老人开口说话的时候，他弹出了玻璃眼球吓唬老人。这发挥作用了。老人被吓晕，然后死了。

这就是突出人物特点所具有的双重效果。

- 列出书中人物的所有身体特征。
- 列出你想刻画的人物情感，列出你想让读者在读书的过程中拥有的阅读体验。
- 现在，将这些特性与表达情绪的词汇联系在一起，找到把它们互相搭配在一起的方法，使之保持协调统一。

人物特点目录

在描写每一个主角的时候，请考虑以下几点：

- 性别
- 年龄
- 职业
- 弱点
- 目前生活状况
- 个人习惯（着装、举止等）
- 身体外貌以及他/她的感受如何
- 他/她长大成人的地点
- 为人处世的主要态度
- 过去发生的并且仍然影响着现在生活的大事件

- 主要的观点
- 他/她的父母如何
- 他/她与其他家庭成员的关系
- 在学校的表现
- 别人如何看待他/她
- 空闲时间有何爱好
- 他/她最热衷的是什么
- 他/她最想要的东西
- 他/她的主要缺陷
- 他/她的主要优点
- 我喜欢这个人物的哪一点
- 将要揭露的秘密

走进人物内心

只有通过亲密接触才能和人物建立密切的联系。越是熟悉和了解人物，尤其是主角，我们就越渴望跟随着他来完成整部小说。

只有在我们对人物的思想和感情完全熟悉的情况下，才能实现和他们最亲密的接触，才能完全进入他们的内心世界。

想法

当你想表现一个人物的想法时，直接描写他处理事情的行为方式就可以。这一常识不言而喻。小说中的其他人物不知道他的这些想法，但读者知道。正因如此，表现人物的想法在小说写作中就变成了一种强有力的工具。但考虑到它的威力，应该谨慎使用。

你应该谨慎选择使用时间点，以下的时间点可供选择：

- 强烈的感情爆发的瞬间
- 关键转折点的场景
- 人物分析形势的时候
- 促使人物反思自己的面对挑战的时刻
- 初见其他人物或初到某个地方时的印象
- 人物独身一人，并对刚发生的事件采取行动的场景

作家经常用两种方式来展现人物的思维活动：一种是斜体方式，一种是非斜体方式。

斜体方式如下所示：

> 玛吉冲进红金丝雀酒吧。她停了一会儿，便到处找了起来。*他现在在哪儿呢？他躲起来了吗？我敢打赌他肯定是躲起来了。*
>
> 于是她走到吧台处，坐下了。

读者立刻就会知道斜体部分是玛吉内心所想的。在这里要注意两件事情：首先，内心的想法必须要用一般现在时态来写；其次，不要用归因判断的表达方式，如：**他在哪里**？她想。这种归因判断的表达通常是画蛇添足。

在使用斜体时，斜体的部分往往是人物当前内心所想的。

需要注意的是，斜体部分是比较难读懂的，正因如此，你应该让这部分相对简短一些。另一种简便易行的方法便是使用归因判断的表达方式，而不是用斜体：

> 玛吉冲进红金丝雀酒吧。她停了一会儿，便到处找了起来。他现在在哪儿呢？她想。他躲起来了吗？我敢打赌他肯定是躲起来了。

另外一种描写内心想法的方法就是用过去时态，所以一般会伴随着正在叙述的故事：

> 玛吉冲进红金丝雀酒吧。她停了一会儿，便到处找了起来。

他在哪儿呢？他已经躲起来了吗？我敢打赌他肯定早已经躲起来了。

请注意，在这里你不需要用归因判断的表达方式。因为我们开始时就看到了动作（玛吉冲进来了），所以我们自然知道后面的想法是她的。

在他的潘克雷斯特庄园住宅小区的第三间卧室里，他坐在画板前问自己，我到底想要什么样的生活？我想要快乐，这是当然的，但这又有什么用？每个人都想要快乐。

——埃文·亨特：《相逢何必曾相识》（*Strangers When We Meet*）

上述例子是以第三人称叙述的。当然，用第一人称表达，就能有数不清的方法来描写主人公的思维活动，因为从一开始你就进入了主人公的内心世界。她本人就是叙述者：

我走进了红金丝雀酒吧寻找他。我不停地在想他现在肯定是躲起来了，我知道他现在就在这里的某个地方，只不过是躲起来了。

我走进了红金丝雀酒吧寻找他。我不停地在想他现在肯定是躲起来了，我知道他就在这里，只不过是躲起来了。

我走进了红金丝雀酒吧寻找他。我不停地在想，你就在这里，不是吗，鲍勃？你躲起来了吗，鲍勃？我知道，你肯定是躲起来了。

找到你的初稿中人物正在进行思考的部分，你选择的是什么样的风格？把它摘出来试着改变一下。如果你已经用了斜体，那么试试其他的方式，反之亦然。

你可以试试先描写一个人物的动作，然后再陈述他的想法，以这种方式来代替归因判断。

尽可能地浓缩人物的思想。

可以做这样一个练习：想到什么就写什么，即使感觉是毫无道理的也迅速写下，将内心的想法写上满满一页，然后把其中最完美的句子保留下来。

以第一人称写作应该注意的地方

以第一人称的角度写作时，会很容易没完没了地写人物的想法和感受。这无疑会使整个故事节奏变得拖沓，甚至可能变成“人物驱动”的小说。所以要尽可能地压缩人物内心的想法和感受。

情感

小说应该是一种情感交流的方式，至少应该让读者觉得是一个通过人物来反映生活的故事。当我们也能感受到故事中人物的感受的时候，就产生了共鸣，我们就和故事中的人物同呼吸、共命运了。

杰里·克利弗将小说中的情感称作“活性成分”。他写道：“小说是一种描写那些处于绝望、被驱使状态或者陷入危机中的人的一种方式。”人物的情感能够使读者产生共鸣、同情以及认同感。

> 而且，当他正在观望的时候，这些会再次发生在他身上。事情始于初春刚开始变暖的日子。所有的颜色似乎突然更明亮了，他的直觉在慢慢恢复，随之而来的是陷入深深的悲伤当中，而且还有些令人恐惧。这种悲伤能够使他意识到心脏在慢慢地跳动，使他意识到耳朵里的血液在流动的轰鸣声。同时，这种悲伤也使他寻求认同，使他努力在时间和空间的框架内重新建立自我。
>
> ——约翰·D·麦克唐纳：《取消我们所有的誓言》(*Cancel All Our Vows*)

感觉是可以直接描述的，正如上面的例子所描写的那样。你也可以通过行为表达情感。海明威是这方面的大师。

在海明威的短篇小说《士兵之家》(*Soldier's Home*)中，一名年轻男子从第一次世界大战的战场回来，他在与家人和家乡的朋友的相处中遇到了麻烦。有一天早上吃饭时，他的母亲在和他说话，他却“看着盘子里培根的油脂逐渐凝固”。

那一刻，是他内心感受的真实写照，同时也是他命运前景的一个暗喻。

你不一定总是呈现人物的感受，但你必须知道他们在每一个场景中应该是什么样子的。这样动作和对白才会构成系统的复杂篇章，并赋予小说生命力。

回答类似下面的问题能够给你的人物添加情感层次。这些问题可以扩展开来或加以调整，会对你的写作生涯大有裨益。

● 你的人物渴求什么？当他有时间去思考自己的梦想的时候，他会想什么？

● 是什么阻碍了人物，使他不能得到自己所渴求的东西？列出几种可能性。

● 选择其中一个阻碍人物实现梦想的障碍。设想一个人物正面对着这一障碍的场景。这个障碍很强大，那么人物会有怎样的反应呢？

下面就来演示这一情景是如何展开的。人物名叫弗兰克，是一所中学的科学课老师。他渴望做一些冒险的事情，比如跳伞。

那么，是什么阻碍了他呢？有以下的可能性：

● 他自己有飞行恐惧症

● 他强势霸气的父亲

● 缺少资金

就让我们假设他那强势霸气的父亲是这一阻碍。写一个简短的场景，父亲告诉弗兰克就算只有跳伞的想法都是愚蠢的。

弗兰克将如何应对呢？有一点是可以肯定的，那就是他不会是一个懦夫。肯定不是懦夫！

他必须要做一些事情。

假设你让他对着父亲大吼大叫以示反抗，或者是一语不发冲出家门，决定要过自己的生活。那样你就将过去那种俗套的描写用到了你的人物和场景中。

用内心活动来表现人物的改变

最好的情节不仅仅展示给我们行为表现，还应该有行为对于性格的影响，特别是主角的性格。应该用内心活动来开启一扇了解人物内心变化的窗户。

在斯蒂芬·金的《爱上汤姆·戈登的女孩》（*The Girl Who Loved Tom Gordon*）中，当走失了的女孩特丽莎知道自己的母亲很快将要生活在失去自己的恐惧中时，斯蒂芬·金这样写道：

> 一想到母亲的惊恐，特丽莎就感到内疚和害怕。

这是描写她内心活动的一句话，在后续的故事中我们看到了对特丽莎的内心活动更加详细的描写：

> 现在她知道了，这个世界长有牙齿，只要它想，在任何时候都可以用牙齿把你撕碎。她只有九岁，但她已经明白这些了，而且觉得能够承受这个事实。她毕竟就要十岁了，这个年龄在她看来是挺大的了。
>
> **我不知道我们为什么非得为你们这些家伙所犯的错误承担责任！**这是她之前从皮特那里听到的最后一句话，现在特丽莎想，她明白这句话的意思了。尽管很难接受，但很可能这就是现实：尽管你不喜欢它，也得买一张票，排队走进人生之路。
>
> 特丽莎感觉自己在很多方面已经比皮特更加老成了。

展现内心活动的变化可以是隐性或显性的，但作为作家你应该知道自己笔下的人物在小说每一个阶段的情感是什么样的。

收缩技巧

通常说来，你初稿的人物，特别是主角，如果不能“跃然纸上”、特别出众，可能也不会显示出独特的、值得读下去的价值。虽然你可能已经给主角设计了各种遭遇和困难，但你必须创造一种有意思的性格来激发读者的阅读兴趣。

在修改期间进一步深入刻画人物时，应该尝试一下收缩技巧：

1. 花一些时间好好琢磨一下你的主角，将他的主要性格特点列一个清单。

2. 看看每一种性格特点，并问自己，如果人物完全被一种性格特点支配，他会做出什么离谱和极端的事情？强迫自己必须给出至少五种行为方式。

3. 如果你放任自己的思想不受任何约束，你会想出两个或三个令人非常惊讶的行为。这些行为看起来并不值得写入初稿。为什么？因为它可能太离谱了，可能会导致人物或情节的失衡。但你已经从中挖掘到一些好东西，你仍然可以使用一些。

4. 是的。只要收缩 25%就可以了。这是我做演员时学到的一种技巧。因为情感场景很容易表演过火或相去甚远。当我学到了25%收缩技巧时，它便产生了巨大作用。

下面就是这个方法有效的证明。比方说，我的人物是一个律师，正为自己的事业而努力奋斗。他目前正在处理一个刑事案件，但手头的证据不太充分，对方证人也非常顽固。同时他在私人问题上也遇到了麻烦，他的未婚妻刚刚和他分手。

他的一个性格特点是当他愤怒时会口无遮拦，有啥说啥，换句话说有点太实在了。现在我要问的是，当他完全被这种特点支配时，他会做些什么呢？我列出了下面这个清单：

- 冲着法官大吼大叫
- 在法庭外的电视摄像机前大叫大嚷
- 在公开法庭骂警察是骗子

我需要进一步压缩一下这个列表：

- 朝法官扔去一本法律书籍
- 将椅子扔到窗外
- 在审讯过程中用剪刀剪了检察官的领带

最后一个行为不知是从哪里冒出来的，却是我脑海里最原始的想法。

现在，我必须要总结一下。我认为，如果我的律师一一按照这些行为来做会大大影响小说的情节发展，而且会使人物形象过于丰满。于是我决定收缩 25%。会怎样呢？

也许他在法庭外偶然遇到了检察官，在一番争吵之后，他抓起检察官的领带并扔在了他脸上。这便是收缩技巧，它在这里奏效了。

配角

你的主人公走进了一家酒吧。（这不是一个笑话！）他需要从酒吧侍者那里了解一些信息。侍者是一个健壮的男人，正在用一块布擦拭玻璃杯。主人公给他看了一张照片，并询问他是否认识照片上的人。

“认识。”侍者说，随口吹了下玻璃杯，然后告诉了主人公那人的名字，随后主人公便走了出去。

读者看到这里打了个哈欠，然后放下了这本书。

这一幕我们曾见过无数次，早已毫无吸引力了。一个老套的次要人物，做老套的事情，这根本不会给故事增加任何紧张感。他只是在简单地传达信息，利用这样一个衔接过渡，主角就可以进入到下一个场景了。

这样做纯粹是在浪费时间。因为这些配角完全可以给小说增加趣味性，激发出别样的火花，从而使小说变成受读者青睐的畅销小说。所以，应该在你的配角身上多放一些精力。接下来便是一些有效的方法。

亦友亦敌

配角在一个故事中的作用要么是帮助主角，要么是妨碍主角。因此，他们要么是盟友，要么是敌人。如果他们不是服务于这两个目的之一，那么他们在故事中除了占用空间，还有什么作用呢？

回想一下查尔斯·狄更斯的《大卫·科波菲尔》（*David Copperfield*）中的辟果提，她是钟爱大卫的保姆，在大卫迫切需要帮助的时候，她总是会及时出现并给予帮助，因此她是一个盟友。

再对比一下摩德斯通小姐，她是大卫继父的女儿，残忍狠毒。毫无疑问，她就是敌人，是大卫幸福路上的绊脚石。

没有一个人物是多余的，每一个人物的出现都可以深化大卫性格中不同的侧面。

用这种方式构思一个配角，你就把握住了展开精彩情节的机会。在《魔女嘉丽》（*Carrie*）一书中，斯蒂芬·金开篇就塑造了一个敌人的形象：

> 五岁的汤米在街道的另一边骑自行车。他是一个男孩，个头矮小，神情看上去有点紧张，骑着一辆二十英寸的思汶牌自行车，自行车有鲜红色的辅助轮。他正在低声地哼着："史酷比，你在哪里？"他看见了嘉丽，高兴起来，伸出舌头。
>
> "嘿，臭屁脸！臭嘉丽！"

嘉丽瞪着汤米，推倒了自行车，摔伤了汤米。

显然他已经激怒了她，但他还有另外一个作用——为后来嘉丽用心灵感应能力复仇做铺垫。汤米这个人物就有了他最好的用途。

应该确保这些“小人物”的真实感，即使是小人物也有他存在的意义，这些人物是推动故事情节发展必不可少的——门卫、出租车司机、调酒师、前台接待员等。我们日常所见的这些人物就是主角要时不时地与之打交道的人。

如果出租车司机是那种不管遇到谁都会滔滔不绝的人呢？此时主人公拼命地想要尽快到城市的另一边去阻止核装置的泄漏，但出租车司机却悠闲地开着车与主人公聊着牙买加雪橇队。这个令人恼火的出租车司机能够增加故事的悬念。

稍加思考便会想出无数种可能的情节。

声音和形象

可以通过给小说中的小人物设定不同的声音和形象特点，来个性化你的每一个小人物。

每一个人物的说话方式都应该有别于其他人。

在《大卫·科波菲尔》中，巴吉斯这一人物之所以鲜活是因为他用了一个短语，现在这个短语已经收录进词典了。他让大卫帮他向辟果提求婚，他说：“巴吉斯愿意。”正是这独一无二的表达才使他讨人喜欢。

独特的声音标记源自脑海中记忆的真实的人物声音。所以要让他们发出声音，一句话一句话地说出来。从汤米所说的话中我们能获得所需要的信息（史酷比，你在哪里？嘿，臭屁脸！臭嘉丽！）。

视觉情景同样也可以体现人物的性格特点，包括外貌、衣着、举止、怪癖等，而且因为有无数的视觉情景，你可以给每个配角设置不同的视觉情景。李·查尔德在《一触即发》（*Tripwire*）中这样描述一个到基韦斯特去找主角杰克·理查尔的私人侦探：

> 他老了，也许年已六旬了，中等身材，体态笨重。医生会说他超重，但某种程度上理查尔刚才看到的却是一个健康的男子从山的背面下来了。随着时间的流逝，一个人优雅地变老，而没有任何的激动不安。他的穿着就像一个得到临时通知而前往某一个炎热地方的北方城市人——一条上宽下窄的浅灰色裤子，一件薄薄的、皱巴巴的米色夹克，白衬衫领口大开，露出蓝白色的喉部皮肤，深色袜子，布鞋。

这个人物与理查尔的对话占了好几页，然后就消失了。后来，他死了。以上就是关于他的全部内容。

那么，为什么给他一整段的具体描述呢？首先，它增加了场景的真实性。其次，它给了我们一些感兴趣的东西，主要是同情因素。这里有一个关于即将退休的私家侦探的故事，然后他被谋杀了，理查尔觉得他在某种程度上应该对此负责，这便解释了为什么理查尔要搞清楚到底发生了什么事情。

声音和形象上的特点可以帮助你避免一般作家在描述小人物时所犯的最大错误——可怕的陈词滥调，像前面说到的调酒师、男人味十足的卡车司机、言辞激烈的女服务员或是胆小如鼠的会计师。所以每次你必须设计好一个配角，然后问自己：

- 他在故事中的作用是什么？
- 可以给他的声音和形象设计什么样的特点？
- 怎样才能让每个特点更加独特或令人过目不忘？
- 如何避免陈词滥调？
- 给人物提供什么样的情节，是一个曲折迂回的情节，还是给主角的一个启示？是一种设置、一种预感，还是一种心情？
- 怎样才能利用另外一些人物来激怒主角？或者以独特的方式帮助他？

让我们回顾一下那位酒吧侍者——那个擦拭玻璃杯的大块头。为什么不能设计一个娇小的女人取而代之呢？设计成她不是在擦拭玻璃杯，而是在玩杂耍，或者玩刀子。

而且她没有心情给任何人提供什么信息。

突然之间，我们的故事看起来就新鲜多了，这样的情节更能够给故事增添趣味性，更能让你的小说妙趣横生。

你可以自由选择这些描写方式。

反面人物的特征

小说的读者喜欢危险刺激的故事情节。他们希望看到你的主角受到挑战和威胁，并因此变得心神不宁。

如果没有一个强大的对手，对于读者来说，大多数的小说就会缺少关键的激动人心的因素：担忧。如果主人公可以轻而易举地解决问题，那读起来还有什么意思？

当然不是每一个故事都需要一个反面人物。在影片《亡命天涯》（*The Fugitive*）中，被哈里森·福特错误定罪的医生被偏执的执法官（汤米·李·琼斯饰）追捕。两个人都没有错，但法律条文使他们成为对手。

大多数时候，你的对手可能是一个被消极价值观所操纵的人。如果是这样，请确保他是一个有充分知识而且八面玲珑的人物。

是什么造就了坏人

在创造坏人时遇到的巨大诱惑就是让他们邪恶透顶。你可能会认为这能使观众从根本上支持正面人物。但很可能你只是给你的书营造了一种夸张的氛围。为了避免这种情况，你必须了解你的反面人物的各个方面，包括积极的方面。

巴德·舒尔伯格在《什么使萨米奔跑?》（*What Makes Sammy Run?*）中这样描述残酷无情的好莱坞演员萨米·格里克：

> 十次有九次我根本不会抬头看，但是孩子的某种声音触动了我。这种声音很有磁性，一定是带有几千伏的电压。

这个十六岁孩子的全部原始能量激发了我们的喜爱甚至敬畏之情：

> 我从来没有见过一个人辛苦工作一周却只能赚 12 块钱，你必须把钱交给他。他也许不是世界上最可爱的孩子，但你知道他一定有什么过人之处。我过去就经常在审判中途看到他离开。

当叙述者——报社的老记者阿尔·曼海姆——提出想要指导初出茅庐的萨米记者工作时，我们被萨米直白的回应所触动：

> “谢谢，曼海姆先生，”他说，“但请不要给我任何帮助。我了解报纸这个行业。初出茅庐的记者得熬上几年才能挣到 20 美元吧？然后几年才能升为地区特派记者，挣到 35 美元？最后你终于成了一个有名的记者，才能挣 45 美元，接下来的余生都会如此。所以你不用帮助我，谢谢。”

萨米这个孩子正在事业的道路上朝前发展，有雄心，他能够得到他想要的东西。这我们可以感觉到，我们通常会很喜欢这样的性格，或至少是很佩服。

一个坏家伙应该是很能干的。他能得到他想要的结果，如果他不能得到想要的结果，那么他就没有威胁性。萨米·格里克善于利用人和环境，这种能力让他出人头地。他就像是好莱坞电影界的一条大鲨鱼，可以吃掉所有那些挡路的人。

一定的魅力会使得反面人物更加危险。对于萨米·格里克来说，这种魅力可能是面对诱惑的亢奋，而对于《沉默的羔羊》中的汉尼拔医生则像是苍蝇对蜘蛛的那种吸引力。这两种情形都给情节增加了更加可怕的元素。

同情因素

美国著名惊悚小说家迪恩·孔茨给我们塑造了很多令人不寒而栗的恶棍形象，他曾经说过：“最成功的坏人形象是那些能唤起怜悯之心——有时甚至能让人给予真正的同情——的人，包括那些令人恐惧的恶人。想想科学怪人的可悲之处，想想可怜的狼人，他恨自己在满月的光芒下所变成的样子，但又无力抵抗自己细胞中变身的那种巨大力量。”

孔茨通过塑造令人毛骨悚然的人物来证明自己的观点，在《午夜》（*Midnight*）中，托马斯·沙多克是邪恶的天才，他对小镇上的人们施行了可怕的生物实验。

当我们第一次见到沙多克时，他正漂浮在剥夺感觉的实验室中，眼中露出怪异的目光：他想要把人与机器融合在一起，生成神经机械生物体。这对他来说简直就是一场情色体验。

所以，孔茨并没有给我们塑造一个捻动着胡须的纯粹邪恶的坏蛋形象。沙多克的动机来源于他的梦想，尽管这动机不纯，并且违背人性常理。

在书中，孔茨运用了大量的倒叙来解释托马斯为什么会变成心理扭曲的坏人。当他还是一个小男孩时，他就被他父亲的一个叫唐·拉宁德尔的雇员用魔法控制了，托马斯深受其害，精神上受到摧残，这段经历让人对他产生了同情，但是他的行为仍然是邪恶的。最终的结果是，他真的成了一个十足的坏人。

如果你花一些时间做以下的事情，你的小说也可以达到相同的效果：首先，从视觉外貌上检视你笔下的坏蛋，然后充分发挥你的想象力，给坏蛋创造出不同于普通人的外貌形象，给读者留下深刻印象。没准儿你会想出一个相当标准的形象，不过没关系，这仅仅是最初的形象，后面还要继续加工。

然后，开始将最初的形象塑造成形。问一下他的目标是什么。正如一个好的主人公必须要受一些积极正面的东西驱动，反面人物也必须要有一个目标，当然这个目标是为人们所反对的。一个好情节的传统原则是“两条狗，但只有一根骨头”。

但不要停在那里不再往下写了，要更深层次地挖掘他的动机。为什么他不惜一切代价、千方百计地想要达到自己的目标？为什么他一定要达成这个目标？

接下来，为你笔下的反面人物创作一个背景，最好能引起一定的同情。我喜欢为我的反面人物在儿时就创造一个重要的转折点，那往往是一个很大的秘密，会出现在书的后面。即使不出现在书里，因为有了它，我也会对我塑造的坏家伙有更深的了解。

深入挖掘

对于反面人物，你可能会问这样几个深层次的问题：

- 他最擅长的是什么？这将如何帮助他得到他想要的东西？
- 他有什么特质令人钦佩？
- 其他人物是怎样看待他的？
- 为什么人们会被他吸引，或者至少对他有兴趣？

如果你让读者不忍释卷，想要弄清楚你笔下的主人公是如何战胜这个狡猾而又神通广大的坏蛋的，那么这就是给你辛勤工作的最好奖励。

要点

- 主人公必须是积极的，而不是消极的，不是懦夫！
- 勇气、机智诙谐和“它”使你的主角变得富有活力。
- 意志坚强的主人公对于接下来要做的事情总是有鲜明的态度，他们总让我们感到惊讶。

- 无私和荣誉是人物能够引起共鸣的特质。
- 请记住向我们展示主人公的内心世界。
- 配角必须服务于一个目的。他们要么是盟友，要么是敌人。
- 尽量给予你的反面人物与正面人物以同等的关注。
- 由坏人引起的同情能够使故事更有深度。

练习 1

为你的主人公写份讣告，假设他在故事进行到一半的时候死亡了。这份讣告不要超过 300 字，就像在报纸上看到的那样。

练习 2

我们了解一个人的最好方式就是观察他做了什么事情。由此可见，越早看到故事里的人物所做的事情，就能越早地了解他们。这就是为什么我让自己凭借想象力去创作一部电影，然后去观察人物在情节中的表现的理由。请按照下列步骤来做：

- 闭上你的眼睛，“观察”一下你的人物。尽可能地看到更多的细节，并描述出你所看到的。像一名记者那样为那些远方的读者记录下这些信息。
- 给你的人物设置一个场景，任何场景都可以，并反复观看，然后让这一幕上演。观看在你内心的电影银幕上突然涌现出来的那些其他人物和情节，设置各种激烈的矛盾冲突，并看看你的人物如何应对。
- 创造一个新的人物去诠释主人公。我们了解人的方法之一就是倾听别人对他们的评价，用这种方法去了解你所有的人物，你就会“听”到一些令人惊喜的事情。

● 首先用异乎寻常的方式构思你的人物，到后面再用“恢复”技巧，将人物移回合适的位置。这会避免你的人物有单调之感，让他们也有自己的激情和癖好。他们会向你展示什么？

请注意，你在写故事时没必要考虑上面所说的这些方面。事实上，如果没有的话会更好。练习的唯一目的就是让你了解你笔下的人物，当你将他写进故事时，你要知道你在写谁。

练习的另一个关键是：多做练习，不要做任何评判。等到你有了丰富的素材后，你才能做出具有判断力的取舍。

练习3

计算一下你的人物出生的年份，在旁边写下人物的出生年份和出生地。

列出与人物有关的关键年份，比如：小学、中学、大学、第一份工作、服兵役。

深入研究那些年份，看看发生了哪些事情——重大事件、热播的电视剧、歌曲和电影，主人公所认同的流行文化。这些事件往往能在故事中发挥重要作用，比如主人公的回忆或是对主人公的影响等。

3 情节与结构

简单说来，情节就是发生在你的小说角色身上的事情。它是一系列事件的合集，对主人公的幸福构成挑战。

结构就是按照小说叙述的时间轴把这些事件一一安排到特定的位置上。

小说创作需要构思情节、构建小说的结构。

好的结构有助于读者阅读故事情节。虽然你可以自由随意地搭建结构，但是你要明白，你尝试的结构越多，读者理解你的作品越费力。

我写过一本书，名为《优秀小说写作：情节与结构》（*Write Great Fiction：Plot & Structure*）。虽然我在书中详尽描写的写作要素很多，但我还是想总结一下情节与结构中不可或缺的两个要素：LOCK 体系和三幕剧结构。

LOCK 体系

我提出的 LOCK 是四个单词的首字母组成的缩略词，旨在帮助小说家把握使作品叙事性更强的要领。若是 LOCK 体系的各个元素都很到位，那么就能保证这个故事很有吸引力。此后，你的工作就是让故事飙升到一定的高度，运用你的想象力和学到的写作技巧，让你的小说插上令人耳目一新的翅膀，高高翱翔。

简单来说，有以下四个要点。

字母 L 代表主人公（Lead）

读者希望将自己与主人公联系起来，这是他们读懂故事、进入主人公内心世界的渠道。为了创建这样的联系，你要赋予主人公四个主要特征：

- 身份认同
- 引发同情
- 令人喜爱
- 内心冲突

身份认同

身份认同意味着主人公和我们一样，我们可以找到他和整个人类共通的层面；和我们一样，他也不是完美无缺的。他不仅有优点，也有一些缺点和癖好。有时我们也用**共鸣**这个词来代替**认同**。

引发同情

比起认同感或是共鸣而言，引发读者同情这个特征应该更能使主人公得到认可。它在主人公的性格特征中创造了一种“休戚与共”的情感，会让读者更加关心主人公，并且关心他所面临的挑战。

引发读者同情有以下四种方法：

1. **险阻重重。**要做到这一点，你应该让主人公身处迫在眉睫的危机之中，不论是身体上的还是心理上的。比方说，你的主人公是一个 10 岁的男孩，他刚来到新学校，身体上面临的困难可能是学校的小霸王第一天就盯上他、欺负他；心理上的困难可能是男孩的父亲——他唯一的亲人——死于癌症。上述任何一种情况都能立刻引发读者的同情，同时正好发生在故事的节点上。

2. **艰难困苦。**譬如主人公不得不面对生活中的一些不幸，而这些不幸不是他自己造成的，那么读者对他的同情之心就会泛滥。想想《阿甘正传》（*Forrest Gump*）里的阿甘，孩提时就要面对身心的双重挑战。

3. **身处下风。**人们热衷于支持坚毅果敢的主人公，他会遇到一大堆棘手的困难。比如电影《洛奇 6》（*Rocky Balboa*）中的洛奇·巴布亚，还有约翰·格里森姆所著小说中的几个主角。

4. **脆弱不堪。**读者很担心主人公可能随时被打垮。斯蒂芬·金的《玫瑰疯狂者》就是一个完美的例子。数年来，罗丝的变态丈夫把她当作囚犯，所以她缺乏立足现实世界的经验和技能。但是，她必须学会独自生存、必须找到工作，最重要的就是学会躲避她那个善于追踪的警察丈夫。

令人喜爱

很简单，讨人喜欢的主人公会做讨人喜欢的事情，他关心别人、毫不自私、机智灵敏，并且绝不自命不凡。这些都是讨人喜欢的个性特征。

当然，并非所有的主人公都讨人喜欢。反面的主人公做出的事情不被读者喜爱，而且传达给读者的不是正面向上的力量。这些反面人物拥有统治他们那个世界的权力，不过，他们还拥有其他的性格特征——或是特殊的魅力，或是才智，或是他们在所擅长的领域中体现出的能力——让人着迷。

内心冲突

如果一个人物内心有情感挣扎，那么他就能吸引我们的注意力。内心冲突是两种对立情绪之间的斗争。很多时候，冲突的一面是恐惧，告诉主人公不要采取行动；另外一面则是道德或是职业责任，或者是为了维护自我形象。

如果故事中的人物能够在巨大的压力下完美地平衡矛盾，那么他反而不能引起我们的共鸣。内心冲突是读者与故事人物之间强有力的黏合剂。

字母O代表目标（Objective）

目标至关重要，因为它推动故事向前发展，激励主人公展开行动。目标就是主人公要冲破重重危险实现的东西。否则，读者为什么要费力去读这本书呢？我们不希望只看到300页的人物素描。

目标是一种**需要**、一种强烈的愿望。对人物角色来说，**需要**十分重要，他必须满足这种需要，否则他就会蒙受巨大的损失。

目标可以分为两种形式：**获得**某种事物或是**摆脱**某种事物。

大部分故事中涉及的目标都属于**获得某种事物**的类型。

警察故事讲的是警察努力让坏人伏法。

法律惊悚小说通常讲的是律师努力找出真相，或是为他的客户争取无罪释放。

浪漫小说的主要内容是其中的人物努力得到爱情。

人物驱动型小说讲的可能是故事的主人公努力寻求灵魂的平衡，《麦田里的守望者》（*The Catcher in the Rye*）就是这样一个例子。

另一种类型的目标，即**摆脱**某种事物，则主要是动作类情节，比如逃犯理查德·金布尔医生试图逃脱联邦司法官山姆·吉拉德的追捕。（这个类型结合了**想要获得某种事物**的目标，即抓住真正的凶手。）

越狱故事和许多犯罪小说的写作目标显然都是逃脱类型。

故事中的人物也可能试图摆脱他的过去、他的父母，或是摆脱其他任何阻碍他生活的事物。

从小的方面来看，对我们而言，有些目标可能是微不足道的，但它对故事中的人物来说却至关重要。《天生冤家》（*The Odd Couple*）很受欢迎，原因就在于奥斯卡想要成为一个快快乐乐的懒虫，对他来说这是头等大事。因此他想摆脱菲利克斯，却因为菲利克斯有自杀倾向、需要别人照顾而无法实现。所以在第三幕中，奥斯卡想亲手杀掉菲利克斯的举动当然就会呈现出喜剧效果。

字母 C 代表对抗（Confrontation）

为了使故事情节发挥最大效用，你需要创作一些反面势力与正面角色对抗，来阻碍其实现目标。

小说就是关于对抗的。这就是你遵守希区柯克的原则，将枯燥无趣的部分排除在外的方式。

有了恰当的对抗，你就可以构造出前后统一的场景。这些场景应该涉及正面角色和反面势力之间的斗争。

如果你的故事开始偏离原来的情节或是变得拖沓，那么回过头来看看这两个元素：目标和对抗。一定要确保它们处于相当合适的位置上。应该营造出这样的场景：主人公进入反面势力设置的包围圈中。

关于故事中的冲突有这样一句老话："把你的故事的主要人物挂在树上，朝他扔石头，然后再把他放下来。"

有各种不同类型的反面势力，但在小说中你总希望这种对抗是针对个人的，有一个人物有强大的动因要阻止主人公。

是的，作者所刻画的故事中的人物角色都会与自然抗争、与社会抗争、与自己抗争。所有这些抗争都是有理有据的正当抗争，但是它们中的多数最好是作为次要情节的材料来为人物服务。

在学习写作的时候，要设计个人化的对抗。

黏合剂

将对立的双方维持在一起需要某种东西。这种东西就是**黏合剂**，它能防止正面角色或反面势力脱离这场战争。

仔细想想吧。

比方说，你的笔下有一个受虐待的妻子。她决心离开丈夫，在城里买一套公寓，和丈夫离婚，然后开始新生活。

如果这里的冲突是这样的：作为反面人物的丈夫放手让妻子离开，想着也许没有妻子他能过得更好，故事就这样结束了，那么妻子就没有离开小镇的理由，丈夫也没有理由去打扰她，因此也就没有什么理由迫使这两个人进行你死我活的斗争。

因此，你要添加黏合剂，把不同的方面黏合在一起。

在斯蒂芬·金的《玫瑰疯狂者》一书中，黏合剂就是精神病理学。故事中的丈夫是个心理变态者，有着疯狂的控制欲，而他碰巧还是个警察，知道如何追踪。

妻子不仅必须离开小镇，还不得不尽可能地远走他乡。而丈夫则必须要找到妻子并杀死她，才能让自己混乱疯狂的大脑放松下来。

这里还可以设置一些其他方法，将不同的方面黏合在一起：

- **责任。**如果人物自身受道德或职业责任的约束，那么这种约束会自动成为一种黏合剂。孩子被绑架了，母亲有本能的道德责任去寻找孩子，绝对不会放弃。办理案件的警察、为委托人打官司的律师都有职业责任。

- **地点。**如果对立双方中的一方客观上不能摆脱对方，这种境况就是黏合剂。卡萨布兰卡是一个让人不能轻易离开的地方。《闪灵》（*The Shining*）中的山顶酒店也是如此。

- **自身。**在纯文学小说中，人物角色所面临的主要矛盾可能是内心挣扎，此时的黏合剂就是人物自身了。我们无法逃避自己。这个问题必须得到解决，否则人物内心就会死亡。

当拿起一部小说开始读第一句话时，我希望得到而且是强烈祈盼得到的东西如下：我想知道一切，一点都不漏下，我想要了解作者的内心世界；我希望小说充满诗情画意，这样我就可以不用去阅读诗集以满足我对音乐的渴望、对措辞完美和表达简洁的渴望、对严谨的写作风格的渴望。然后，我还希望小说中的故事情节惊险、人物丰满，能让我废寝忘食地一页页读下去。这时我已经入迷，我为作者而疯狂，我有种按捺不住的渴望，想要知道接下来会发生什么。

——帕特·康罗伊

字母 K 代表出人意料的结局（Knockout）

小说的读者希望在读到结尾时能够大吃一惊。结局至关重要。出人意料的结局可以给原本平淡无奇的内容增光添彩。如果你起初以为读到了一本很好的小说，但是结局却令人颇为失望，那么你就会感到读整本书的过程都是浪费。

“Knockout”这个词也含有“淘汰”的意思，是一个隐喻，暗指人物角色所面临的最后一战或是最终选择。

故事中的所有势力都反对他。他是怎样摆平一切并获得成功的呢?

这正是读者想知道的。

当然，结局也不必非得是乐观的、大团圆的。有时，它甚至可以模棱两可或是苦乐参半。

最关键的是要以一种不可预估的方式让读者感到心满意足。（参见第 7 章“开头、中间和结尾”。）

三幕剧结构

为了自我编辑，你至少需要了解每一幕的基本要点。

第一幕

- 以令人感兴趣的方式引出主人公。
- 呈现出整个故事世界，即告诉我们故事的相关背景、时间、即时情境等信息。

- 确立读者喜欢的故事风格。（这部作品是包罗万象的史诗，还是滑稽可笑的闹剧？是靠动作情节包装，还是更强调人物性格特征的转变？节奏明快还是悠闲？）
- 诱导读者进入故事发展的中间部分。（读者为什么要继续读下去？）
- 引出反面势力。（什么人或什么事物想要阻止主人公？）

第二幕

- 深化人物关系。
- 让读者关心将会发生什么。
- 设置好最后的冲突，准备给故事的结尾画上一个圆满的句号。

第三幕

- 呈现出最后的冲突。
- 完成收尾工作。
- 给读者留下一种“共鸣”的感觉（这是让读者满意的一种独特方式）。

我在第 7 章中将讲述在每一幕里如何推进故事向前发展、如何让故事更易于阅读。

你应该通过以下方式将三幕“编织”在一起，我称这种方式为“一个事端和两个途径”。

事端是指在书的一开始就发生的某种事情，是对主人公正常生活模式的变更和挑战。事端可以是深夜接到一个电话这样鸡毛蒜皮的小事，也可以是车祸这样的大事。

因为单调乏味就是指生活一如从前，没有什么变化，所以故事开始设定的事端就要能够吸引读者。

第一个途径能将我们从第一幕带到第二幕，至少应该在小说进行到 1/5 之前就出现。正是此处发生的事情把主人公推入故事中间部分的主要困境之中。

小说的大部分故事都应该安排在第二幕中发生，这是正反双方势力的一场较量。

在全书的 3/4 处——如果你愿意的话，也可以在更靠后一些的地方——你应该通过第二个途径进入到第三幕。此处通常会遇到重大挫折、危机，或者有重要的线索和发现，这些东西迫使或是促成最后冲突的发生。

三幕剧结构如图 3—1 所示：

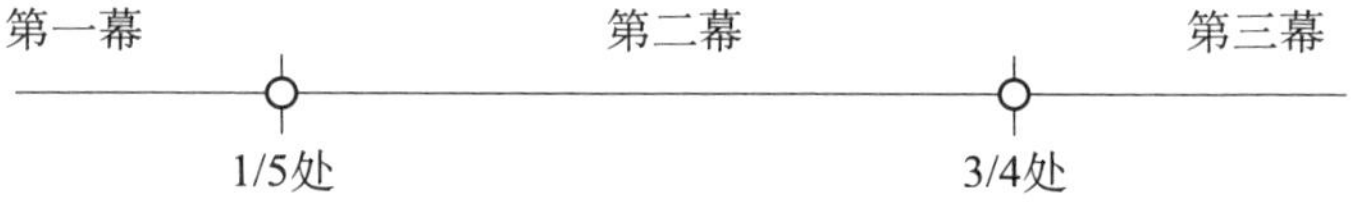

图 3—1 三幕剧结构

神话结构

自从乔治·卢卡斯承认其经典电影《星球大战》的部分灵感源于约瑟夫·坎贝尔的作品后，人们对神话结构的兴趣就开始迅速提升，还有一些人就此话题写了几本不错的书。我想推荐的两本书是克里斯托弗·沃格勒的《作家之旅》（*The Writer's Journey*）和詹姆斯·弗雷的《神话结构小说的关键》（*The Key*）。

经典的神话结构实际上相当容易理解，也会有一些改动幅度不大的变体，但在这里推荐使用以下模板。

平凡世界中的英雄

故事开始时，主人公生活在普通人的世界中。在经典的神话故事中，都会发生一些“关于”主人公的事，比如预示着伟大事迹发生的预言或是出身背景。

在小说中，你的主人公可能是个普通人，但你可以赋予他一个非凡的过去以及对未来的向往，然后将他置于日常生活的环境之中开始讲述故事。一旦召唤来临，普通人的世界就会发生变化。

召唤

主人公接到请求去从事冒险活动或搜寻某些东西，这一召唤关乎他的命运。当亚瑟王从石头中拔出宝剑时，人们一致请求他做真正的英国国王。

你小说里的任何一个事件都应该为主人公离开普通人的世界提供机会，以此实现召唤这一功能。

在许多神话故事里，召唤起初会被拒绝。因此要有一些东西来促使主人公回应召唤。

回应召唤

假如主人公身处两难境地，他该不该回应这个召唤？一开始他拒绝回应，但随后发生的事情却迫使主人公下决心离开他原来平凡的世界，回应那个召唤。

在《星球大战》中，卢克想离开他与叔叔和婶婶一起生活的星球，去寻找公主。也许他会成为一个绝地武士。起初机器人显示了一幅奇怪的全息图，是莉亚公主的求救信，这要求主人公去冒险。但是卢克忠于他的家人，所以拒绝了召唤。

但是随后，帝国军队杀死了他的叔叔和婶婶，并将农场付之一炬。再也没有什么能够阻止卢克回归了，他不得不回应这个召唤。

任务与挑战

现在，主人公离开了普通人的世界，他会面临各种考验、任务、挑战和战斗。

伊阿宋要航行到科尔喀斯，找到金羊毛。但他必须首先造出一艘船，并召集一帮勇敢的船员。此后，在航行过程中，他要经受住“撞击岩石”的考验。他必须迎接国王埃厄忒斯的挑战，国王要他用喷火公牛来耕田，还提出很多其他的挑战。

在你的小说中，你必须花费大部分篇章来描写主人公是如何与反面势力斗争，以实现一个有价值的目标的。

领路人

亚瑟王的领路人是梅林。天行者卢克的领路人是欧比万·克诺比，另外还有尤达。在黑暗世界里，主人公总可以获得一些帮助。

领路人并不能解决主人公遇到的难题。神话之旅的焦点即主人公学习各种经验教训，并将之用于实践，以帮助他独自渡过黑暗世界里的难关。

盟友和对手

在整个过程中，主人公会结交或控制盟友，这些人可以帮助他完成任务。有时候，主人公会觉得某个人是盟友，实际上那人却是叛徒（这样的人物有时也被称为“两面派”）。这种类型的人物角色有很多种变体。

法宝

很多经典的神话传说中都有一件法宝，它可以赋予主人公力量或是为主人公在终极决战中取得胜利提供保障。珀耳修斯有雅典娜的盾牌做保护；亚瑟王拥有王者之剑做保护；在《星球大战》系列电影中，天行者卢克有“原力”做保护。不管这个法宝是什么，它既提供了力量也推动了故事情节的发展。

在小说中，法宝通常很简单，就是学到的知识和技能。利用知识和技能克服重重困难，最后通过终极考验。法宝也可以是一个“偶像”，给主人公提供精神上的鼓励。

在电影《史密斯先生到华盛顿》（*Mr. Smith Goes to Washington*）中，杰弗森·史密斯在与昏庸政府最终决战之前，看了一眼林肯纪念堂。这一眼就激励了他（这些早已在之前的场景中设置好了）。

终极考验

小说最后都会有一场规模巨大的战斗，主人公在这场战斗中经受最后一次考验。

卢克与死亡之星进行的殊死战斗就是如此。

亚瑟王与莫德雷德爵士的殊死搏斗也是这样。

在法律惊悚读物中，可能会设计这样的场景：在最终庭审的紧要关头，主人公与这个国家最优秀的辩护律师唇枪舌剑。

在犯罪小说里，通常都是侦探在一个聪明绝顶的杀手精心布置的自己的地盘上与之最终对决。

回归

很多时候，主人公会带着一个好消息，回归到他的普通人的世界中，并成为鼓舞人心的榜样。

运用神话结构

想一想《绿野仙踪》（*The Wizard of Oz*）。我们初见多萝西时，她生活在一个普通人的世界——堪萨斯州的一个农场里。然而，她渴望一些别的东西，让她能“飞越彩虹”的东西。她本来有机会和马弗尔教授一起偷偷逃走，但由于她对生活在一起的婶婶的感情，她拒绝了这样的邀请。

但是，一场龙卷风替她做出了决定。

这场龙卷风把她吹到了奥兹国，她的任务就是找到回家的路。善良的北方女巫格林达给了她一些帮助，指引她踏上回家的旅程，让她

“沿着黄色的砖路走”。格林达给了多萝西一个法宝作为饯行礼物——一双红宝石鞋。

在黑暗的世界里，多萝西挑选了三个盟友：稻草人、铁皮人和胆小的狮子。但是，脾气暴躁的树木和女巫的卫士都反对她，飞猴也是其中之一。

在与邪恶的西方女巫进行终极对决时，多萝西凭着一桶水占据了上风。

最后，她返回普通人的世界中，并明白了这样一个道理：“哪里也比不上家好”。

对这个神话结构进行研究会很有帮助。神话故事结构实际上已经融入我们的写作中，形成了一种习惯。通过识别你小说中的这些元素，你将创建与读者之间有力的联结点。

参见图 3—2：

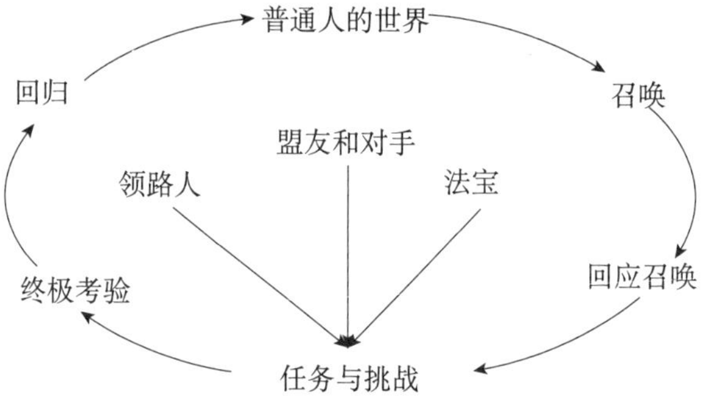

图 3—2 神话结构

情节模式

情节模式对你理解类似模式大有裨益。若是对每种模式都做深入研究的话，你可能会找到其中最适合你的故事的一种。这些模式可以为你所要创作的情节提供更好的框架和素材。

不要犹豫不决，你完全可以借鉴已有的情节模式。所有的情节都已有人用过。而让这些情节焕发新生的是你的人物角色、笔调、风格和主题。

为了进行更加深入的研究，你可以看看我写的《情节与结构》一书，此外，你还可以读读《作家文摘》出版社出版的另外两本书，它们分别是维多利亚·林恩·施密特所著的《故事结构设计师》（*Story Structure Architect*）和罗纳德·B·托比亚斯的《经典情节 20 种》（*20 Master Plots*）。

下面的这些模式，都经受了时间的考验。

探寻

主人公正在寻找某种至关重要的东西，这件东西对他的人生幸福或是对他效忠的对象十分关键。

比如，加拉哈德爵士要寻找圣杯。

探寻过程中，主人公会遇到各种各样的对手和敌人。或许有一个做首领的敌人统领着这股反对力量。

探寻故事就是每个人生活旅程的一个缩影。我们都会面临这个“黑暗世界”的挑战，我们还会在探寻的过程中认同某个或某些人。

复仇

这是一种古老的模式，出于一种本能，这种模式我们或多或少都会使用。许多令人难忘的小说和电影都采用了这一模式，比如法国作家大仲马的《基督山伯爵》（*The Count of Monte Cristo*）。

1953 年弗里茨·朗的电影《伟大的警察》（*The Big Heat*）也采用了这一模式，影片中格伦·福特扮演一个警察，他的妻子被一个犯罪头领手下的暴徒杀害。我们非常能理解他的动力源于何处——他想让这些坏人得到应有的惩罚。

爱情

这也是挺老套的一种模式——两个人彼此相爱。不过，总会有什么东西让他们分离。有可能是家庭因素，比如《罗密欧与朱丽叶》（*Romeo and Juliet*）。也有可能是社会阶层的因素，比如电影《一夜风流》（*It Happened One Night*）。

为了能走到一起，故事中的恋人们一直在做不懈的努力。

在有些故事中，这些恋人起初并不喜欢对方。多丽丝·黛的电影《枕边细语》（*Pillow Talk*）和洛克·哈德森的电影《娇凤痴鸾》（*Lover Come Back*）都采用了这一模式。

最后，这些恋人终成眷属——幸福快乐。

或者，他们最终没能在一起——伤心难过。

改变

人物角色为了活得更加充实就必须做出改变，而故事就是实现这些改变的一个过程。如果他不改变，那么他将前景堪忧。

《圣诞颂歌》（*A Christmas Carol*）就是一个讲述改变的故事。史古基必须改变，否则他就会在既不懂得爱人也不为人所爱的境况中死去。

电影《码头风云》（*On the Waterfront*）的故事也是关于改变的。码头上的恶棍特里·马洛伊会有所改变吗？会不会从一个如禽兽般残暴的人变成会关心别人的人？

改变的模式也能创作出很好的次要情节。在电影《亡命天涯》中，山姆·吉拉德是一名警官，他告诉理查德·金布尔，说他“并不在意”理查德是否真的杀了他自己的妻子。他的工作就是抓捕逃犯。

不过，到了影片结尾我们看到吉拉德其实十分在意所谓的逃犯到底是不是真凶。他对金布尔说：“不要告诉任何人这件事情。”

冒险

这是一种简单的结构。人物角色渴望冒险，他们外出闯荡并试图体验这种冒险经历。

结果却是陷入困境之中。

冒险的后果有点像变化的故事，因为人物角色会由于冒险经历而对自己有更加深入的认识。

也许他的这种领悟就是，最好不要去冒险。就像多萝西在《绿野仙踪》结尾时所说的那样："哪里也比不上家好。"

追逐

某人在四处奔逃。也许这个人就是主人公，比如电影《亡命天涯》中的理查德·金布尔。还有人正在追捕在逃的那个人，比如山姆·吉拉德。

这两个人物角色中的任何一个都可能是主人公。你需要做的就是为这场追捕找出一个恰当的理由。

这个理由可能是职业责任，比如，美国的联邦司法官就有这样的职业责任。

或者，可能是出于对所爱的人的责任。金布尔逃跑的真正原因并不只是为了逃生，也是为了查明到底是谁杀害了自己的妻子。

或者，追逐的人是一个心理变态狂，比如电影《玫瑰疯狂者》就用了这样的模式。里面的女主人公罗丝不得不四处躲藏，否则丈夫就会杀死她。

独自反抗

还有一种颇受喜爱的情节模式，是一个人奋起对抗一个强大的对手。

肯·克西的《飞越疯人院》(*One Flew Over the Cuckoo's Nest*)

就是一个极好的例子。护士瑞秋要求兰德尔·麦克墨菲遵守制度，但是他却奋起反抗。

在电影《黑岩喋血记》（*Bad Day at Black Rock*）中，斯宾塞·屈塞必须与整个城镇的人对抗，因为他们为了保守一个可耻的秘密而要杀人灭口。

几乎总是这样，一个人独自反抗，是为了整个社会，为了一些崇高的道德原则。我们之所以能够与主人公产生共鸣，是因为我们希望这一原则能够得到维护。

离群主要人物

离群主要人物是经典的反英雄角色，他喜欢独来独往，有自己的生活原则。但是随后发生的事情会迫使他暂时从自我流放的状态回到现实中来。

到了故事结尾，他可能会决定重新融入社会，比如《卡萨布兰卡》中的里克；他也可能重新做回独行侠，例如约翰·福特的电影《日落狂沙》中的伊桑。

权力

追逐权力、运用权力也是一种引人入胜的情节模式。权力对我们所有人都有一种吸引力，但有权力并不总是好事（实际上，权力也是整个《魔戒》三部曲的主题）。

有权有势的人得到了应有的报应，这让观众心满意足。此外，为了获得更大的好处，也可以放弃权力。

《教父》（*The Godfather*）中，迈克尔·柯里昂获得了终极权力，但代价却是失去了灵魂。

在我的小说《僵局》（*Deadlock*）中，最高法院的一位法官手握关键的选票，但是为了给国家争取更大的利益，他毅然辞职。

死亡威胁

任何一种扣人心弦的故事情节都有可能涉及死亡的威胁，可能会有以下三种类型的死亡。

首先，当然是肉体的死亡。如果你正在写动作小说或是悬疑小说，我们的主要人物可能会在各种情境下遭遇死亡的威胁。当然，这种死亡的危险程度是最高的。

但是，死亡的模式也包含心理死亡或称精神死亡。如果目标没有实现，这个人物角色的内心就会死亡。这也是《麦田里的守望者》一书的驱动力。霍尔顿想要弄清生活到底有没有价值。如果他找不到生活的价值，那么不仅他的内心会死亡，他还可能用自杀的方式让肉体死亡。

最后，还有职业死亡。此种情况发生于人物角色用以谋生的职业处于危险之时。在《大审判》（*The Verdict*）这部电影中你就能看到这种情况。保罗·纽曼扮演一个酗酒成性的律师，他接到了一个新案子，他对这个案子十分用心。因为如果他输掉这场官司，他作为律师的职业生涯也就到此为止了。

这三种类型的死亡在影片《正午》中都有体现，这也是为什么这部影片一直以来深受大家喜爱。当然，威尔·凯恩警长可能会丢掉性命，因为他要独自面对四名枪手。但如果他临阵脱逃——尽管大家都是这样劝他的——他的内心就会死亡（以懦弱为耻），同时他作为执法官的职业也会死亡（由于没有尽到责任）。

如果你在写作中增加某种形式的死亡威胁，那么你的故事情节马上就会变得紧凑，其艺术效果也会增强。

要点

- 故事情节的基本要素为：主人公、目标、对抗和出人意料的结局。

- 主人公是吸引读者阅读这本书的关键。
- 目标——包括要实现的目标和要摆脱的目标——必须与主人公的利益息息相关。
- 对抗是与比主人公力量更强大的反派人物的较量。
- 出人意料的结局能满足读者的好奇心，最好能让他们产生共鸣。
- 神话结构扎实可靠，并且经得住时间的考验。
- 神话结构的基本要素是开头、中间和结尾。这三部分通过“一个事端和两个途径”交织在一起。
- 扣人心弦的情节都涉及死亡威胁（肉体死亡、心理/精神死亡或职业死亡）。

练习 1

运用 LOCK 体系重新阅读一部你最喜欢的小说，然后分析以下问题：

- 作者如何建立了你与主人公之间的联系？
- 作者如何确立了目标，并使之成为主人公最为重要的事情？
- 作者如何创作出比主人公更加强大的反面对抗力量，从而制造出紧张气氛？
- 作者运用了哪些元素使结局圆满？

或许以上的某些要点在你所读的书中体现得相对较弱。你能辨别出来吗？你会采用哪些不同的处理方式使小说变得更好？不要被最后一个问题吓倒。通过思考这些问题，你的写作技艺会得到锻炼和提高。

练习 2

观看以下电影中的一部或多部，分析电影结构：

- 《星球大战》
- 《风云际会》
- 《正午》
- 《大地惊雷》
- 《日落大道》
- 《绿野仙踪》
- 《一夜风流》
- 《蜘蛛侠》三部曲
- 《华尔街》
- 《魔戒》三部曲

注意每部电影中第一幕的事端发生在哪里，两个途径在何处开始发挥作用，在每一幕之间是什么推动着我们继续看下去。如果一本书或一部电影看起来拖拖拉拉，那通常是因为它偏离了结构。

4 叙述视角

小说家们对于叙述视角似乎总是很困惑。即使是经验老到的作家，有时也会陷入叙述视角的迷雾之中。写作教师经常发现有些学生“违背叙述视角规律”进行写作，有时我们也称之为“思维跳跃”的叙述。

然而，读者似乎并不介意。他们没有因为作者对叙述视角的疏忽而向出版社或是作者的个人网站发一堆电子邮件要求退款。

尽管如此，我们仍然必须尊重读者。因为如果叙述视角处理不当，整个故事的影响力就会被削弱，虽然这类削弱是以一种微妙的、几乎不被察觉的方式出现的。读到结尾时读者可能会说：“嘿，这是一个相当不错的故事。”但是他却没有发出“哇”的一声的来自内心深处的赞叹，而这种感觉才是我们应该追求的目标。为什么没有这种感觉？原因是在所有叙述视角都关注的焦点——通过**亲密接触**让读者与人物角色建立联系——这一方面有所欠缺。

叙述视角与读者有着一系列不同程度的亲密关系。与读者关系最为亲密的是第一人称叙述视角，就是故事中的主角在叙述。我们应该尽可能地与故事主人公建立最为密切的联系，体会他的思想和感情。

通过对比我们发现，全知叙述视角的故事中主人公与读者的关系通常是最不密切的。尽管全知视角的叙事者能够自由穿梭于各个人物角色之间，并且能够深入人物角色的思想之中，但正是这种自由阻碍了读者将注意力集中到一个人物角色身上。

介于第一人称叙述视角和全知叙述视角之间的是第三人称叙述视角，它有两种形式：限制性叙述视角和非限制性叙述视角。限制性叙述视角就是你要坚持使用一个叙述视角贯穿全书，不能偏离这一视角去表达其他人物角色的看法。非限制性叙述视角是指你可以在另一个场景中将叙述视角切换到另一个人物角色身上。

最后，全知叙述视角有一种变体叫摄像机视角，不过这种变体一般只会在某些特定类型的小说中使用。达希尔·哈米特的《马耳他之鹰》就是使用这种叙述视角的典型例子。

（补充一句，我没有打算涉及第二人称叙述视角，因为这种视角比较罕见，跟蓝脚鲣鸟一样稀有。我的建议是，你不要随意去尝试它。）

如今，大多数纯文学小说一般采用第一人称叙述视角，这样选择不是没有理由的。因为人物角色的内在性是文学作品情节的原动力，作者很自然地就会采用第一人称叙述视角。

对于商业性小说和情节驱动型故事来说，第三人称是最受欢迎的选择。

但是，这并不意味着选择叙述视角时会有一个标准答案。哪个叙述视角最适合你的书，哪个就是你的正确答案。

下面让我们看看你的选择。

全知叙述视角

全知叙述视角与读者的关系最不密切，因为作者自身肩负着讲述整个故事的重任。

由于你全知全能，所以你可以在故事中自由游走，描述各种事情，随时告诉我们每个人物角色头脑中有什么想法。注意一下这个词：**告诉**（telling）。当作者经由全知叙述视角告诉我们其中一个人物角色的感受时，人物与读者的亲密感就被削弱了，因为我们并不能很好地去感受人物。这就是全知叙述视角的危险所在，它会诱惑你去走捷径。（参见图 4—1。）

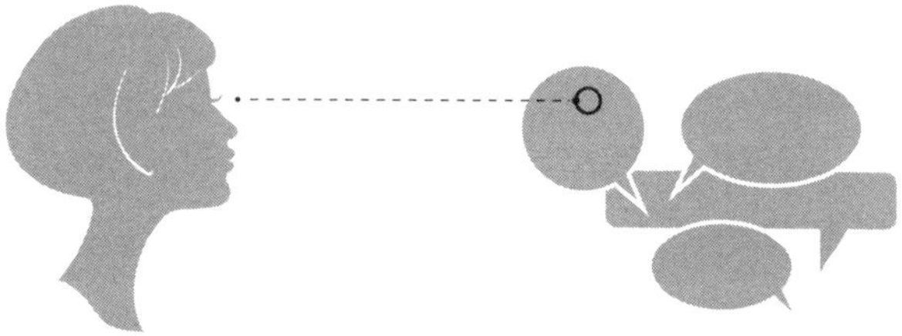

图 4—1　全知叙述视角

这并不是说你绝对不能使用全知叙述视角。对于历史小说和篇幅宏大的史诗来说，全知叙述视角就是个相当不错的选择，就连查尔斯·狄更斯也会使用它。狄更斯在《荒凉山庄》（*Bleak House*）的第一章描写了伦敦笼罩在浓雾中的泥泞街道，他继续写道：

> 看到了到处充满泥泞和浓雾的景象，我们缓慢、沉重地来到了大法官法庭。

这个情景本身，连同其中人物角色说话的方式，都让人有一种在泥泞中艰难跋涉的感觉。与此同时，把司法界模糊地描述成企业也像是一场迷雾。稍后作者又详细介绍了大法官法庭：

> "我想，还有好几位辩护律师要发言吧。"大法官微笑着说。
>
> 这里有坦格尔先生的十八个博学的朋友，每人带着一千八百张简短的材料摘要，他们像钢琴的十八个琴键似的突然站了起来，鞠了十八个躬，一下子又坐到十八个阴暗的地方去了。
>
> "在两周后的星期三，我们再继续进行审问。"大法官说。因为争执的问题只是诉讼费，那不过是本案这么一株大树上的一棵

幼芽，必然会在近日得到解决。

只有全知全能的叙述者才能告诉我们这十八个律师都掌握了些什么，以及当他们“突然出现”的时候是什么样子的。

还有之后的这个场景：

> 忽然，一个身材矮小、声音非常低沉的辩护律师，在沉沉的雾后边，神气活现地站起来，说道：“请阁下允许我说两句话，我是替他出庭的。他是我的一个远方表亲。此刻我不准备向法庭报告他究竟是隔了几房的表亲，不过他的确是我的一个表亲。”
>
> 这一番像悼词似的话，还在屋顶的椽子间回响着，那个矮小的辩护律师就已经坐了下去，而且连浓雾也不知他的去向了。人们都在找他，但是谁也看不见他。

在第二章中，狄更斯向我们介绍了两个人物，德洛克夫人和她的丈夫莱斯特·德洛克爵士：

> 莱斯特·德洛克爵士这时正和他夫人在一起，见了图金霍恩先生，非常高兴。
>
> “用不着问这事情到底有没有眉目。”夫人说，依旧没有摆脱由林肯郡宅邸带来的那种沉闷心情。

在这个场景里，狄更斯进入了这两个人物角色的头脑之中，并且告诉我们他们在想什么。当然，狄更斯使用了他所有的写作技能，使得他的故事十分吸引人，可以满足各种不同类型的读者。如今，全知叙述视角并不经常被使用。

在《小说家的自我编辑》一书中，兰尼·布朗和戴夫·金认为拉里·麦克穆特瑞在《寂寞之鸽》（*Lonesome Dove*）一书中采用全知叙述视角是一个错误的选择。但是，这本书获得了巨大的成功，这也说明优秀的情节可以掩盖一些小瑕疵。

但是，为什么要让这些瑕疵存在呢？

如今最安全的方式就是采用第一人称和第三人称叙述视角。

第一人称

第一人称是指给我们讲述发生了什么事的那个人物角色。

> 我去了商店，看到了弗兰克。我问："你在这儿干什么？"

显然，这个叙述视角需要通过一个人物的眼睛来见证这一切。主人公只能报告他自己所看到的，而不是弗兰克所看到的或感觉到的（除非弗兰克看到的与主人公要报告的东西相吻合）。若是叙述者没有见证这个场景的话，他就不会将其描述出来，尽管你可以让另外一个人物告诉叙述者在"观众视线以外的场景"中发生了什么事情。

使用第一人称叙述视角时，你可以使用过去时态或现在时态。一般的原则是使用过去时态，这样叙述者就会回顾过去，讲述他的故事。

但是讲述者也可以按照以下方式进行：

> 我打算去商店，看见了弗兰克，我说："你在这儿干什么？"

这时候说话者的语气中有一种即时性，若是处理得当的话（比如史蒂夫·马提尼在他的"保罗·马德利亚尼系列"法律惊悚小说中就处理得不错）是相当令人注目的。

作者在不同的章节中也可以选择不同的人物使用第一人称叙述视角。有些作者把叙述视角的人物名字放在各章的开头，然后跟随叙述者的声音来继续下面的故事。

当然，这需要高超的技巧，因为每个人物的声音必然有所不同，每个人物的视角都应该有其独到之处。

第一人称叙述最重要的方面就是**态度**。叙述者的声音中必然要有一些东西值得读者倾听，这些东西并不只是普通事实的再现，而是包含了叙述者的世界观和见解。

下面是关于态度的两个例子，摘自丽莎·萨姆森的小说。在《贵格会教徒的夏天》（*Quaker Summer*）中，希瑟·柯立治生活在一个奢华的环境之中，她想知道生活的真正意义是什么，以及她与这种生活有何关系。

> 早上6点半，还有45分钟我就必须叫儿子起床了。儿子在我面前舒展开身体，像是一条洒满阳光、通往海滩的小路。我好像从来没有感觉过孤单，至少也是跟一个孩子一起生活（现在我想要十个孩子和我一起生活，但这个想法肯定得在其他的时候，也许是明年才能实现）。我觉得非常受拘束，我的皮肤像干瘪的老橘子皮一样增厚、变硬，而我却挣扎着想在这样的外皮下面获得年轻和自由，期待更多的希望。
>
> 不只是作为一个母亲所拥有的那些希望。
>
> 那些在古老教堂里的女人们肯定永远都不会明白这些想法。任何一个并非只想做母亲的女人，都是不知足的。然而，某种东西正在我的身体里撕扯，它噘着嘴，目光明亮，它相信，它不但能拉动我前进，还能拉动所有我爱的人和它一起登上一个新的过山车，那里的降速滑落轨道更长，但那里的风景也更壮观，从那里可以看到更加辽阔的世界。

在萨姆森的《直线上升》（*Straight Up*）一书中，菲尔利·戈弗雷是纽约的一个设计顾问，结婚没几年就成了寡妇，她通过不停地约会来缓解自己失去丈夫的悲痛之情：

> 我的隐形眼镜裂了！就像有点干的吉露果冻在碟子里裂成了两半一样。我没有替换的眼镜了。所以，我把它放在手指上滚来

滚去，想起了曾经有过的打破暖水瓶的童年趣事，我现在也有一点奇妙好玩的感觉。

真是幸运啊，鉴于我曾经将水银珠放在掌心中来回滚动，我可能有一天会把自己送进癌症病房。

我和布雷登一起坐在小酒馆里，他说我们要庆祝一下他完成了 MBA 学业。他是一个聪明透顶的家伙。我有没有告诉你布雷登只有 23 岁？他是个神奇的家伙，是我从小的玩伴。

这个男人看起来聪明伶俐，留着小肯尼迪一样的发型，褐色卷发铺满了额头。

这里有两种完全不同的声音，作者的声音被淹没在人物角色的声音之中。这也是实现第一人称叙述视角的方法。

技巧说明

第一人称叙述者通常使用**过去时态**讲故事，因为他知道已经发生的一切。那么，我们可以安排他讲述当时他并未察觉到的一些事情。

比如，这里有一个场景，叙述者在一个酒吧里，酒吧大门在他的身后，虽然此时他还没有转过身来，但是他可以说：**“就在这时，比利走进了酒吧。”**为什么呢？因为他在用过去时态讲故事，所以他知道那时进来的就是比利。

但是多数作者偏爱的方式仍然是按照当时的情况来进行叙述，因为这样才能以最自然、最扣人心弦的方式让读者置身于这个场景之中。

所以，上面的那句台词应该改成这样：**我听到开门的声音，转身一看，原来是比利。**

见图 4—2。

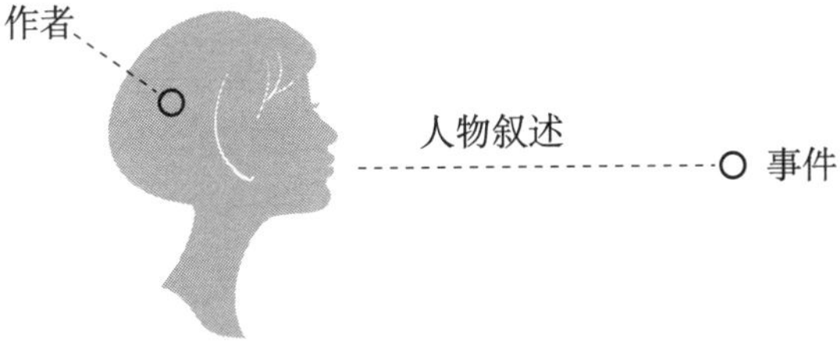

图 4—2 第一人称叙述视角

第三人称

如今对于大多数小说来说，第三人称叙述视角是个很好的选择。使用第三人称叙述的作者所面临的最大问题，就是如何将这个叙述视角贯穿于整个场景中。这种视角很容易出现偏差，作者会突然将视角切换到另一个人物角色身上，或是切换到了这个人物角色根本看不到的视角上去。

当使用**受限制**的第三人称叙述视角时，你要将这个人物角色的视角贯穿全文。绝对不能从其他人物角色的视角来进行叙述。若是处理得好，这种第三人称叙述视角与读者之间的关系也会很亲密，几乎和第一人称叙述视角是一样的。詹姆斯·N·弗雷在《弗雷的小说写作坊：让劲爆小说飞起来》(*How to Write a Damn Good Novel Ⅱ*）中也就这一问题发表了自己的看法。弗雷写道："不要相信那些关于第一人称与第三人称相对立的伪定律。事实上，你用第一人称写作达到的任何效果，用第三人称也能达到；反之亦然。"

若是你允许其他人物角色以第三人称叙述视角出现（非限制叙述视角），那么很明显你在主要人物身上花的时间就会减少。读者与书中角色的亲密度就会分散。

我推荐一个原则："一个场景，一种视角。"如果你想要改变叙述视角，那么你应该重新开始一个新的章节，或是中间留出一段空白来表示这种转换。

下面是第三人称叙述视角的一个例子，摘自戴维·默莱尔所著的《城市探险者》（*Creepers*）：

> 布兰格的肌肉放松了下来。他知道还会有其他的测试，他看着城市探险者们装好了背包。"你们什么时候进去？"
>
> "10点多一点。"康克林在皮带上挂了一个对讲机。

这个叙述人物是布兰格，所以我们知道他的肌肉放松了下来。如果是另外一个人物的话，则无从得知布兰格的情况。同样，我们还知道下面就是布兰格所要知道的事情。

康克林不是这里的叙述人物，但是我们能够看到布兰格所看到的事情，那就是康克林正在皮带上挂对讲机。第三人称叙述视角如图4—3所示。

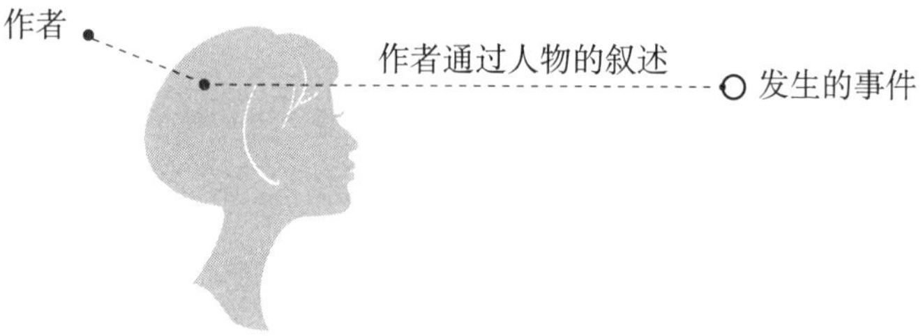

图 4—3　第三人称叙述视角

摄像机视角

摄像机视角是指从外部进行描述，就像架起一台摄影机来拍摄故事的进展过程。你不用传达人物角色的思想感情。这种视角不同于其他视角，它从不深入人物角色的内心来揭示其思想和情感。通过摄像机视角完成故事的叙述，就像是透过一扇敞开的窗子或是从电影银幕上观察这些客观细节一样。如图4—4所示。

图 4—4 摄像机视角

摄像机视角几乎总是将镜头放在主要人物身上。

达希尔·哈米特的小说《马耳他之鹰》就是用摄像机视角来写的，以下是其中一个选段：

> 斯佩德坐在转椅上，转了 90 度面向她，礼貌地笑了笑。他没有咧开嘴笑，但是嘴角的弧线却更加上扬。
>
> 透过关着的门传来了叮叮咚咚的微弱铃声和埃菲·佩林打字的沉闷声音。从相邻的某个办公室里传来了电动机沉闷的响声。斯佩德的桌子上放着一个装满了烟蒂的黄铜烟灰缸，里面还有一根香烟正在慢慢燃烧。

这就是摄像机视角，因为如果我们从斯佩德的角度来叙述，就不可能看到他自己嘴角的弧线上扬。我们也无法知道斯佩德的想法。并且，请注意，描写斯佩德桌子上烟灰缸的方式，就像是拉近了摄像机镜头一样。

叙述视角弹性原则

作家之间经常会针对各种写作"原则"展开激烈的讨论，对于叙述视角这个棘手的问题更是如此。当然，保持叙述视角的连贯，弄清故事中谁是谁、发生了什么事情等，都是最基本的。但是，偶尔有意违背叙述视角的原则可以帮你达到特定的目的。比如，一个章节开头的一小部分可以使用全知叙述视角，后面再采用第三人称视角叙述，这样也很好。《小城》(*Small Town*)是劳伦斯·布洛克的经典作品之一，在第四章中，他做了如下处理：

> 埃格隆酒店位于公园和麦迪逊广场之间的55号，已经在此经营数十年之久。这是一家典型的法国餐厅，虽然这里早已不再时髦，但是菜单右边的价位表明这家店永远不会沦落为便宜小店。绝大多数的顾客都是多年的老主顾，他们非常喜欢这里一流的美味、内敛而不失优雅的装潢以及无可挑剔的低调服务。餐厅里摆放的桌子之间空间很大，略微有点奢侈。这里的座位几乎从未完全满座，但是空位也不会超过两三个。事实上，这是因为老板喜欢这样子……
>
> 法兰西斯·巴克伦看到他提前几分钟到了，并且是在拐角处下了出租车。

布洛克开始时用全知叙述视角来叙述，这很有意思，并且有助于奠定小说的基调。然后，他将我们带入了法兰西斯·巴克伦的视角。

但是如果我们在场景**中间**插入一段全知视角的叙述的话，会有什么效果呢？布洛克在他的《小城》一书中也进行了这样的尝试。在已经使用了第三人称叙述视角的场景中，布洛克又转为全知叙述视角为我们描述了人物。

> 他站起来有六英尺二英寸高，像头熊一样，膀大腰圆，一头浓密的棕色头发，还留着满脸的络腮胡子，络腮胡子是他自己修剪的。他的腰比自己理想中的还要粗一点，但还不是太糟糕。

然后，他又继续写这个场景。此时，可能某处叙述视角的“警铃”大作。“像头熊一样”是作者的声音和评价，人物并不会自己从衣着打扮或是体重中体现性格。那还是布洛克的视角。但是，很难说这是否违背了行文原则。布洛克还在其中使用了描写的手法，小说中一直都是这样，而且十分简短。

经验一：规则是为了实现特定目的而存在的。它们应该发挥重要作用。如果你已经牢牢掌握了这些规则，那么你也可以挑出其中的一部分在使用时稍加修改，这可能带给你意外的收获。

经验二：如果你确实打破了规则，一定要保持简短。

经验三：在你职业生涯的剩余时间里，严格遵守叙述视角原则并不是一件坏事。

要想精通叙述视角原则需要花点时间。以轻松的心情，完成本章后面的练习，不断寻求反馈意见，并享受这个过程。

当你完全掌握叙述原则时——你肯定能做到——就会发现你写小说不像以前那么费劲了。这是相当不错的感觉。

要点

- 叙述视角是指向你代入的那个人物角色。
- 和读者关系最为密切的叙述视角是第一人称，最不密切的是全知叙述视角。
- 最适合初学者选用的是第三人称。
- 若是没有丰富的写作经验，就不要随意乱用叙述视角。

练习 1 *①

阅读以下内容，试着找出所有叙述视角转移或使用不当之处。

弗兰克跑进房间，希望莎拉还在那里。

她是在那里，但是等得有点不耐烦了。“快一点，”他说，“我们必须离开这里！”

莎拉叹了口气：“这次又是什么？”

① *号表示这部分练习的答案或可能做出的修改已收进附录。

“是警察，警察来了。”她为什么就不能按照他说的去做呢？他走到窗前，看着下面的街道，留意有没有警车过来。

莎拉从安乐椅上站起身，说道：“你这是妄想症，你这个傻瓜。这是你的药。”每一次她都会随身给他带着药。

当第一辆黑白相间的警车停到路边时，弗兰克转过身来。

“如果每个人都追你的话，就不是妄想症了！”他高声尖叫道，“我跟你说话的时候你要看着我！”

莎拉想，我准备好的时候，我就会看着你了。她走进厨房。她是一个30岁的可爱女人，在朋友中颇受欢迎。但是此刻她却不讨丈夫的欢心。

又一辆黑白相间的警车在公寓大楼前停了下来。

弗兰克和莎拉听到了扩音器里传来的声音：“我们知道你在里面！举着手走出来。”

他们躁动不安起来。

莎拉知道这意味着要坐牢。

弗兰克也知道莎拉所知道的事情，因为他无所不知。

练习 2 *

下面是以第一人称叙述视角写成的段落。用下划线画出违背了叙述视角原则的地方。

我走进熟食店，寻找她。店里座无虚席，人们正一边忙着吃饭，一边讨论问题。

我看到她了。她背对着我，坐在靠墙的隔间里。

面带坚毅的表情，我走向隔间，坐到了她的对面。

她很不开心。

“莎拉，你怎么样啊?”我说。

“你觉得我会怎么样呢?”她厌烦地摇摇头。

服务生端着一盘炒鸡蛋走到我身后，说：“我看见你来了一个朋友。”说完把盘子放在了莎拉面前。

“给我来杯咖啡。”我说道。

有些东西的历史引人瞩目，咖啡就是其中之一。起初，咖啡主要闻名于伊斯兰世界，但是渐渐经由荷兰传入欧洲。欧洲咖啡的主要产地正是荷属东印度。咖啡的健康效用备受争议，但是目前的研究表明适量饮用还是有益于健康的。

莎拉不喜欢让人陪着：“你在这儿干什么呢?”

我眨了眨蓝色的眼睛说：“我来看看你都知道些什么。”

莎拉把手伸进钱包，摸索着钥匙，她把钥匙扔到玻璃桌子上，钥匙在我的面前叮当作响。

“这就是你想要知道的一切。”她说道。

5 场景

在英国乡村，人们用石墙来圈养羊群。其中有些石墙已经有几百年的历史了，它们在建筑方面的贡献令人惊叹。这些平滑的石头并不是完全相同的。它们颜色多样、形态各异，彼此搭配在一起就筑成了石墙。

你的场景就好像那些嵌在一面英国石墙上的石头。我更喜欢把这些石头想象成砖块的样子，因为砖块看起来全都一样。你希望你的场景形式多变、感受多样，但是，当你后退审视时，应该看到它们都很协调，在一起很搭配。

你不希望任何石头从奇怪的角度凸起或是从中间裂开。如果你能使每个场景都发挥自己的作用并为小说的成功做出重要的贡献，那么，你的小说结构会是非常牢固的。

但是，如果你的场景缺乏真实性，那么你的小说可能也不会有生命力。

在这一章中，我们将着眼于自我编辑场景的方法，以便使你的大作经受住时间的考验。

场景有什么作用？

你的场景必须具备以下一项或多项功能：

- 通过情节推动故事发展

- 通过反面势力的反应塑造人物
- 为即将出现的重要场景布局
- 增加一些趣事

除了这些目的之外，每个场景必须具有一定程度的**紧张感**，但这并不是说同等的紧张感要贯穿全文。你不会希望一条土狼追赶一只走鹃的卡通形象在每个场景里都出现。

但是，在场景中必须要有事关危险的场面，要有一些至关重要的事情。甚至于人物的一举一动、一颦一笑，或是人物角色的重新整合，都需要把故事潜在的问题搅乱，这就像是《捉鬼敢死队Ⅱ》（*Ghostbusters Ⅱ*）中纽约下水道里的那些邪恶的食尸鬼一样，让人们辨不清好坏。

对于主要包括情节、布局和趣事等的场景，这是最佳的解决方案，在下文中我们会一一展开探讨。

动作场景

动作场景是指一个人物试图到达某地、解决某个麻烦以推进故事的发展的任何场景。动作并不总是意味着汽车追逐或是枪战，尽管那确实是当之无愧的动作场景。当你设定了一个目标、制造了一些障碍、获得了一个结果时，一个动作场景就形成了。

目标

每个动作场景必须具备一个**场景目标**。那就是不管你从哪个视角出发，在场景里必须有种动力促使某事发生。

- 为了获取信息，警官正在询问一位目击证人。
- 一位失去孩子的母亲正在尽力淡忘她的悲痛。
- 一位海豹突击队队员正在设法尽快除掉五名刺客。
- 一个男人正在喝酒，以此来逃避他对妻子不忠的事实。

这样的例子还有很多。此外，你还需要一些——

障碍

是什么样的人物、地点、事物或环境阻碍了视角中的人物实现目标?

- 这位目击证人对警察撒了谎，他甚至还有把枪。
- 这位母亲从房间中的每件东西上都能看到她那丢失了的孩子的影子。
- 刺客擅长他们所做的事情，而这正是他们被派去执行此任务的原因。
- 酒精能使良知变得迟钝，但不会毁灭良知。

如你所见，反面因素可以是外部的（比如一个反面人物），也可以是内部的（人物的心理状态和思考方式）。

此外，也可以有社会层面的反面因素。乐于维持现状的任何群体都可能会面对这种反面因素。举例来说，里克·戴迪尔是埃文·亨特的小说《黑板丛林》（*The Blackboard Jungle*）里的一名老师，他希望能在这所满是惹是生非的顽童的学校里有所作为，但其他大多数老师和学校的行政职员却并不看好他。这就可以在书中和电影里制造一些气氛紧张的场景。

最后，场景属性本身也可以提供反面因素。它可以为整部小说或剧本提供基本的反面势力，例如斯蒂芬·金的《世纪邪风暴》（*Storm of the Century*）。如果是在金的故事场景里，你最好别在冬季困在远离缅因河岸的孤岛上，因为他倾向于在那座孤岛上投放变态杀手。

在时间紧迫的时候，自然或环境本身可能就会成为巨大的障碍。书中的人物必须按计划准时到达小镇，但是桥塌了；或是一场暴风雨刮倒的一棵树横在了路中央；或是汽车出了故障，抛锚了。

作为一个作家，最有趣的是由你来做出选择。

结局

每个场景都必须在某一个时间点结束。通常，一个场景可以这样结束：

1. 圆满
2. 不太圆满
3. 糟糕

在小说领域里，场景无论是以公开的还是隐秘的方式结束，结局越糟糕，效果就会越好。

因为人们在阅读中总是会为书中人物的命运感到担忧。他们想要看到他们所关心的主角在故事中经历磨难和困苦。成功越多，担忧就越少。

要设计好故事的大部分场景，在一个场景结束后，让你的主角处于一个非常不利的位置。

他没有得到他想要的消息。

糟糕的是，他得到了一些让他感到伤心的消息。

更糟糕的是，他被这一连串的打击击倒了。

还有好多各种各样的糟糕结果供你选择。

但这并不意味着场景都不能有好的结局。为了留出喘口气的时间，一些好的事情也可以不时发生。

但应该尽快让主角再次陷入麻烦中。

反应场景

反应场景里的动作情节主要用来推动故事发展，反应主要用来表达情感。这是深入了解故事中的人物如何处理他身边各种问题的一扇窗户。反应场景完全取决于自身，或者你可以将反应的**节奏**放在一个动作场景中。当你打破它时，反应场景会产生以下情况：

情感

当我们身边发生了什么事情的时候，我们的第一反应通常都是一种情感上的反应。这也是人之为人的部分原因。此时，我们所拥有的这些情感保护着我们，并给我们指出了短期的前进方向。有时这可能是一个错误的方向，但你也要照此指引前进。

比如，你的主角进入饭店房间并发现她的丈夫死了，最先表现出来的是情感反应。一个人受到的刺激越大，做出的情感反应就越直接。

分析

当这个人物冷静下来之后，必须要做出决定：怎么办？以这个女人面对她丈夫的尸体的具体情况为例，她可能做出以下选择：

- 隐藏尸体
- 报警
- 告诉她婆婆
- 只是呆坐在那儿

决定

最终必须做出决定，否则故事就会搁浅，进行不下去了。做出的这个决定应该能够引出下一个目标或动作场景。图 5—1 显示了动作和反应所引发的情节处于动态变化之中。

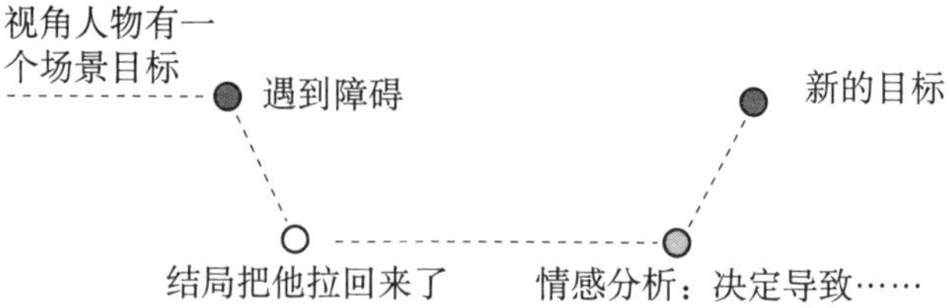

图 5—1　不断变化的情节

德怀特·斯温在《畅销书写作技巧》（*Techniques of the Selling*

Writer)、杰克·比卡姆在《写出你的畅销小说》(*Writing and Selling Your Novel*)中都深入地介绍了动作和反应(他们称之为场景和后续余波)。为了加深研究,我建议阅读上面两本书。

布局

一个主要用于设置故事其他方面的场景应当包含一个动作或反应场景中的所有因素。这样的场景应当相对简短并在故事中较早出现。

例如,作家可能需要在写作中设置家庭生活场景,并且要给其中一个人物设定特殊的性格,所以当一起绑架案发生时,设定的特殊性格能在后面发挥作用。比如,受害者是一个害怕黑暗的五六岁的男孩。

选择一个视角人物并设计一个可以利用或是涉及该性格特点的场景。比如,你的故事主角是一位母亲。你可以设计这样一个场景:她正在和丈夫争吵,此时他们的儿子在自己房间里的尖叫声震惊了他们。她走过去安慰男孩,告诉他不要害怕,然后又回到她丈夫那边。

应当把布局信息“镶嵌”进场景里,仔细地把它们分散在整个场景中。

趣味性

趣味性是应该节约使用的最佳构成部分。你可以把趣味随意点缀在任何场景中,而且有时(很少)可以使它成为整个场景的主要组成部分。斯蒂芬·金在他的中篇小说《尸体》(*The Body*)中就是这样处理的,他利用其中的一个人物创作了一个吃馅饼的故事。

一个情节结束了,但是情节中的趣味性依然吸引着我们。

在场景中增添趣味性,可以使一个普通的场景变成一个真实的、令人难忘的场景。

例如，在弗朗西斯·福特·科波拉的电影《教父》中，有一个场景改编自马里奥·普佐的小说。在影片中，唐·柯里昂中枪后，桑尼下令追杀保利，因为保利是个小喽啰，他们怀疑保利出卖了柯里昂。执行追杀任务的是肥胖的小头目克莱门扎。

从克莱门扎离开他那中产阶级的家庭之时，导演就开始增添趣味性了：克莱门扎和妻子告别，妻子还问他何时回来。他就像是一个去上班的人，妻子提醒他拿一些香炸奶酪卷。

克莱门扎坐上保利开的车，另一个手下坐在后座。他们开始寻找一处在克莱门扎看来可以聚众滋事的场所，以便下手。他们在车中闲谈着，时不时传出笑声，后来在回来的路上，克莱门扎让保利在路边停车，说："我要下去方便一下。"接着克莱门扎走进杂草丛中。

现在我们看到来自汽车边上的一个长镜头。我们看到保利坐在驾驶座上，外边只有杂草，而远处是自由女神像。

一只手从汽车后座伸出来，拿着枪，接着保利头部连中两枪。

克莱门扎拉上裤子拉链，回到车里对枪手说："扔了枪，带上香炸奶酪卷走人。"

这个枪手冲克莱门扎挥挥手里装香炸奶酪卷的小盒子，他们愉快地离去。

这个场景之所以给人以强大的视觉冲击，令人十分难忘，正是因为增添了这样的趣味性：看似普通中产阶级家庭的男人与暴力袭击联系在一起，这就是趣味性所能起到的作用。

场景的张力

在你的故事中，每个场景都应当具有一定程度的张力，无论是来自外部的冲突还是人物角色内心的情感波动。

你通过设定场景结构及赋予视角人物一个场景目标来制造外部的张力。他需要什么？为什么需要？这对他来说或许至关重要，但对我们来说可能无足轻重。

接下来，是什么使他远离了目标？或许是另一个人物角色的反对所导致，或许是他在某一个境遇中找到了自我。

在多数场景中都设置人物角色经历挫折，就能为接下来的场景逐步增加紧张程度。

即使那些相对安静、没有什么动作的场景，人物角色也可以感受到内心的紧张—— 担忧、关心、烦躁和焦虑。

在埃文·亨特的《她离去之时》（*The Moment She Was Gone*）中，安德鲁·格列佛那患有精神分裂症的双胞胎妹妹失踪了。安德鲁和母亲、弟弟以及弟媳陷入了沉默。

弟媳试图缓和压抑的气氛：

> “或许她躲在圣·帕特里克大教堂里，”奥古斯塔说，“也可能是藏在现代艺术博物馆。”
>
> 我讨厌弟媳取笑安妮。我认为她这样做只是为了赢得亚伦的欢心。顺便说一句，亚伦从未关心过我妹妹的任何事情，从来就没想过安妮的恶作剧是有那么一点点幽默的成分的，即使它们的确如此。比如有一次在佐治亚州的时候，她曾经往一个警察的鞋上小便。
>
> “或许我们应当去给她找个精神病专家了。”奥古斯塔故意说得更严重一些。
>
> “奥古斯塔，别再开玩笑了。”我说。

通过描写安德鲁的烦躁来对比奥古斯塔的“幽默”，亨特增加了故事整体的紧张程度。

每个场景应当具有以下一个或多个因素：

冲突

- 内部的：人物角色的情感与自身的斗争。
- 外部的：实现目标的障碍物。
  1. 人物角色：具有不同目标的另一个人物或是一组人物。
  2. 社会的：规则或是社会环境。
  3. 自然的：任何与背景有关的自然环境。

紧张程度

- 不确定性：人物角色缺少足够的信息。
- 担忧：人物角色的信息（坏的）太多了。
- 怀疑：人物角色对自己的能力、其他人物角色或是周遭环境缺乏信心。

场景模式

思考你场景的开场。一旦小说开始向前发展，你应该尽快融进场景中。

一个场景应当有如下的逻辑模式：

A= 开放性地描述，以设置场景

B= 出现在舞台上的人物角色

C= 场景中实际上的主要部分，冲突或中心点

在大部分情况下，你可以准确地了解人物角色并根据需要减少描述。一个场景模式可能是如下形式：B，A，C；或者 C，B，A。

这里列举一个经典的场景：

A

酒吧里灯光昏暗，弥漫着啤酒不新鲜的味道。正在播放的乡村音乐震耳欲聋，有一首歌是关于丢失了的卡车的。两三个人朝

着他那个方向看过去。

B

斯蒂芬认为现在最好要杯啤酒，并且自然一点。然后，他要靠近曼弗雷德并与他交谈一会儿。这样一来，就很少有人能看出他真正的意图了。

他在吧台要了一杯啤酒，看到墙上挂着镀金的镜子，镜子前面整齐地摆放着各种酒瓶。他想到了年代久远的西部片，一把六轮火枪就能彻底打碎这些酒瓶，并能将人掀翻在地。他真希望现在手上有一把六轮火枪，只是为了以防万一。当然，曼弗雷德是不会乐意看到他这样的。

斯蒂芬又喝了一口，用手背擦擦嘴，然后径直走向曼弗雷德的桌子。

曼弗雷德的红头发隐藏在黑色的牛仔帽下。他淡蓝色的眼睛正盯着大屏幕电视上播放的熊队比赛。

C

“曼弗雷德?”斯蒂芬叫了一声。

一双眼睛放出冷冷的光。“什么事?”

“我们能谈谈吗?”

“我正在看比赛。”

斯蒂芬拉过一把椅子，说道：“就一会儿。”

“可别想坐下来。”

我们进入到了场景的冲突中。这个模式倒是不错，而且通常可以利用，但是显得有些笨拙，像老奶奶的鞋子。你可以改变一下模式，以获得更好的效果，甚至可以砍掉不必要的部分。这里列举一个不同模式的例子：

“曼弗雷德?”斯蒂芬叫了一声。

一双眼睛射出冷冷的光。“什么事？”

“我们能谈谈吗？”

“我正在看比赛。”

黑色的牛仔帽下曼弗雷德怒目而视。只能看见他的几缕红发。大屏幕电视播放着熊队比赛，声音与吧台后面传来的乡村音乐混杂在一起。

斯蒂芬拉过一把椅子，说道：“就一会儿。”

“可别想坐下来。”

在书的这一部分，我们知道了斯蒂芬是谁，并且知道了他的去向。伴随着冲突，开启了这一场景。根据需要，我们可以删去背景细节。

关于写作最无法控制的事情，是来自我们内心的声音。与其他人的声音相比，我们更相信这个来自我们内心的声音：“你还不够好、不够聪明，你昨天写的东西真的很糟糕。”有抱负的作家应当谨记的是，我们都能听见那种声音，不过，有时候那种声音会欺骗我们。实际上，当说起写作时，那种声音几乎总是在欺骗我们。在书写到一半时，你会回过头去重新阅读并思考：“这太糟糕了。”现在或许是糟糕的，但是，这也可能是奇妙的，而且，也可能是你读了太多次以至于耳朵已经快失聪了。别再听那个声音。

——兰迪·韦恩·怀特

悬念、张力、提示

在《情节与结构》一书中，我用了一个章节的内容来讨论如何使你的场景具备悬念、张力和提示。在此我再简要重复一下。

悬念

你在何处开始一个场景与你在何处开始你的小说同样重要，因为你不会想给读者任何放弃阅读你的书的理由。你或许会认为你在开始写作后会有些时间停下来休息一下。这种想法是错误的，你绝对不能休息。

你可以在某一场景或者某一章的开头设计某事来吸引读者。你可以介绍一个新的人物。史蒂夫·马提尼在《陪审团》（*The Jury*）中连续三个章节都是这样做的：

> 47 岁的吉米·德·安杰洛是个由巡警转型的侦探。（第六章）
>
> 威廉·爱普森是我们这个案件中的神秘人物。（第七章）
>
> 加布里埃尔·沃诺克医生曾与国家取证实验室签约，是他们的秘密顾问。（第八章）

对白是另一种很有吸引力的悬念技巧，表明现在正在发生某事。

> “不要开灯。”她说。
>
> 我不敢开灯，因为不想让街上的人看到。公寓里飘散着昨晚比萨饼的味道。

如果背景足够有趣，你可以利用它来开始一个场景，然后就能直接进入动作情节。例如马克斯·菲利普斯在《褪色的金发女郎》（*Fade to Blonde*）中的做法：

> 哈利迪的办公室位于那些现代化的大厦中，尽管竣工仅半年，但看上去很老旧。大厦的大堂有两层楼高，前面是条纹玻璃墙，后面是钢铁和水磨石建成的楼梯。到处铺的都是布满灰尘的绿色浴室瓷砖，力求显得上档次，但看起来像是丽贝卡的寄宿屋外面那些廉价的装饰一样。当我爬上楼梯时……

如何开始一个场景是一个**策略问题**。你希望你的书有什么感觉呢？是快速推进还是慢慢展开？是更关注人物角色的内心生活，还是来自外部世界的威胁？你预期的读者群是喜欢商业味浓的小说还是文学性强的小说？

你应该相应地做出调整，选择适合的场景开场。

你想为你的场景选择一个轻松的开场吗？营造一种合适的氛围，然后很自然地进入动作情节的描写？

> 第二天早上刮着猛烈的风，当他进入得克萨斯州时，经过一些紫色的蜂箱并看见了一个牌子，上面写着："向西三英里 可见世界上最大的土拨鼠"。风力增大，敲打着车子，发出异常的爆裂声和撞击声。风滚草饱受冬季寒风的侵袭而变小，成百个地在公路上翻滚飘荡着。塑料薄板、食品包装纸、粗布袋、报纸、纸箱以及碎布飞过，被铁丝网栅栏勾住，在那里不停地飘动着，直到又一阵风吹来，将它们带走。风中还夹杂着沙石。
>
> ——安妮·普劳克斯：《老谋深算》（*That Old Ace in the Hole*）

普劳克斯还给了我们另一页像这样的描述，在场景主题开始之前，一切都与故事的基调一致。

注意细节性的东西，将这些细节性的东西层层叠加，将所有这些细节都添加到气氛的渲染中。仅仅是描述还不够，还需要一定的策略。

另一种使用轻松开场的好方法就是描写时间的转换：

> 这是一个多雨的五月。冬天马上就要结束了，这个时节给人一种平凡生活的感觉，从安排杂乱但令人舒适的时间表和慵懒的周末中能够感觉出来。每个周六玛蒂都在睡懒觉，她的床上铺满了学校假期安排表、伤风感冒药、牙医预约单等东西。初春，他们脱掉外衣奔向野外。就像艾萨经常说的那样，花园里满是疯狂

绽放的花朵，孩子们也一样在快速地成长。一个月中有三个周末，他们与尼基和李在一起……

——安妮·拉莫特：《蓝色鞋子》(*Blue Shoe*)

直入主题

即使在纯文学小说中，一个为人称道的背景也要尽可能地靠近场景的中心动作情节。关于中心动作情节，我指的是场景的核心，就是你写作的原因，即雷蒙德·奥布斯特菲尔德所说的“热点”。

“直入主题”的意思是“事情正在发生”。就是你应当直接面对。通常你可以砍去一些松散的场景，并使情节进展稍微加快。例如，一个章节可能是这样开始的：

周二那天很暖和。太阳就像魔鬼撒旦的铁锤砸下来一样，强烈地照射着路面。整个城市似乎沉浸在那没有睡醒的、无情的麻木当中。唐在车流中一路穿梭进入到城市的中心地带，高兴地发现了一块空地，不必花费很多钱就可以停车。

他走到缅因街上，穿着一件白色棉T恤，身上开始出汗了。这座马辛格尔大楼一直矗立在这儿，像以前一样没有移动过。他认为这很有趣。难道我会期望它搬走？期望它隐瞒我将要做的事吗？

他坐电梯到四楼，然后走向415套间。

唐清了清嗓子，拔出枪，冲了进去。

他喊道：“所有人都不许动！”

这个开场没有什么明显的错误，一切都取决于你的写作策略。但是，如果这是属于快速推进情节的小说类型的话，你应该用其他的方式来做到这一点：

唐拔出枪，冲进415套间。

他喊道：“所有人都不许动！”

然后，你可以在整个场景中均匀搭配你想要使用的叙述技巧。

比如，唐感觉到令人窒息的炎热，是因为这座大楼的空调系统已关闭。

另一种开场方式是这样开始的：

> “所有人都不许动！”唐喊道。他用枪指着415套间里受惊的服务员。

故事的开篇各种各样，不要总是千篇一律、用相同的方式开始。可以使用对白、不同的感想以及描述来开始，但应该总是贴近热点。

确立观点

你在开场时必须快速确立视角人物。读者需要知道这是谁的场景。

接下来，告诉我们什么对视角人物是重要的。他的日程/计划是什么？他的目标是什么？他第一次“上场”的全部原因是什么？

你可以明确地交代清楚，也可以含蓄地做一解释。

明确的

> 玛吉走进红金丝雀酒吧找鲍勃。她想彻彻底底地摆平他，让他明确地知道她对他的看法。她才是他理所当然应该拥有的。他会这样想吗？

含蓄的

> 玛吉走进红金丝雀酒吧，她环顾四周，鲍勃在哪里？她意识到自己的双手握紧又逐渐松开了。她停顿了一下，努力放慢了呼吸。

当你在之前的场景中使用含蓄的开场方式时，我们很容易就知道人物角色是什么样的感觉，知道他在想什么。

例外的情况是当场景中的动作情节要引出的是个惊喜的时候。现在我们不知道玛吉对鲍勃的感觉，但是当她用啤酒瓶击打他的脑袋时，我们就能得到答案了。

在大多数情况下，你会希望读者关注场景中人物角色的需求，借此他们可以体验一定程度的紧张感，因为不知道最终的结局会是什么样子。

张力

记得希区柯克有这样一句格言：你的小说不需要枯燥乏味的部分；凡是枯燥乏味的，都是没有冲突的。

冲突越大就越有张力。

你应该在每个场景中都设置一定程度的紧张情节，它们可以不必是最强烈的那种紧张。因为如果总是强烈的紧张，会使读者感到疲惫。调整紧张程度是小说创作的关键技巧之一。你应该给读者留出一些喘息的时间。

但是，当他们喘息时，也应该让神经保持在一定的紧张状态。

一直关注你的场景，看看是否有办法把紧张程度提高几个层次。你可以：

- 把风险设置得更大？
- 让事情更为掣肘？
- 令人物角色更加在乎某个事物？
- 使事件更有挑战性？
- 设定一个令人惊喜的人物角色？
- 把场景或天气设置成障碍？

提示

你的每个场景的最后一个段落或最后一行的目标，应该是保证让读者继续读下去，应该以某种方式提示读者继续阅读。

每个场景的结束都有无数种可能性，在此列举一些：

- 一段神秘的对白
- 一个带有一定预示性的图像（像是涌来的雾）

- 一个突然透露的秘密
- 一个重大的决定或者誓言
- 一个令人震惊的事件的公告
- 逆转或惊喜——突然改变故事的新信息
- 一个悬而未决的问题

在《无眠之夜》（*Sleep No More*）这样的场景结束处——毫不夸张——格雷·伊莱斯运用了带有一定预示性的写作手法。要是在悬疑小说中，这一幕早就出现了。约翰·沃特斯年纪不大，却已经为人夫、为人父了，有着看似完美的人生。但随后，在观看女儿的足球比赛时，他遇到了一个非常美丽的神秘女子，让他想起了结婚前的一位情人：

> 沃特斯的思绪回到了黑暗混沌的状态中，他的内心有一种预感。在他头脑中两个女人的形象搅混在一起，但这两个女人中没有一个是他的妻子。

伊莱斯利用这样一个预感作为一个场景的结束，提示即将到来的黑暗心境（使用黑暗这个词来修饰状态非常恰当）。而两个女人的形象在他的头脑中搅混在一起，暗示他忘记了自己是个有老婆的人，这也预示着即将到来的灾难。

一种不祥的感觉——或不适、愤怒、沮丧、困惑——是人物角色内心的矛盾冲突，而矛盾冲突总是能吸引读者。

《克莉丝汀》（*Christine*）是斯蒂芬·金早期的小说，下面是小说里一些章节结束时的最后一行文字：

> 从一开始就是一个错误，而在匆忙之中变得更糟。
>
> 这就是我的想法。但那个时候我错了。
>
> 他说："丹尼斯，我会尽我所能的。"
>
> 那天晚上，我没能很快睡着。

但我现在的年纪大了一点。

我们走上去，因为我累坏了，我躺了很长时间没有睡着，这是多事的一天。外面，夜风轻抚着屋子旁边树枝的枝条，远处的市区，我听到几个孩子使劲抽打着剥了皮的枝条——在夜里发出来的声音，听起来像是一个歇斯底里的女人发出绝望的笑声。

这是他逃避的一个问题。他害怕知道答案。

你在创作中要关注悬念、张力和提示，这会给予你更大的回报，增加作品的可读性。它会使你的故事以不可阻挡的势头向前推进，这才是你想要的。它们可以挑战你的读者，让他们宁可错过约会也不愿意放下手中的这本书。

高压锅一样的环境

20 世纪 50 年代，传奇剧作家帕迪·查耶夫斯基被称为“平凡的吟游诗人”。他创作的都是一些普通的人物角色（如同电影《马蒂》(*Marty*) 中的人物一样），这些人物经过平日里的拼搏而变得富有同情心。

他将这些人物设置于一个高压锅一样的环境里，以此来创作他们。

有一个很好的例子是他担任编剧的电影《白发红颜未了情》(*Middle of the Night*)，电影由弗雷德里克·马奇和基姆·诺瓦克主演。这是关于一个事业成功但生活孤独的中年鳏夫和一个 24 岁的美丽却胆小的女孩的故事。他们周围都是一些普通人——他的妹妹、妹妹的女儿以及女婿（马丁·巴尔萨姆），还有她的母亲和妹妹。还有一个在马奇那里工作的 59 岁的推销员（他有自杀倾向）。

所有这些人看似普通，但平凡中又有吸引力，因为他们的忧虑是我们可以理解的（我们知道自己也有这样的忧虑，或是将来也会有这样的忧虑）。在故事中，这些忧虑被**最大限度**地压抑了。马奇感到极度孤单，但试图隐藏这种孤单的情感（紧张不安的程度呈现在早期场景中一次美妙的电话通话中）。最终，他冲破寂寞的禁锢，放下虚荣心，几乎是乞求这个女孩来爱自己。

她紧张不安，几乎到了神经质的程度。因为以前她遇到的男人都只是玩弄她（包括她的前夫），而她心底**确实**拥有激情。她渴望两情相悦的真爱，却又害怕如果她爱上马奇，最终也难逃被抛弃的命运。另一方面，他则不断地担心她会被另一个男人吸引。

他妹妹的女婿巴尔萨姆面临着这样一个窘境：巴尔萨姆一直是个怕老婆的人，被老婆管得老老实实，后来他终于爆发，大声诉求，说他的妻子更关心她的父亲而不是关心他。

诺瓦克的母亲紧紧看着她，并试图说服她放弃马奇，回到她前夫身边。

每个场景中都设置了类似这样的紧张情节，人物角色就像是被密封在高压锅中，充满了紧张焦虑之感。这样的紧张焦虑导致他们的内心恐慌不已，而这些紧张忧虑的感觉逐渐地累积，直到某一天这些人物角色终于爆发，以此来释放内心的压力。

所以，在每一个场景中，都应该询问人物角色内心的忧虑：

- 人们理解他们的行为吗？
- 他们承受的压力是否已经到极限了？
- 你如何含蓄地或明显地呈现这种压力？
- 爆发的后果会是什么？

四处移动

避免“直接发声”，即两个人物谈话的时候，没有任何其他事情发生。设定某种移动的场景，无论是人物本身在移动还是他们周围的人和事物在移动。

我曾经写过一个场景，我的主角是一位律师，他在拜访一个经营木场的客户。他们在庭院里见面，然后这个客户邀请主角到他办公室谈话。设置这个场景的原因是让这位律师告诉这个客户，他必须将案件撤诉。

有几个因素影响着我们。首先，我们之所以创建静态场景，主要是为了在口头上交换故事中的信息，因此我们让人物角色进入他们可以交谈的地方。这很自然而又合情合理，但却是静态的。

接着我想起了我最喜欢的一档电视剧《法律与秩序》(*Law & Order*)(由莫里亚蒂、诺斯、奥尔巴赫主演的那几季)。警察通常和目击者面谈，去他们工作的地方询问他们，而且问话时目击者正在工作场所周围走动。这是一个很好的方式，可以避免让这些目击者直接面对镜头说话，并且还提供了一些冲突的机会，例如“现在我必须要回去工作了”。(对此奥尔巴赫是这样说的：“也许下次我们会在警局里谈话。”)

所以我将场景改写成“边走边聊”。下面是其中的一部分：

> 皮特拿着写字板在外面的院子里打电话。一堆堆不同锯口和尺寸的木材制造了一种掩体的感觉，就好像一个抵抗军事袭击的据点。山姆感到被包围了，好像自己是个叛徒一样。
>
> 皮特放下手机，笑着说：“山姆，真是意外惊喜啊。”这更让山姆感到受了伤害。
>
> 这次皮特的拥抱很有力，一副乐天派的样子。他手臂上的汗珠闪烁着。
>
> “搬了很多木材?”山姆漫无目的地低声问道。
>
> “如果瓦利环形公路能继续发展——你知道，就是在罗斯科终点外的那一条——我们会运回来一大堆木材。”

“那会很不错。”

“我们可以使用它。边走边谈？”

“好的。”

皮特收起手机，卡在腰带上，走向院子的北头。“你听到了一些消息。”皮特说。

“是的。”

“好消息？”

“从长远来看，我认为它会——”

一辆叉车装着 2 × 10 米的木材堆，轰鸣着在他们身边驶过，淹没了山姆的声音，但他并不想大声说话。

皮特的脸蒙上了阴影：“你认为我们会输。”

“不是的。”

“那是什么呢？”

“皮特，我不得不退出。”

“我认为我们——”

“我家里发生了一些事情，皮特。”

皮特点了点头：“跟那个家伙有法律纠纷吗？听着，我不关心——”

“事实是，因为这件事情我不能尽全力帮助你。我努力过，但你需要可以百分之百投入的人。”

一个身穿蓝色工作服、头戴棒球帽的男人在卸货区那里大声喊皮特：“嘿，哈勃先生，你想要我们储存风干的货物吗？”

“对。”皮特回答。

“放在哪儿呢？”

“随便！”

山姆此时倍感内疚。他已经变成了这个工作场地里碍事的角色。“对不起，皮特，我不应该在这儿打扰你。”

理解概述

没有最后对**概述**的说明，我们的场景讨论就不完整。然而**场景**营造了一种发生在现实中的感觉，在你面前——比如在电影银幕上看到的一个场景——**概述**是指仅仅把与作者或叙述者相关的事情表达出来，而不是一节一节地向我们详细展示出来。

概述是小说创作必不可少的，因为并不是所有的事情都必须展示出来。例如，玛丽和她的丈夫弗兰克发生了争吵，弗兰克狂怒咆哮，摔门而去。玛丽决定去商店买一些生活用品。在商店里，她遇到了前男友，而这个前男友将会给她今后的生活带来一些新的变化。

明显的场景就是发生的争吵，还有一个场景发生在商店里。这些是我们想要看到的场景。而玛丽是如何到达商店的并不需要展示出来，因为那样做只会拖慢情节的进度。

概述是短时间内让玛丽从一个场景到另一个场景的一种方式。这样的**概述**也被称为**转场**。

下面我们就来看看概述是如何发挥作用的，让我们回到争吵场景的结尾：

> "你只需要把它贴在太阳照不到的地方！"弗兰克抓起他的外套说。
>
> "你不能用那种方式对我说话！"玛丽说，"你想去哪儿？"
>
> "我要去我妈妈家，如果这你也要管的话。"
>
> "你不能离开这个房间。"
>
> 弗兰克打开了门。"我想他们说的真是太对了，男孩最好的朋友是他的妈妈。"他走出去，砰的一声把门关上了。
>
> 玛丽在那里站了一会儿，感觉就像个傻瓜。她看到他昨天晚上带回来的花。她拿起花瓶，咚的一声扔在了地板上。

我最好冷静下来。

她一把抓起车钥匙。

十分钟后，她徘徊在拉尔夫超市的饼干货架前。

最后一行就是**概述**。它给我们省去了看着玛丽走出门、坐进车里、倒车出来、直接驶向橄榄街等情节。我们不需要那些。我们只需要看到她到达商店就行了。

概述也可以用来设置一个场景。

如果这个故事其实是关于玛丽与她前男友兰斯的会面的，那你就不需要详细描述玛丽与弗兰克的争吵。使用下面这样的概述：

> 玛丽不知道自己是否真的应该去，在星巴克与兰斯见面是件危险的事情。但是，她和弗兰克总是不断地争吵。事实上，在她打碎花瓶时，他们之间就结束了。与弗兰克在一起生活花销很大，她希望兰斯能付咖啡钱。
>
> 她把车停在星巴克前面的停车场上，她的心脏有点刺痛的感觉。兰斯正坐在一张桌子旁，直直地看着她。

总之，如果你需要快速地涉及很多场面，你可以使用概述这一方法，就像斯图尔特·伍兹在小说《短麦秆》（*Short Straw*）中使用的方法：

> “朋友，”维托里奥问道：“巴亚尔塔港最好的三家旅馆是哪三家？”
>
> “嘿，塞纳，这儿有许多很好的旅馆啊，但如果必须要说的话，我可以说出三家。”他确实说了三家旅馆。
>
> “好吧，就让我们从这里开始。”维托里奥撕开箱子上的封条，箱子里装着他的枪，他先前已经全部检查过了，然后放了回去，把杂志盖在枪套上。第一家旅馆的两个前台服务员拿了他的钱，但否认知道任何有关芭芭拉·伊格尔的消息。在第三家旅

馆，前台服务员说有一位名叫芭芭拉·肯纳利的客人。

这里使用的写作手法正是概述，你能注意到吗？你可以问自己，我正在写的东西有即兴对白的特征吗？如果有，那么你所描写的就是一个场景；如果没有，你所写的就是概述。例如：

> 约翰和斯蒂芬妮在 7 月 14 号到达达斯·萨帕台斯小镇。这就是他们计划要来度假的地方，都已经决定好了的。当然是约翰决定的，他早已经了解到该镇在 1912 年又叫回原来的名字了。潘乔·维拉开枪射杀了一个鞋匠，因为他只给维拉做好了一只鞋。

这就是概述的手法，关于小镇的信息不是通过即兴对白的形式展现出来的。可以变换如下：

> 斯蒂芬妮盯着窗外这个脏兮兮的小镇，它叫作达斯·萨帕台斯。“这就是你为我们选择的度假地吗？”她问道。
>
> “有什么不对的吗？”约翰说。
>
> “呃，还没太开化的样子。你和潘乔·维拉倒是很像啊。”
>
> “难道你不觉得好奇吗？他在这里开枪射杀了一个鞋匠，只是因为他还没有做好另一只鞋子。”
>
> “那也太刺激了。”

倒叙

很多写作教师对运用倒叙提出过警告。还有些人则直接重复辛克莱·刘易斯的话：“不要使用。”这是当刘易斯被问到怎样才能更好地处理倒叙时的回答。

这种说法有点极端。许多小说家成功地运用了倒叙。如果你像他们一样非常谨慎的话，你也可以做到。

关于倒叙场景的第一个问题是：**倒叙真的是绝对必要的吗**？这一点要弄清楚。故事的信息一定要以这种形式呈现吗？

如果倒叙是必需的，那么可以考虑把倒叙的场景作为开场白或第一章。

这些只是参考指南。在优秀作家的笔下，先是扣人心弦的第一章，接下来是引人注目的倒叙，也可以有很好的效果——例如李·查尔德的《说客》（*Persuader*）的前两章。

如果你已经确定倒叙场景是必要的，那就应该确保它能像普通**场景**一样发挥作用，也就是说它必须是即时性的，有一定的对抗性。写作时把它当作戏剧情节的一个单元，而不是一个堆积信息的地方。不是下面这样：

> 杰克记得当他还是个孩子时，有一次他把汽油泼在了地上。他的父亲非常生气，可把杰克给吓坏了。父亲打他，朝他大声喊着。这是杰克永远都不会忘记的事情……（诸如此类的事情还有很多。）

而应该是下面这样：

> 杰克不禁想起了汽油罐。他当时八岁，他唯一想做的事情就是玩这个汽油罐。
>
> 车库是他玩耍的场所，没人在家。他把罐子高高举起，像雷神举起锤子一样。“我是汽油之王！”他喊道，“我要让你们都着火！”
>
> 杰克低着头，凝视着他脚下幻想出来的人。
>
> 汽油罐从他手中滑落。
>
> 杰克没能抓住汽油罐，只能眼看着汽油罐发出可怕的**咚咚**声。流出的汽油淌满了新铺的水泥地。
>
> 杰克扶正了汽油罐，但为时已晚。在车库正中间，有一大片

难闻的油污。

爸爸会杀了我的。

杰克绝望地环顾四周，想找一块抹布，或是其他什么东西，好把地上的汽油擦干净。

他听到车库门打开了。

爸爸回家了。

你应该明白这个意思了。一个写得很好的倒叙场景不应该削弱你的故事。读者习惯于看小说从一个场景切换到另一个场景。如果作品具有戏剧性，读者也会接受切换到倒叙场景的。

进入和退出

你如何进入一个倒叙或从倒叙中退出并使其进展自然？下面是一个屡试不爽的方法。

当你即将开始倒叙时，加入一个触发视角人物记忆的感官细节：

温迪注视着墙壁，看到一只丑陋的黑蜘蛛正朝着蜘蛛网的上方爬去，那里有一只苍蝇被粘住了。蜘蛛爬行着，慢慢地靠近它的猎物。多年前，莱斯特也是这样慢慢靠近温迪的。

当时温迪 16 岁，在校园里莱斯特是个子很高的男生。“嘿！”一天，他在储物柜旁向她打招呼，“你想去看电影吗？”

这样我们就处在倒叙中了。以戏剧性场景的形式把它写出来。

我们怎样从倒叙中退出呢？回到感官细节上（此处是视觉）。读者会牢牢记住这些深刻的细节，并知道倒叙结束了。

莱斯特在车的后面不停地动着，温迪感到很无助。五分钟里一切都结束了。

蜘蛛已经爬到了网上。温迪看见这只蜘蛛感到一阵阵的恶心，但她无法把目光移开。

可替换倒叙场景

可以选择后退重现来替换倒叙场景，即在一个现时场景中集中提供有关过去的信息。包括两种主要的方法：对话和思考。

第一种是对话：

> “嘿，我认识你吗？”
>
> “不认识。”
>
> “对了，想起来了，你曾经上过报纸，什么时候来着，十年前吧？在那个小屋里杀死了自己父母的那个孩子。”
>
> “你认错人了。”
>
> “切斯特·A·阿瑟！你的名字和总统的一样。我记得那个故事。”

切斯特坎坷的背景已经在一段对话里瞬间显现出来了。在故事的某个紧张时刻，这样来透露过去发生的令人震惊的消息或是不为人知的秘密，是一个很好的方式。

第二种是思考：

> “嘿，我认识你吗？”
>
> “不认识。”真是这样吗？这个人认出他了吗？镇上的每个人都发现他是切斯特·A·阿瑟，是那个杀死自己父母的凶手了吗？
>
> “对了，想起来了，你曾经上过报纸，什么时候来着，十年前吧？”
>
> 那是十二年前了，而这个人认出了他。那报纸真是混蛋，报道说他因吸毒陷入迷幻状态而杀害了自己的父母。他们并不在乎滥加罪名，不是吗？而这个人也不在乎。

这一次我们是处在切斯特的思考中的，这是他对自己的过去做出的反应。如果你想要设置一个完整的倒叙场景，思考也可以作为一个过渡点而发挥作用。

对倒叙材料的巧妙处理是优秀作家的标志之一。使用后退重现作为可替换的选择通常是明智之举。

要点

- 场景是创作小说这个大厦的砖石。每一块砖石都要计算在内。
- 一个动作场景需要视角人物具备一个目标和设置各种障碍。
- 一个反应场景需要视角人物做出情感反应，并为接下来要达成的目标做出决定。
- 布局和趣味性应当谨慎使用，并放置在真实的场景中。
- 直入主题开始你的场景。运用不同的风格。
- 你的大部分场景应该以使得主角的处境更为艰难的人或事收尾。
- 用概述过渡和开场。
- 倒叙应当和其他任何场景一样引人注目。

练习 1*

在接下来的场景里，在（1）视角人物、（2）他的目标、（3）反面势力和（4）结果下面画横线。

> 当太阳升起来时，山姆打算开车去罗兹那儿，然后自己接希瑟。但是他的妻子劝他不要去，他知道她是对的。这件事情不能强求，应该是自然而然的。
>
> 此外，由于没有睡觉，他不确定自己是否理性和冷静。到头来，他可能会落得个沿街追狗或者是撕咬邮递员的下场。
>
> 于是，他走进了办公室。但是工作就像是在泥泞的山地里步

履艰难地跋涉。山姆喝了平常量三倍的拿铁咖啡，试图借此梳理一下自己混乱的思绪。但凌晨与希瑟争吵后，尽管他试图集中精力来做事，却都成了徒劳。**我简直要疯了**。

然而，有件事他已经决定了，这已经没有任何犹豫的余地了。他喝完咖啡，去了卢的办公室。

“嗨，怎么了伙计？”卢右手转动着铅笔，另一只手敲着电脑键盘。

“我不能那么做，卢。”

“做什么？”

“放弃哈珀。我要负责到底。”

卢把铅笔扔到桌子上。“我很失望。”

“抱歉，只能是这样。”

“就这样?”

“我想了很长时间了。”

“这不是应该我们一起来做决定吗?”

“卢，你想要绕过我做决定。你明明声称这由我来决定，但实际上你却不想要我继续处理这个案子。但这是我应该负责的，这是我作为一名律师的职责——”

卢摇了摇头：“我不太高兴，当然，你之前就已经想到会是这样了。”他沉默了片刻，说：“好吧，做你需要做的事吧。但我们不会免掉我们的费用。现在离开这儿去做你的工作吧。”

工作，是的。山姆还会做过去做的那些事，干点零工。他知道，在法学院他的班级里，他从来都不是最聪明的学生。但他确信没有人在工作能力上能超过他，而且确实没有人做到过。

他将努力争取让女儿回到自己身边，努力为莎拉·哈珀伸张正义，努力使生活中公平再现。他将会穷尽一生为之努力。

练习 2 *

看看你能为下面这个场景的开场增加一个怎样的悬念：

这是一个寒冷的星期一。天气预报员已经预报了，说天气将会变冷，非常冷。早上，约翰一边喝着咖啡一边看着天气预报，他知道这将是有史以来最寒冷的一个周一。

他很注意，穿得很暖和。他在衣服里面穿上了丝绸内衣。然后他又加了一层衣服。他可不想被冻着。

车库里很冷。当他打开车库大门时，被车库门给撞了一下。他知道这会是非常寒冷的一天。

他坐进车里，发动汽车，按下开启键，打开了车库大门。等大门完全打开之后，他将车子倒了出来。

约翰伸手打开车里的暖风，让它一直保持开启状态。然后，他感觉到一下撞击，接着听到了尖叫声。他停下车，跳了下来。

一个老人一动不动地躺在车道上。

“不！”约翰说，“快醒醒，请不要死啊。”

6 对话

这是一个小秘诀：写好对话是完善小说最快捷的方式。

没错。

因为无聊冗长的对话在文稿中会非常显眼，就像是一个在感恩节饭桌前喋喋不休的大叔一样。

但如果人物对话简短而干脆，那么就会使文稿看起来更专业。绝对立竿见影！

我读过一些写作新手的文稿，里面大多数对话都很笨拙，听起来并不真实。听起来真实的对话通常是用现实生活中说话的方式写的，而非出于写小说的目的编造，那样是行不通的。

不真实的对话有时会有太多的定语或副词；有时又会有太多“愉快的谈话”式的内容，丝毫没有制造紧张或冲突的气氛。

或者对话本身太“臃肿”，有些词可以删掉，使对话更具活力、更有可读性。

解决这些问题的方案不难理解，并且很容易就能实施。只要加以训练，就能轻松地使文稿风格更加鲜明。

理解小说中的对话只不过是**人物行动**的另一种形式会对你很有帮助。

需要对话是很自然的，人物们要说话。而人物说话应该是出于在特定的场景中向前推进故事的目的。

小说中的对话跟生活中的不同，不是填充物，不能用来打发时间。如果你把对话视为行动，就不会犯低级错误。

优秀对话的八大要素

小说中的每一段对话都必须意有所指。你必须知道写这段对话的原因。以下这些要素会帮助你评价你所写的对话中的每一句话。

1. 对话是小说必不可少的一部分

如果对话在小说中可有可无，那它又有什么存在的理由呢？

以下三个效果中，对话必须至少达成一个：推进情节、刻画人物、表现主题。

为了推进故事情节，对话要向读者提供基本的故事信息。包括向读者进行解释，或者交代故事背景，或者帮助其理解在一个场景下正在发生的事情：

> “比尔，”谢利亚说，“你在这儿做什么呢？我还以为你去巴尔的摩了呢。”
>
> “亲爱的，我们还有些生意没谈完。”

从上面的谈话中我们知道比尔应该在巴尔的摩，至少当事人谢利亚是这么想的。而且，他还有些不太好的想法。

在刻画人物以及揭示人物之间关系的时候，对话也充当了必不可少的角色。在《马耳他之鹰》中，山姆·斯佩德是一位私家侦探，说话总是很快。乔尔·卡伊罗是一个花花公子，说话的方式却更文雅：

> 斯佩德说：“走吧，找个可以说话的地方。”
>
> 卡伊罗抬起下巴说：“不好意思，我们的私人谈话到此为止吧，我不想再继续了。”

人们的说话方式，能反映很多内容。

对话同样可以表现主题，只要你别太笨拙就行。《马耳他之鹰》的主题是什么？贪婪、谎言和金钱的力量。没错，以上这些都是。但对于山姆·斯佩德来说是什么呢？那就是，他不会被笨蛋玩弄。这样会使他丢掉所有的自尊，没脸继续做人，更不用说当侦探了。主题就是，坚持个人准则可以使人免于自我毁灭。

> 她抓住山姆·斯佩德放在她肩膀上的手。“那就别帮我了，”她小声说道，“但也不要伤害我。现在就让我走吧。”
>
> “不，”他说，“如果警察来了，我没有亲手把你交给他们，我就完了。这是我唯一能做的事情，我不会和其他人一样同流合污的。”
>
> “你不会对我那样做吧？”
>
> “我不会为你犯傻的。”

就算为了爱也不行：

> “……另一方面，现在我们得到了什么呢？我们只知道这样一个事实：你可能是爱我的，我也可能爱你。”
>
> 她小声说道：“你爱不爱我你自己知道。”
>
> “我不会爱你的。爱上你的话，我就很容易为你疯狂，变成爱情傻瓜。”他贪婪地从头到脚打量着她，又看着她的眼睛，“但我不知道这意味着什么。有没有其他人做过傻事？我做过吗？是什么呢？可能下个月我就不会了。我以前经历过，而且持续了很长一段时间。然后呢？然后我觉得自己是个傻瓜……”

在劳伦斯·布洛克的短篇小说《布袋夫人的蜡烛》（*A Candle for the Bag Lady*）中，马特·斯卡德询问一位名叫拉金太太的老妇人，她是受害者玛丽·爱丽丝·雷德菲尔德居住的廉租公寓的管理人员，她回忆说：

“我习惯了她住在这儿。我会对她说‘你好’、‘早上好’、‘这天儿多好啊’，也没指望她回话。但即使在那些日子里，她也算是能说上两句话的熟人。她现在已经走了，我们都老了，不是吗？”

“是的。”

“可怜的老家伙。谁能忍心下手啊？你能告诉我吗？谁会对她下手啊？”

我觉得她并不期盼得到答案。当然，我也一样没有答案。

2. 人物之间进行的对话

设想一下下面的场景：玛丽从医院看望丈夫后回到家中。她打算一个小时后再回去。她坐下喝了杯咖啡，努力想要控制自己的情绪，这时有人敲门，她过去开门了。

泰德站在门口。

“哦，你好，泰德——我们的来自巴尔的摩的家庭医生，”玛丽说，“请进。”

泰德进了门。

“玛丽，”泰德说，“很高兴到你在知更鸟街上的家里拜访。”

“我也很高兴见到你，泰德。你能来这儿我很放心。对于一个处在危难之中的四十岁女人来说，能有这么一个六英尺四英寸高、身材很好的医生前来拜访，而且对所谈之事心知肚明，这是一件多么美妙的事情啊。”

幸好，你们绝不会把对话写得这么糟糕。你必须运用更巧妙的方法进行描写。

作者是在向读者传递信息。（实际上是在向读者的大脑灌输信息！）对话是传达信息的一种绝佳方式，但不能违反这条规则：对话必须是人物之间可信的交流，并且不能直截了当地给出信息。

3. 对话要有冲突或紧张氛围

所有的对话都应该有紧张的氛围或冲突的成分。

我再重复一遍：所有的对话都应该有紧张的氛围或冲突的成分。

等一等，你可能会想：拥有幸福美满婚姻的夫妻之间的对话、两个朋友坐在一起吃午饭时的闲聊，或者小说中处于同一阵营中的两个人聊天，难道他们的对话也需要有紧张的氛围或冲突的成分吗？

是的。

在这里我们可以用希区柯克定理解释：优秀的对话里没有乏味的内容。没有紧张的氛围或冲突则等于乏味。

你笔下的主人公从一开始就应该应对变化、威胁或挑战。至少当他与其他人物对话的时候，应该表现出内心的紧张。

对于紧张的氛围和冲突，可以根据不同的效果进行调整。

设想一下上一个场景中的玛丽。这一次，她和邻居芭布斯在厨房里坐着喝咖啡。她的丈夫弗兰克还在医院里。对话可能会以下面这种方式进行：

> "那个新的烤面包机怎么样？"芭布斯问。
>
> "哦，它太好用了，"玛丽说，"能买到这种烤面包机真好，打折的时候从塔吉特买的。"
>
> "真的吗？我也得买一个。"
>
> "买吧，你会喜欢它的。毫无疑问你会爱上它。"
>
> 芭布斯啜了一口咖啡。"嗯，味道不错，什么口味的？"
>
> "法式烘焙咖啡。"
>
> "我喜欢法式咖啡。"
>
> "我也是。"

这里废话连篇。这个对话也可以这样进行：

"那个新的烤面包机怎么样?"芭布斯问。

"嗯?"

"烤面包机啊，你用着觉得怎么样?"

"它能烤东西。"

"什么?"

"是的。它能烤东西。"

"我的意思不是——"

"你觉得它能干什么?"

芭布斯啜了一口咖啡。她们坐着沉默了很长时间。

4. 作品中的对话应恰如其分

有时我能发现一些想通过对话卖弄自己的作者，他让一些人物跳出页面，对着读者大喊：**听我说！这是很牛的对话！**

这就意味着对话跟整体的叙述风格不一致。它把我们带出了故事，而不是带入故事。

不要把卖弄当作目标，仅仅表达出必要的内容即可。

当然，这并不意味着你的对话要一直保持平淡无奇。

在罗伯特·B·贝克的《双杀》(*Double Play*)中，前海军陆战队队员、参加过第二次世界大战的退伍老兵乔瑟夫·伯克在酒吧遇见了另一位名叫安东尼的海军陆战队队员：

"你这个家伙很壮啊，"安东尼说，"要不要当个拳击手？我哥哥安吉洛可以教给你几招简单的搏斗技巧。"

"有多简单?"

"足够你打赢对手。"安东尼说。

"那些家伙会有意输掉比赛吗?"

"当然。"

"然后呢?"

> “我们会给你造出声势。”安东尼说。
>
> “然后呢？”
>
> “然后我们会让你参加几场有大赌注的比赛，我和安吉洛可以下赌注赚点外快，然后……”

这段简洁的对话，很符合两个强壮的退役海军陆战队队员谈论格斗的氛围。只有一个词语的句子就像刺拳，而最后一句则像是一连串的组合拳。

把它与罗宾·李·哈彻的《胜利俱乐部》（*The Victory Club*）做对比，这是发生在第二次世界大战大后方的故事。格罗瑟·霍华德·巴克斯特是露西·安德森的朋友，她的丈夫正在国外打仗。

> “安德森太太，告诉我你在想什么？”
>
> 她有些不好意思，满脸通红：“我刚才有些嫉妒怀特太太和她的汽车。很久以来，我出去总是步行或坐公交车。我想坐在车里，出去兜兜风。”
>
> “这无可厚非啊。”他挑了一下眉，“你不会介意下周六跟我开车去一趟麦考尔吧？那儿的山上有很多积雪，湖面可能还在结冰，但是路况应该很好。我们可以上去，在林间小屋里吃午饭，然后天黑之前回来。”
>
> “你有车？”

这里对话的风格很华丽，充满了情感和细节，对于两个初次接触的人物来说恰到好处。

当然，任何场景下的氛围都可以发生变化，这可以通过对话表现出来。节奏变化的关键是与风格保持一致。

5. 对话应适合人物的身份

你一旦设定了一个人物，就必须设计适合他的对话。主要有四个方面需要考虑。

● 词汇。人物的用词会暴露他的背景。知道 expatriate（侨民）和 deleterious（有害的）这样词语的人物，一定受过良好的教育。那些很早辍学的人不会知道太多复杂的单词。

● 最喜欢的词语和表达。贵族和专业团体有自己钟爱的表达方式或是行业术语。当然这些表达也会变化，这一点要牢记。

警察们不再谈论“手枪”（gats）了。

冲浪者也不再“双足驾驭”（hang ten）了。

你不仅要通过网络俚语网站检索，而且还要跟行业成员进行交流，才能了解最新的网络语言和表达方式。

● 语言的地域特征。比如“呜呼”（Ayuh）这个词出现在斯蒂芬·金的小说人物的对话中，这些人物来自缅因州。在得克萨斯州，跟别人说话不只是用 talk，还有 visit①。“晚餐”（supper）有时指“正餐”（dinner）；等等。

● 方言和句法。现在，通过注音的方式写方言并不被认可。不要尝试再现浓重的地方口音。相反，一两个暗示性的词语可以帮助读者听到口音。不要让人物这么说：“Wah ah jus' luhv't when a yung'n lak y'sef sets'n dan bah the far.”最好是这样说：“Why，I just love it when a young'n like you sets on down by the fire.”

单词 young'n 的发音，就是一个最重要的线索。

你可以在叙述中这么写——他说话带着一股浓重的南方口音——接下来写出上面的对话，这样就能塑造出浓重的口音。

有时你可以指出一个单词的特殊发音：“Why，I just love it when a young'n like you sets on down by the fire.”最后一个单词听起来像是 far。

---

① visit 多用于“拜访”，在俚语里也有跟某人“聊天”的意思。——译者注

句法是词语的组合方式，可以表现出一个人的母语是不是英语。一个学英语的日本人会怎么说下面这个句子？

Can you tell me where the bathroom is, please?（你能告诉我卫生间在哪儿吗？）

可能会说成：

Please, where is bathroom?（请问，卫生间在哪儿？）

彼得·亚伯拉罕姆斯在小说《故事的结局》（*End of Story*）中，描写了一家纽约餐馆里，有一个最近刚从东欧来的洗碗工。他对小说里的一个人物说："写作进行得怎么样啊？"这个人物是一位作家。

后来他说："我对小说有自己的想法。"

作家说："你从未提起过你有这样的想法。"

他说："你从来没问过啊。"

6. 不是现实生活中的语言

很多写作新手会犯的一个错误就是，试图把现实生活中的语言搬到小说里。

小说里的对话都必须有现实生活的**影子**，但每个词语都必须有意义。现实生活中的语言里有很多表示犹豫的语气词（嗯、呃、你知道）是和主题不相干的东西。还有一些闲聊的废话，用来填补空白。

有时你会使用表示停顿的语气词来润色对话，但前提是这样做对塑造人物或场景来说是必要的。人物在紧张或试图掩盖什么事情的时候会说"你知道"（y'know）。

7. 对话是经过压缩的

过去，小说里冗长的对话是可以接受的。举个例子，以下是西奥多·德莱塞的小说《美国悲剧》中的部分对话(删除了叙述部分)。在对话中，一位 20 岁左右的年轻人克莱德试图让罗伯塔把身体交给他，而她是一位保守的基督徒。

［克莱德］“越来越冷了，是吧？”

［罗伯塔］“是啊，应该是这样。看来我得穿件厚点的外套了。”

“我不知道从现在开始咱俩还能干点什么，你说呢？我们没有地方可去，每天晚上像这样走在大街上也不是特别令人愉快。你认为咱俩还有其他方法见面吗？我可以偶尔去吉尔平家看你，你觉得呢？现在跟在牛顿家不一样了。”

“哦，我知道，但是他们每天晚上大约10点半或11点之前都在客厅里。此外，他们的两个女儿12点之前一直在进进出出，她俩也经常在那儿。我觉得不可行。而且，我记得你以前说过不想让别人看见我们在一起，如果你去了我还得介绍你。”

“哦，我不是那个意思。为什么我不能在那儿只待一会儿呢？他们没有必要知道，对吧？现在那里没有人，不是吗？”

“不行，不行，我不能让你那么做。那样不对。我不想那么做。会有人看见我们的。有人可能认识你。”

“已经这么晚了，谁会看见我们呀？附近一个人都没有。如果我们愿意的话，为什么不能在那儿待一会儿呢？没人会听见我们的。我们不用大声说话。大街上连个人影都没有。我们走过去看看有没有人吧。”

把上面的对话跟罗伯特·克莱斯的《人质》（*Hostage*）对比一下：

看守者再次把电话放到了塔利的耳边。

“是简吗？”

“发生什么事了，杰夫？这些人是谁？”

“我不知道。你还好吗？是曼迪吗？”

"杰夫，我害怕。"

看守者把电话放了回去。

"够了。"

"你到底是谁?"

"我能放心让你走了吗? 你已经从休克中苏醒了，我们可以给你松绑，但你不能再做傻事了。"

"可以。"

现在，对话压缩得越短越好。除非书中的人物有充足的理由发表演讲或者满嘴跑火车，小说对话的词汇选择都应从简。

在人物演讲或滔滔不绝地唱独角戏的时候，你要适时打断他。你可以用一些想法、动作节奏和插话来适时打断。

总统说："87 年前，我们的先辈在这块大陆上创建了一个新国度，它源于自由的理想……"

贾斯珀想，哦，不，他要做演讲了。

"……主张人人生而平等。"

贾斯珀踢了一脚土块。**平等个屁**。

"现在我们正在经历一场伟大的内战，它在考验，究竟这个国家或者任何一个有这种主张和信念的国家，是否能长久存在。"

"抱歉，"贾斯珀喊道，"但是这跟其他国家的茶叶价格有什么关系呢?"

总统停顿了一下，瞪着贾斯珀，然后点了下头。两个穿蓝色制服的士兵抓住贾斯珀的双臂，把他摔倒在地。

"我们相聚在这场战争的一个伟大的战场上。"总统说。

"我知道你的战场，"贾斯珀大喊，"这里就是你的战场!"

8. 对话要包含潜台词

在优秀的对话中，没说出来的话和大声说出来的同样重要。在

《像作家一样阅读》(*Reading Like a Writer*)这本书里，弗朗辛·普洛斯这样写道：

> 人们说话，并不仅仅是为了交流信息，同时也试图给人留下印象，达到预期目的。有时候我们不想让对方注意到我们没说出的内容，这经常会分散对方的注意力，同时我们也害怕听见自己说的话。因此，对话通常和书面表达的意思一样多，有时候甚至是比书面表达有更多的潜台词。深层的意思更多是隐藏在字面下，而不是说出来。失败的书面对话有一个标志，那就是一次最多只能表达一件事情。

在任何特定的对话中，都能看到显露的冰山一角（在银幕上说的话），但也有隐藏在水下不被人看到的部分。

下面看不到的这一部分只能隐隐约约地在表面显现出来，同时增加各种不同的层次让读者不知不觉中接受。

表面下的层次包括**故事、人物**和**主题**。(参见图 6—1。)

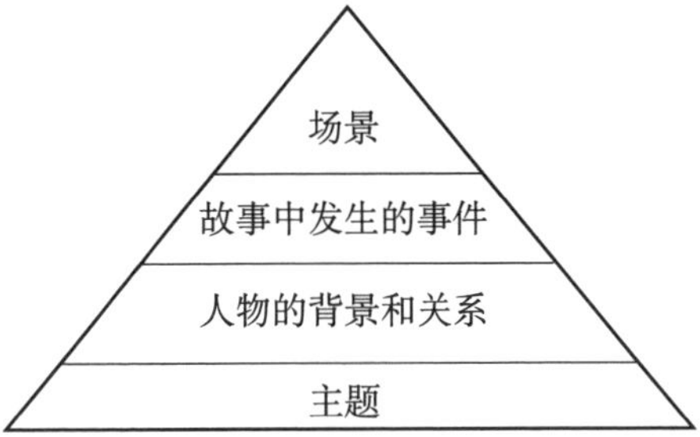

图 6—1　故事的层次

到目前为止发生的故事情节会影响当下的故事发展。之前的情节已经呈现出来，或者是作为背景故事（不论有没有呈现出来）的一部分。

例如，在《卡萨布兰卡》前面部分的场景中，我们不知道里克为什么会对他在这个地方开酒吧保持神秘。当法国上尉雷诺问他这个问题的时候，里克回答说是出于健康原因。他来卡萨布兰卡是为了找水。

> 雷诺说道：“卡萨布兰卡在沙漠的中央。”
>
> 里克回答说：“我被误导了。”

后来我们才发现隐情，即水面之下冰山的那一部分，原来里克被他爱的人抛弃了。

在**人物**这个层面上，需要描写的是人物一生的故事。同样，这也不需要在书面上一一呈现出来。由于很久之前的遭遇，人物的行事方式发生了变化。也许，他开始说一些奇怪的事情。

到了小说的后面，你就可以揭示出人物如此说话和行事的原因。

在塞林格的小说《麦田里的守望者》中，我们一点点地了解了霍尔顿的成长经历。最开始，他对我们说他“不想说这些”，可是，很显然这些东西正在影响着他。

了解人物的深层背景——那些从童年开始到现在发生的并影响着他的事情，会给眼前的对话蒙上一层奇妙的色彩，变得朦朦胧胧。

在著名的黑色电影《杀欲情仇》（*Born to Kill*）中，劳伦斯·蒂尔尼饰演的角色有时会被气得发疯，然后开始杀人泄愤。为什么？他反复说：“没有人可以捉弄我。”我们知道这一定是由他的成长经历所导致的，但电影中没有对此进行解释。一般而言，并不需要刻意的解释，有效的对话能够说明一切。

最后，终于到了**主题**。很多作家创作初稿的时候，并不知道主题是什么。主题是后来才出现的。如果你也是这种情况，那么一旦发现了主题，就可以把它写进对话里。

罗斯·麦唐诺的小说《地下人》（*The Underground Man*）前面部分有一个场景，陆·亚契正在公寓大楼里面跟一个已婚女人说话。这个女人的丈夫和她分居了，刚刚过来呵斥了她一顿并带走了他们的儿子。

没有人雇用亚契，但他像对待客户一样问这个女人一些问题，而且问起来没完。可她并不是他的客户，至少现在还不是。

后来我们发现他非常孤独。这也就解释了前面的那个场景，为什么他不停地和那个女人说话。回想起来，着实有令人心酸的感觉。

这就是潜台词的效果。它可以使小说变得更深刻、更充实，用温柔的语调为整个故事伴奏。

创作优秀对话的 12 个方法

在了解了创作优秀对话的要素之后，下面的 12 个技巧可以帮助你进行创作：

1. 精心编排

好的对话在写作之前就已经开始了。当你最先开始创作人物表时，就提前埋下了伏笔。

编排意味着创作的人物彼此间要迥然不同，这就为制造冲突和紧张关系提供了空间。对话最好是行动的延伸，在一个场景下给不同的人物安排不同的任务，对话会自行展开。

电影《城市佬》（*City Slickers*）是精心编排的很好的例子。在电影中，比利·克里斯托、布鲁诺·柯比和丹尼尔·斯特恩三人是朋友，他们因为各自生活中遇到了不同的危机先后离开了纽约，到西部加入了赶牛队。他们三个人的性格大不相同，很多笑料来自他们彼此间性格的碰撞。

克里斯托是一位俏皮的广告商，想要用魅力和智慧摆脱生活里的烦心事；柯比是一个大男子主义者，总想努力奋斗来证明自己是个男子汉；斯特恩则是一个失败者，他的生活总是充满了不幸。

电影刚开始有个场景，克里斯托正在学习怎么扔套索，但老是学不会，柯比斥责了他。克里斯托说这又不是比赛。柯比不赞同他的说法，他认为**生活**就是一场比赛，所有的事情都是比赛。这时候斯特恩走了过来，他们问他在做什么。他说："在看他们怎么阉割一匹马。"

台词恰到好处，因为人物的不同特点，所以十分搞笑。对话可以帮助塑造人物形象。

2. 分配角色：家长、成人、孩子

杰克·比卡姆在他的《畅销书写作指南》（*Writing Novels That Sell*）中收录了一个很有用的方法，改编自名为"人际关系分析"的心理学学派。

我对这一学派几乎一无所知，只知道它是由埃里克·伯尔尼博士创立并在《人们玩的游戏》（*Games People Play*）一书中进行推广的。所以，最好把这个方法称为由人际关系分析学派"粗略建议"的。

其主要观点是：每个人在与他人的互动中都扮演着一个角色，其说话和行动的方式应该与角色保持一致。

这三个角色分别是家长、成人和孩子：

● 家长（P）是权威的代表，拥有权力。他制定法律、说话算数、解决问题。

● 成人（A）是最"客观的"角色。他理性、镇定，可以看清事情的真相。"让我们以成年人的观点来看待这件事。"他很可能这么说。

● 孩子（C）是感性的。他自私并且"想要什么就要什么"。

我认为这个模式的有用之处在于：在任何特定的场景下，可以把人物设定成其中的一个角色——或者让他们带有其中一个角色的一点影子——在他们之间创造一些紧张的氛围。

我会在纸上或者在脑子里画这样一张图（见图 6—2）：

第一个人物	第二个人物
P	P
A	A
C	C

图 6—2　人物图

由此我基本决定了第一个人物和第二个人物。很显然，下面这种接触方式会尽量避免冲突（见图 6—3）：

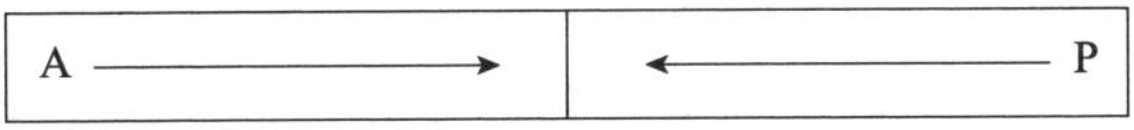

图 6—3　避免冲突模式

为什么呢？因为成年人最沉稳，能够很好地“相处”。但是，如果是像下面这种情况就不同了（见图 6—4）：

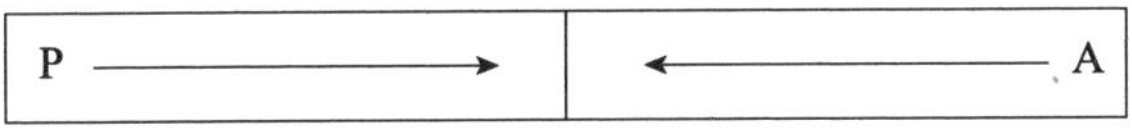

图 6—4　易有冲突模式

现在我们有了冲突的可能。P 想要教育、指导 A。但是出于很多充足而合理的理由，A 会反抗。

P 可能会变本加厉，对 A 没有向自己的权威低头而沮丧。对话或者行动的矛盾开始升温。

这些角色不是一成不变的。在场景中，由于与人物目标相关的种种原因，在冲突持续的时候，人物会尝试不同的角色。

例如 A，可能因为侵占更多的 P 角色的权力而卷入冲突之中。他俩就像两只对顶的山羊。或者，A 试图像个孩子一样噘嘴或者发脾气来赢得 P 的同情。

基于人物感受到他们扮演的角色的紧张气氛，还有在一个场景中可能产生的变化，这种模式有无限多的排列方式。

比如，在尼尔·西蒙的《天生冤家》中，菲利克斯·昂格尔（有洁癖）和奥斯卡·麦迪逊（懒汉）因为每周的扑克游戏闹掰了。这都是因为菲利克斯过分挑剔，但他自己并不觉得。

现在奥斯卡准备好了要跟他大吵一架，这就是作者一直在谋划的。

当这一场景展开后，菲利克斯就是A角色。他正在分析局势，理性地进行讨论。

奥斯卡才没有心情当A角色，他是C角色。情节继续发展：

> 菲利克斯：真搞笑，奥斯卡。他们认为我们很开心……（他开始清扫。）
>
> 奥斯卡：如果你刚才没有打扫的话，我会非常感激你的，菲利克斯。
>
> 菲利克斯：这只是小事。

电影里，奥斯卡说："我晚上不会弄脏地板。"然后扔了几个烟头在地上——非常幼稚的行为。

后来，奥斯卡指出了其中的讽刺所在："除非我们约法三章，不然我会杀了你。这就是讽刺。"

菲利克斯问怎么了，奥斯卡开始咆哮。他把一切都发泄了出来。此时，菲利克斯还摆正了墙上的一幅画。奥斯卡说他**就想**把画挂歪，这是他的画！他又把画弄歪了。

这时候，菲利克斯改变了策略。他变得像个孩子一样抱怨说："我就是想知道这会需要多长时间。"

他开始生气。奥斯卡现在扮演了角色A，试图让他不再生气。

就这样，反反复复。电影中的这个情景很值得观看，在对话中我们可以了解，P、A和C这三个角色处在不断的变化中。

自己试着这样做几次，你会发现一些很有趣的可能性，而这些可能性之前或许被你漏掉了。

3. 省略词语

漏词是对话大师埃尔莫尔·伦纳德最喜欢的技巧。仅仅通过在这里或那里删掉一个词语，他就能使对话变得更加逼真，听起来就像是现实生活中的对话一样，尽管根本就不是那么一回事。伦纳德创作的所有对话对角色塑造乃至整部小说都有直接的贡献。

下面是一段典型的对话：

> "你的狗死了？"
> "是的，被车碾了。"
> "你叫它什么？"
> "它是条母狗，我叫它图菲。"

埃尔莫尔·伦纳德在《战略高手》（*Out of Sight*）中是这样进行描写的：

> "你的狗死了？"
> "被车碾了。"
> "你叫它什么？"
> "母狗，图菲。"

听起来很自然，简洁易懂。仅仅是省略了几个词语，就能使对话更加精彩，有现实生活中讲话的感觉。

语意就像使用任何其他技巧一样，你可能会做过头。要选好地点和人物，你的对话会因此而大放异彩。

4. 描写人物

只有能看到和听到人物时，对我来说对话才是真实的。

如果没有视觉和声音的感受，永远不会创作出精彩的对话。这听起来很像是作者在扮演对话中的人物。

所以快速获得视觉影像和声音的方法就是，先在脑子里描写人物。你有一个极大的优势，那就是可以把人物想象成一位演员，或者是你认识的某个人，而读者永远都不知道你大脑里想的是谁。

如此一来，对话马上就会跃然纸上。

这项练习的另一个窍门就是：试着将人物角色换成一位异性演员，看看会发生什么。男性货车司机由格蕾丝·凯莉来扮演怎么样？

你可能会有惊喜的发现。

如果没有的话，那就别用了。这就是作为一个作者的乐趣。

5. 演出来

在研究写作之前，我花了一段时间在舞台上学表演，我在纽约参加了一个表演班，学习即兴表演。班里的一名成员是曾经得过普利策奖的剧作家。我问他为什么要来参加这个班，他说即兴表演对学习创作对话来说，是极好的锻炼。

这的确是很好的方法，但不是必须参加这样的学习班。你可以模仿伍迪·艾伦进行即兴表演。

艾伦的电影《香蕉》（*Bananas*）中有一幕发生在法庭上，审判时艾伦正在做自我辩护。证人站起来，他开始进行询问，问完一个问题后他就跑进证人席听证人回答问题，然后跳出来再问另一个问题。

我建议你也这么做（当然是私下在自己的家里）。编排两个人物对抗的场景，然后开始辩论。来来回回，不断变换身体的位置。转换的时候可以稍微停顿一下，给自己一点时间来换成另一个人物的声音。

这个方法的另一个窍门是：创作两个著名演员之间发生的一个场景，可以是你看过的电影或电视剧中的任意两个著名演员。让露西尔·鲍跟贝拉·卢戈西一决高下，或者让奥普拉·温弗瑞与贝蒂·戴维斯进行辩论。只有你自己有权安排这些角色，尽情发挥吧。如果你所在地区的大学有即兴表演课程，也不妨去试一下，还有可能会碰到一个普利策奖得主呢。

6. 调整语言

我是从丹尼·西蒙那里学会这个技巧的，他是尼尔的哥哥，多年来在洛杉矶教授喜剧写作课程。尼尔和伍迪·艾伦都非常信任丹尼·西蒙，请他教授如何创作叙事喜剧。

西蒙不主张在喜剧里“为了讲笑话而讲笑话”，不能强行插入搞笑的台词。它们必须是很自然的，与小说内容紧密相关才行。所以，搞笑的台词应该是人物自然地说出来的，你只需稍微“调整”一下。

下面就是调整语言的过程。你正在创作《教父》，迈克尔·柯里昂来到拉斯维加斯，告诉资格更老、更有威望的莫·格林，说柯里昂家族正在赌场里收购他的股份。莫·格林非常恼火。他如何回应呢？首先，你可能会用平实的语言写出来，正如你想到的那样：

> 我是莫·格林啊！我在这里经营的时候你还在上高中呢！

这还不够好。所以你需要稍微调整一下：

> 我是莫·格林啊！我发迹的时候你还在上高中呢！

这样好一点了。但我们还可以做得更好。电影里的台词是这样的：

> 我是莫·格林啊！我发迹的时候你还在跟啦啦队队长约会呢！

这就是对语言的调整。在《宋飞正传》（*Seinfeld*）里有这样一段情节，伊莱恩突然被几个犹太家伙缠上了，听说这是“非犹太姑娘的吸引力”。她去找了拉比（犹太教神职人员）询问此事。拉比告诉她这纯属无稽之谈。

她的回答可能是这样：

> 这里面一定有问题，因为我见到的每一个犹太男人都在引诱我。

废话。调整一下，可以用什么来替换“犹太男人”?

> 这里面一定有问题，因为我见到的每一个强壮的以色列人都在引诱我。

再调整一下：

> 这里面一定有问题，因为这个国家里每一个强壮的以色列人都在引诱我。

电影里的台词是这样的：

> 这里面一定有问题。因为这个国家里每一个强壮的以色列人都很擅长打篮球。

7. 在对抗中进行阐述

很多作者都很头疼在小说里阐述内容。通常他们会用直接叙述进行堆砌。小说内容开始之前的背景故事，尤为麻烦。我们怎样才能给出全部要点，避免漏掉细枝末节呢?

利用对话。首先，通常是在两个人物之间创造一个充满紧张气氛的场面，让他们彼此争吵、对抗，然后，你就可以在事情的自然发展过程中呈现出信息。下面是比较笨拙的一种方法：

> “我爱上了杰弗里。”桑德拉说。
>
> “你为什么喜欢他?”梅布尔问。
>
> “为什么？哦，原因太多了。他明亮的眼睛，夏日里悦耳轻柔的声音，还有拥抱我时健壮的臂膀。”
>
> “你真是个浪漫主义者啊!”
>
> “是啊，杰弗里也是。他会给我写情诗。”

诸如此类的话。我们知道了桑德拉正在跟杰弗里谈恋爱。她感觉自己快要飞起来了。但是这样描述太啰嗦。可以把这段话处理成对抗性的，比如下面这个样子：

> “你发什么呆呀？”梅布尔说。
>
> “不好意思，”桑德拉说，“我只是在想……”
>
> “什么？”
>
> “想杰弗里。”
>
> “噢，拜托！这就是你这么精神恍惚的原因吗？”
>
> “你为什么不喜欢杰弗里？”
>
> “你应该问问我为什么不喜欢烂泥巴。”
>
> “梅布尔！”
>
> “你真的喜欢这个家伙？”
>
> “我很爱他。”
>
> “给，这是我精神科医生的电话号码……”

你可能不会这么处理，没关系，有很多不同的方式可供你选择，都比原来的对话更有趣。一定要记住，如果对话的人物从精神和情感上都一成不变的话，对话就不会扣人心弦。

通常情况下，这是向读者传递人物真实的信息并引起读者共鸣的好方法。

8. 使用回避的方法

写作新手最常犯的错误之一，就是写出的对话简单并且直来直去，每一句都是直接回复上一句，经常会重复一个词或短语（“回音”）。譬如下面这样：

> “你好，玛丽。”
>
> “你好，西尔维娅。”

"你穿的外套真好看。"

"外套？你说这件旧衣裳？"

"旧衣裳！看起来跟新的一样。"

"这不是新的，但很感谢你这么说。"

这种对话**中规中矩**，没有什么惊喜，读者阅读的时候提不起任何兴趣。有一些问题直接回应没有关系，但太多这样的话就会使对话平淡无味。

所以，**回避**能够避免明显或直接的回应：

"你好，玛丽。"

"西尔维娅，我刚刚没看见你。"

"你穿的外套真好看。"

"我要喝点东西。"

这个对话我只写了四句，还不知道接下来要发生什么。但这样的对话立刻就能吸引读者，并且暗流涌动。我甚至有可能会由此产生创作整个故事的灵感。

你也可以用**问题**来回避：

"你好，玛丽。"

"西尔维娅，我刚刚没看见你。"

"你穿的外套真好看。"

"他在哪儿呢，西尔维娅？"

嗯，"他"是谁？为什么西尔维娅会知道？（继续看，如果你想知道的话，就自己去找答案。）关键是，回避可以走向无数个方向。试验一下，挑选你对话中的一部分，把一些直接的回答换成机敏的回答，巧妙地躲避问题。就像过去那个**魔术**广告里经常说的，让你大为震惊，包你满意。

下面是一个简单又中规中矩的对话：

"亲爱的，准备好走了吗？"

"是的，亲爱的，马上就走。"

可能的答复：

没响应

"亲爱的，准备好走了吗？"

"我太丢人了。"

用问题代替回答

"亲爱的，准备好走了吗？"

"你为什么总是那么做？"

意想不到的回答

"亲爱的，准备好走了吗？"

"我今天在市区看见你了。"

打断

"准备好——"

"求你了亚瑟，别这样。"

注意：表示打断的时候用**破折号**。省略号是用来表示声音自行减弱的。

突然爆发

"亲爱的，准备好走了吗？"

"我想离婚。"

9. 每一幕都要有亮点

我们都有过那种经历，前一晚进行过的对话，第二天早晨醒来后我们突然想起了完美的回答。难道我们不喜欢在那种时刻迸出的连珠妙语？

你的人物也可以做到。那是小说写作者的一大乐趣。我有一个强制性的规定——每十五分钟抖一个“包袱”。把小说分成四部分，润色对话的时候，找机会在每一部分里插入一个包袱。

劳伦斯·布洛克曾经这样写过一个警察是怎样描述嫌疑人的。据说，嫌疑人长得很丑。有人问，**有多丑**？

> 上帝把他创造成奇丑无比的人，然后还用铲子打歪了他的嘴。

10. 无声地诉说

一个有效的对话手法就是沉默。通常，这是个最好的选择，不论你能想出什么样的好词。海明威是这方面的大师。下面是从他的短篇小说《白象似的群山》（*Hills Like White Elephants*）中节选的一段。一个男人和一个女人正在西班牙的一个火车站喝酒。这个男人说：

> “再来一杯怎么样?”
>
> “好的。”
>
> 和煦的微风吹动珠帘敲打着桌子。
>
> “啤酒好喝又爽口。”男人说。
>
> “好极了。”女孩说。
>
> “吉格，这是个非常简单的手术，”男人说，“根本就不算是个手术。”
>
> 女孩低头看着桌子腿压着的地面。
>
> “我知道你不会介意的，吉格，这根本不算什么。就只是让空气进来。”
>
> 女孩什么也没说。

在这个故事里，男人试图劝说女孩去做人工流产（这个词在文章里只字未提）。她的沉默就是足够的回应了。

运用回避、沉默和行动，海明威把这一点表现得很清楚。同样，他在小说《士兵之家》中母亲与儿子的经典对话里也用了这个手法。

> “上帝给每个人都分配了要做的工作，”他的妈妈说，“在上帝的王国里没有游手好闲的人。”
>
> “可我不在他的王国里。”克雷布斯说。
>
> “我们所有人都在他的王国里。”
>
> 克雷布斯像往常一样感到尴尬和愤怒。
>
> “哈罗德，我一直都很担心你，”他妈妈接着说，“我知道你必须面对的诱惑有多大。我也知道人类有多脆弱。我还知道你亲爱的外公——我的父亲——曾告诉我们有关内战的事情。我为你祈祷，哈罗德，我整天都在为你祈祷。”
>
> 克雷布斯看着盘子里培根的油脂逐渐凝固。

沉默和培根的油脂在逐渐凝固。不需要其他的，只这两样就能让我们感受到镜头下的氛围。你笔下的人物在进行对话时是怎样的感觉呢？试着用沉默来诠释吧。

11. 让对话通顺流畅

在创作场景的初稿中，让对话进行得通顺流畅，就像往外倾倒廉价的香槟酒一样。你可以之后再进行润色修饰，但首先要把它写在纸上。如果从一开始你就想让对话完美，使用这个技巧可以让你想出你从未想到过的对话。

事实上，如果先写对话，你经常可以设想出活灵活现的场景。记录下人物争吵、思考和透露出来的内容，尽快写下来，不要考虑对话的属性（谁说了什么），只把这些对话写下来。

一旦把这些落实到纸上，对这一幕应该写什么，你就会有一个清晰的概念。有可能与你原来预期的有些不同。很好！事情进展很顺利。现在你可以回去写符合场景的叙述部分，并符合说话人的属性和身份。

我发现，这个技巧可以完美地治愈作家的疲劳困顿。早晨我全力写作，但如果到了晚上我还没完成今天的任务量的话（当我极度疲倦的时候），我就会迅速地写上几段对话，以宣泄一下。通顺流畅的对话会把我带入一个场景。

随着灵感的不断涌现，我最后往往会发现自己超额完成了任务，即使我不会全部使用这些对话，但这是个很好的练习。对话写得越多，质量就会越好。

12. 最少化

这与创作通顺流畅对话的练习相反。把你写的场景复制一遍，仔细检查，尽可能多地删除无用的东西。删掉词语、对白，用沉默和动作节奏来代替话语。看看你能把场景改造得有多接近无声电影。

这样做能更完善对话，使对话更加精彩。现在你可以把想增加的内容放回去了。

对话似武器

把对话想象成一种武器是很有用的，尤其是正激烈地发生冲突时。

把语言当作武器的人物都试图要胜过别人。所有种类的武器都可选择——威胁、绰号、噘嘴、谩骂和阴阳怪调——几乎所有人际互动的武器都能派上用场。

约翰·D·麦克唐纳的经典小说《行刑者》（*The Executioners*）（两集《恐怖角》（*Cape Fear*）电影由此改编）讲的是一个名叫山姆·鲍登的律师，他的家人被有虐待狂倾向的强奸犯马克斯·卡迪跟踪。卡迪的第一个行动是毒死了他家的狗，玛丽琳。山姆还没有向妻子卡罗尔解释。她向丈夫发牢骚：

> 我不是个小孩，我也不傻，我讨厌被……过分保护。

她怒气冲冲地告诉丈夫，自己**讨厌**被蒙在鼓里。山姆回答说：

> 我早该告诉你的。对不起。

山姆道歉的本意是让妻子消消气。但道歉根本没有用，他的妻子继续爆发，说道：

> "现在这个卡迪都能随意闯进咱们家了，毒死了我们的狗，还要打孩子们的主意。你认为他会先对谁下手？最大的还是最小的？"
>
> "卡罗尔，亲爱的。求你了。"
>
> "你是不是觉得我要疯了？一点没错。我就是个疯女人。"

卡罗尔的话带着明显的讽刺挖苦的味道。山姆再次想要安慰她，她却用激烈的语言和脏话进行回应。律师山姆改变了方法：

> "我们现在还没有证据能证明那就是卡迪干的。"
>
> 她把一块毛巾扔进了洗碗池里："听我说，**我**有证据证明是卡迪干的。我有证据，但不是你想要的那种。没有人证，没有物证，没有什么法律规定的东西。我就是**知道**。"

看到这招对她丈夫没用，卡罗尔迅速改变策略，扔出了重磅炸弹：

> 你究竟是什么样的人啊？这里是你的**家**。玛丽琳是你**家**的一个成员。你会查阅所有的案例来准备一个案情摘要吗？

她攻击了他作为男子汉的尊严和他的职业。山姆想要回答，但被卡罗尔打断了（打断也是很好的武器）：

“你不知道怎样——”

“我什么都不知道。这些都是因为之前你干过的那些事才发生的。”

“我必须做那些事。”

“我没有说你不应该那么做。你告诉我那个男人恨你。你觉得他精神不正常。所以马上对他**做**点什么吧！”

卡罗尔想要看到他立即行动，但山姆知道他做不到。当时情形的压力下产生了像犀利的武器般的对话。

别忘了，沉默同样也能变成武器。在威廉姆·E·巴雷特的《野百合》（*The Lilies of the Field*）中，一位德国修女想让流浪的勤杂工霍默·史密斯留下来，帮她建个小教堂。而霍默只想拿到打零工的薪水就离开。他对玛利亚·玛尔特修女说：

“我想跟你谈谈，”他说，“我一直都在给你干活，干得也不错，所以我想拿到我应得的报酬。”

她安静地坐着，双手紧扣放在胸前。一双小眼睛盯着他，没有一点精神，满脸皱纹。霍默不知道她有没有听明白。

如果一个人物知道另一个人物的要害，就可以把它变成自己最强大的武器。看到修女对他不理不睬，霍默决定采取强硬的态度。他指着《圣经》中的一节“做工的人应得其报酬”，对修女说：“我是一个穷人，我工作是为了赚钱。”

玛利亚·玛尔特修女不甘示弱，用同样的武器进行反击，她给霍默看了另外一段：

何必为衣裳忧虑呢？你想野地里的百合花，怎样长起来；它也不劳苦，也不纺线。然而我告诉你们，就是所罗门极荣华的时候，他所穿戴的，还不如这花一朵呢！

霍默意识到自己在跟一个精明的修女打交道，而且她初战告捷。

当然，不是每个场景都必须有激烈的冲突，有一些是冲突的前奏。但即使那样，人物角色也可以利用对话在即将到来的战斗中给自己定位，到时他们就可以运用更有力的武器。

看一看爱德华·阿尔比的戏剧《谁害怕弗吉尼亚·伍尔芙》（*Who's Afraid of Virginia Woolf*）吧。几乎整部作品的语言都像犀利的武器一般，尤其是乔治玩起那个残忍的游戏“捉弄客人”时。他对来访的一对年轻夫妇不断地当面羞辱，让他们感到无地自容。

当然，乔治和他的妻子玛莎把最致命的武器留给了彼此。剧情从未减弱，因为粗暴的对话在不断升级。

的确，当真正演出的时候，对话可以用格斗术语来描述。有刺拳和躲闪，有大弧度抡拳和上勾拳，有后退和进攻。

在经典影片《卡萨布兰卡》（编剧为尤里乌斯·J·爱博斯坦、菲利普·G·爱博斯坦和霍华德·科克）中，纳粹官员斯特拉瑟少校（康拉德·维德饰）询问酒吧老板里克的场景里，斯特拉瑟明显占据更有利的地位，说话的时候油腔滑调。另一方面，里克则对权威不屑一顾。

> 斯特拉瑟：“介意我问你几个问题吗？当然，不是正式的。”
> 里克：“如果你想问的话，正式的也行。”
> 斯特拉瑟：“你是哪个国家的人？”
> 里克：“我是个酒鬼。”

我们能感觉到这不仅仅是里克耍的小花招，在整个过程中他还表现了蔑视的态度。他的最后一句回答仅仅五个字，态度十分明显。这只是里克往纳粹的信箱里扔的一个小鞭炮而已。

几句话之后，斯特拉瑟投掷了一颗手榴弹：

> 斯特拉瑟：“我们手里有你完整的档案。‘理查德·布莱恩，

美国人。30岁。不能回国。’理由有点含糊不清。我们也知道你在巴黎干的那些事。布莱恩先生，我们知道你为什么离开巴黎。”

这个时候里克从斯特拉瑟手里把档案拿了过来。

斯特拉瑟：“不用担心。我们不会把它公布于众的。”

里克：“我的眼睛真的是棕色的吗？”

里克再次用尖刻的言辞表达了他的轻蔑。猫戏老鼠的游戏正式上演，并且升级为故事的主要情节。

找到合适的词语

你怎么知道人物会用哪种语言武器？他们又会在什么时候用？你怎么能预料到角色间互相角逐会采取哪些行动？

在创作一场戏之前，如果脑子里能考虑到以下几个方面就能顺利许多。

首先，人物是什么类型的？如果人物是**掌控**类的，那么他的语言表达就应该直接有力。达希尔·哈米特的《马耳他之鹰》中的山姆·斯佩德就属于此类。他面对奇怪的不速之客乔尔·卡伊罗说：

我捉到你了，卡伊罗。你把自己跟昨晚的谋杀案扯上了关系，这对警方太有利了。现在你得跟我玩玩了。

但是衣着讲究的卡伊罗，身上有股淡淡的栀子花香，他用考究的语言说道：

我在行动之前对你进行了大量的调查，我敢保证你非常理智，不会允许其他因素干扰到有利可图的业务关系。

仅从人物的用词就能看出，两个人物非常不同。

然后，保证在每个场景里都给人物安排对手戏。如果没有冲突对象——无论是公开的还是隐秘的——你创作的场景就会陷入危机或趋于平庸。不管怎样，知道每个人物想要什么就能够帮你谋篇布局——制造跌宕起伏的局面，打出佯攻猛击的套路。

上面列举的对话所在章节的开头，卡伊罗用枪指着斯佩德。斯佩德用手肘击中了卡伊罗的脸，抢了他的枪，此时局面彻底改变了。卡伊罗现在必须说服斯佩德接管失踪的黑鹰这个案子。这一章节的大部分都是在描述，卡伊罗试图用言语进行劝说。最终斯佩德答应了卡伊罗并归还了他的枪——卡伊罗拿过枪迅速地再次指向斯佩德。又是一个转变。

最后，列出有用的同义词的明细表，比如**以拳重击、闪挪、刺拳**或者你喜欢的其他打斗动词，尽情发挥吧。以后创作场景的时候你可以参考这个专业术语的明细表，其中一个可能就会成为你笔下人物使用的最完美的语言武器。

归属性

通过归属性，读者能够知道说话者是谁。通常，一个简单的**说**字应该是你的默认选择。一些作者想办法尽量避免使用这个字，错误地认为用**说**这个字不够有创意。这是一种误解。

说的主要功能是用来表明谁正在说话，除此之外在读者眼里几乎是隐形的。它尽职尽责并且又很低调，让对话挑大梁，起主要作用。

所以读者几乎注意不到。其他任何替代词，都会分散读者的精力。

过去，副词经常大量出现在对话中。比如，索恩·史密斯创作于1929年的小说《迷途的羔羊》（*The Stray Lamb*），随意翻开一页就会看到下面这样的描写：

> “少校，又关上了。”桑德拉顺从地说……
>
> “一点证据都没留下。”郎先生乐观地告诉大家……

“我们没有相机太可惜了。”她说道……

“这要看情况。”托马斯考虑了一会儿回答道……

毋庸置疑（我不赞成），华丽的语法在今天会使人感到不悦。

别再犹豫了，用**说**就行。在两个人对话的场景中，如果很明显地知道说话者是哪个，则不必也不应该用**说**这个字。不能像下面这样：

“我们直接开过去打声招呼吧。”他说。

“哦，听起来太棒了。”她说。

“你别用那种语气说话。”他说。

“我想怎么说就怎么说。”她说。

他说：“我会打你的啊。”

她说：“别威胁我，我会叫爸爸过来。”

“去呀，去叫他啊。”他说。

“别以为我不敢。”她说。

根据所描写的场景，可能用一个说话的标记就能达到目的。比如，如果你已经设定这对男女在开车行驶中，对话可以如下进行：

“我们直接开过去打声招呼吧。”他说。

“哦，听起来太棒了。”

“你别用那种语气说话。”

“我想怎么说就怎么说。”

“我会打你的啊。”

“别威胁我，我会叫爸爸过来。”

“去呀，去叫他啊。”

“别以为我不敢。”

第一个**他说**就表明了说话者是谁，在剩下的对话里，读者知道是谁说了什么，不用这样一直进行下去，可以时不时地插入一个说话标记或动作标记来提醒读者说话人是谁。

动作标记

对话是一种动作，我们可以运用肢体协助语言，这叫作**动作标记**。

动作标记通过描写人物的身体活动来代替**“说”**，例如在丽莎·萨姆森的《女人的直觉》(*Women's Intuition*)一书中：

> 玛莎把乐谱放进书包：“爸爸，不管怎样，她现在已经不吃糖了。”
>
> 他吃惊地转向我：“你怎么没说？为什么？”
>
> 玛莎适时地插话，谢天谢地：“她看了 WJZ 电视台的一期健康新闻特别报道，说食糖其实是毒药。”
>
> 我摇摇头：“玛莎，快别说了。”

动作标记也可以在对白后面出现。

> “亲爱的，一起来吧。”哈丽特朝门口走去。

当然，并不是每一次都要这样做，太多的动作标记会使读者感到精疲力尽。我们需要做出变化，但通常来说最好的选择是根本没有标记。如果读者通过对白的交替或明显不同的说话方式就知道是谁在说话，一般来说就已经足够了。

但是，如果你计划把对话当成动作，那么就应该想办法把标记加入场景的变化中。这样就能使书面的对话呈现出更直接的画面感。

所以，不应该这样说：

> “接下来的两个小时我们要干什么呢？”史密斯紧张不安地说。

而应该这样说：

史密斯皱了皱眉："接下来的两个小时我们要干什么呢？"

在生活中，说话可能很容易，但在小说中却不是这样。应该把人物的台词作为动作的延伸，仔细斟酌每个字。

疑问和感叹

人物问问题的时候，从从属关系上讲，是用"**他问**"还是"**他说**"？有人觉得使用问号时，**问**这个字就有点多余。

不过，**问**跟**说**是一样的，对读者几乎是隐形的。如果有时你想来点变化，也可以。但是我建议不要使用类似**疑问**或**询问**这样的同义词。

我认为，在小说中应该少用感叹号，只有在传递内心思想时，或是在对话中，才可以使用。（或者你写的是"哈迪男孩"系列！章节以感叹号结尾，是为了使年轻读者继续读下去。）

内心思想是类似下面的表达：

她往窗外看了一眼。

是托尼！

在对话中，有时候将感叹号与后面的**说**字连用是可以接受的，但要注意上下文，有时用**说**这个字会显得力度不够：

"你这个怪物！"她说。

在这个句子中，**说**与感叹号不搭配。如果知道说话的人是谁，可以不用是谁说的这种归属标记：

你这个怪物！

或者可以使用动作标记词语：

她举起斧头："你这个怪物！"

要点

- 把对话看成**动作**。人物可以通过对话推动故事发展。
- 对话不是“生活中的对话”。它是有目的的，但应该给人以真实的感觉。
- 所有的对话都应有对抗或紧张的气氛，即使只体现在一个人物身上。
- 潜台词——故事、背景、人物、主题——使对话更有深度。
- 精心设计人物，让他们各不相同。
- 把阐述的部分放入对抗性的对话中。
- 把**说**设为默认的归属标记。在极少数的情况下，你需要使用其他的归属标记词或副词。
- 如果要表现一些变化，可以使用动作标记。

练习 1 *

下面是两个人物之间的一段对话。我把其中一个人物说的话加粗了：

“晚上好。”

“晚上好。”

“我不知道你也来了。”

“我之前也没计划要来，但我收到了邀请。”

“太好了。多么美好的夜晚啊，不是吗?”

“是很美。”

“微风中飘着金银花的芬芳，难道你不喜欢吗?”

“喜欢。”

使用本章中谈到的回避技巧，看看能给黑体的对话加入怎样的紧张气氛。

练习 2

选择两个互相激烈反对的人物。他们的性别是什么？多大年龄？为什么成为敌人？现在，他们被安排在一场晚宴上，一个人正走进来。让第一个人说话，剩余的对话可以使用技巧。在你现有的基础上进行创作，可以多写一些对话，但要自然。

在对话中省略几个词，听起来是不是会更好？

加入沉默的回应。有明确的潜台词吗？人物在不说话的时候做的事情给我们提供了线索，暗示了他此时此刻的想法。

最后，选择对话中的一句，把它打造成经典台词。多创作几种不同的方案，选出最好的一个。看看是不是有亮点？我相信会有的。你慢慢就会成为创造经典对话的大师。

练习 3 *

把下面的一段演讲转换成场景的一部分，可以按照你的需要进行改编补充：

> 我肯定，我的美国同胞们都期待我在就任总统后，坦率而果断地向你们讲话，在我们的人民推动的现在的形势下要有坚定的信念。现在正是坦白、勇敢地说出实话，说出全部实话的最好时刻。我们不必畏首畏尾，应该老老实实地面对现如今我国的国情。这个伟大的国家会一如既往地存在下去，它会复兴和繁荣起来。因此，让我首先表明我的坚定信念：我们唯一害怕的就是害怕本身——一种莫名其妙的、丧失理智的、毫无根据的恐惧，它

把人转退为进所需的种种努力化为泡影。在我们民族生存的每个黑暗时刻，坦率而有活力的领导都得到过人民的理解和支持，从而为胜利准备了必不可少的条件。我相信，在目前的危急时刻，大家会再次给予我同样的支持。

附加练习

试着仅用对话创作一个场景，不增加任何动作情节，也不增加任何描写，只是利用对话来渲染气氛。

现在，一边听着“抒情曲调”，一边创作场景。可以是你喜欢的任何一种音乐。电影配乐是各种抒情曲调的丰富来源，音乐曲调会影响对话呈现的方式。

把刚才创作的对话重新创作一次，这一次要听着与你刚才听的完全不同的音乐。看看这对场景创作又会产生怎样的影响？

7 开头、中间和结尾

有一组术语用来描写一本完整的小说的发展过程，那就是：开头、中间和结尾。

应该尽量记住这一点。

我喜欢将其修改成这样有趣的表述方式：开头、**混乱**和结尾。

因为，在中间会有一些棘手的问题。

这就是为什么三幕剧结构能够产生效果的原因：故事必须有开头，必须逐渐展开，而且必须有结尾。

如果你计划让小说按照结构逐渐展开，应好好理解三幕剧结构是如何发挥作用的，这将帮助你做出明智的决定。

书中的每一部分都应该呈现出特别的挑战。

开头必须吸引读者。

中间发展过程必须留住读者。

结尾必须令读者满意。

这不是容易完成的任务！但是，这就是编辑和读者想要的，所以这就是你应该呈现给他们的。如何处理，请看下面。

开头

你的书的开头几页，尤其是开始的第一行是极其重要的。它们通常是编辑和代理商最先阅读的重要部分（如果这些地方不能引起他们强烈的兴趣，他们是不会继续读下去的）。而且读者在书店浏览图书时，通常也只注意书的首页或前两页，并由此决定是否要购买。

换句话说，这些地方给你提供抓住读者的机会。

你应该抓住这个机会。

不要浪费一个段落来热身。一个软弱无力的开场只能打消读者继续阅读下去的兴趣，一个扣人心弦的开场则让读者产生继续阅读的动力。是的，你需要在接下来的写作中保持住很强大的感染力，但是作品开头那几行会为你赢得更多的时间。

在开始修改之前，让我们思考一下好的开头需要怎么写。

简言之，就是**干扰**。

因为这就是小说的主要内容。一个主角的生活受到了冲击，而我们想读下去看他是怎样处理的。

考虑一下，这样的开场白怎么样？

> 星期二这天加利福尼亚风和日丽，充满了阳光和希望。

读了这样的开场白，读者有什么样的感觉？这可能不会让他失去兴趣，但肯定也不会让他产生兴趣。

想想迪恩·孔茨是怎样创作的。

是的，上面那句话是在开头就能抓住读者的写作大师孔茨写下的。我只是改了一个标点符号，把一句话分成了两句。下面是选自迪恩·孔茨《龙泪》（*Dragon Tears*）的完整的开场白：

> 星期二这天加利福尼亚风和日丽，充满了阳光和希望，直到哈利·里昂在午餐时开枪射击了一个人。

这里设计了一个噱头。

造成干扰的是任何**改变或可能改变人物角色的平静状态的事物**。

在马修·科沃特收到信的那天早上，他独自一人意识到这是一个不真实的冬天。

——约翰·卡曾巴赫：《黑狱大平反》（*Just Cause*）

信里写了什么？其中肯定有潜在的干扰。而且为什么马修·科沃特是独自一人？**不真实的冬天**是描写心境的一个细节，增加了一些不祥的气氛。

又如，安娜·昆德兰的小说从一开始就紧紧抓住了读者：

我的丈夫第一次打我时我十九岁。

——《黑与蓝》（*Black and Blue*）

监狱不像你想象的那么糟糕。

——《亲情无价》（*One True Thing*）

这两个开场白都与叙述者的过去有关，都对平静的心态形成了干扰。

她听到了敲门声，然后狗叫了起来。

——艾妮塔·雪佛瑞：《飞行员的妻子》（*The Pilot's Wife*）

敲门声能形成一种温和的干扰，而狗叫声则增加了紧迫性。

几行对话可以为一部小说或故事的开始奠定良好的基础，它们能够（或应当）直接产生紧张感，也能够立刻引起读者的兴趣。有时候只使用一段对话来开始一个故事（比如前面的例子中孔茨所做的那样）也会给读者留下无限的想象空间。

对此的忠告是，没有确定说话者和情节的对话不应该写得太长。读了几句对话之后，读者就会想知道是谁在说、说什么以及出于什么原因说。但是，巧妙地设计开场白可以收到“双重效果”，并能绘声绘色地给我们传递一些信息。

比如，下面是小说《换位人》（*The Transposed Man*）的开场白，这是一本由著名写作导师德怀特·V·斯温创作的通俗小说。

> "叫什么名字?"
>
> "罗伯特·特拉弗斯。"
>
> "职业?"
>
> "矿业工程师。"
>
> "居住地?"
>
> "木卫三，木星开发部第七基地。"
>
> "来月球的原因?"
>
> "我正在检查在云海区的新达尔迈尔装置的性能。我们正在考虑调整这些装置以便在木卫三上使用。"
>
> "我明白了……"舷舱检查员胡乱翻完了我的文件，"你的元素分析表在哪里?"

我们在得知第二位说话者的身份之前，已经知道了几件事。我们知道这是一种官方检查。我们知道了被查询的家伙叫什么名字（他叫罗伯特·特拉弗斯）。从这些对话的字眼中我们也知道，这是一个科幻故事（因为故事开头告诉了我们这个"故事世界"）。而且冲突也在发展，尤其是从最后那句话中可以听得出来。

在我的小说《最后的证人》（*Final Witness*）的开头，我想要人物在法庭交叉询问的中间提示证人，但随后局面改变了：

> "你多大了?"
>
> "二十四。"
>
> "要开始读大三了?"
>
> "是的。"
>
> "你在班上的成绩是第二名?"
>
> "目前是。"
>
> "难道能说你没有撒谎动机么?"

> “你说什么？”雷切尔·伊芭拉觉得她的脸开始发烧。这个问题问得突如其来，就像一记耳光。她在椅子上稍微坐直了身子。
>
> 身材高大的律师向她迈了一步：“撒谎动机是什么？伊芭拉女士。”
>
> “不，先生，我没有撒谎。”
>
> “从来没有？”
>
> “没有。”
>
> “说出来吧，伊芭拉女士，人人都会撒谎，尤其是当他们希望能找到一份好工作时。”
>
> 雷切尔觉得自己像一只走投无路的动物，她努力抑制住冲动，想让自己冷静下来，不要失去理智。“不是每个人都会撒谎，”她回答说，“也不是一直撒谎。”
>
> “你能证明吗？”高大的律师继续追问，“你能证明你从来不撒谎吗？”
>
> “你为什么一直问我这个？”
>
> 艾伦·莱克伍德又朝她走了一步，突然停了下来，随意地坐在他办公桌的一角：“这只是我的一个小练习，我称之为措手不及。你想知道在法庭上盘问证人是什么感觉，你就应该站在他们的角度上思考问题。你必须准备好要步步紧逼、仔细询问，就像我刚才做的那样。”

原来这位高大的律师正在与一位年轻的法律系学生进行一场申请美国联邦检察官办公室工作的模拟面试。先是有一个直接冲突，然后来一个转折。

以下是格雷戈里·麦克唐纳的小说《古灵侦探》（*Fletch*）的开头：

> “你姓什么？”
>
> “弗莱彻。”

“完整的呢?”

“弗莱彻尔。”

“你的名字叫什么?”

“欧文。”

“什么?”

“叫欧文，欧文·弗莱彻尔。人们叫我弗莱彻。”

“欧文·弗莱彻尔，我给你提个建议。只要你愿意听听它，我就会给你一千块钱；如果你决定拒绝这个建议，你拿着一千块钱离开，但绝对不能告诉任何人我们的谈话。这还公道吧?”

“需要犯罪吗？我的意思是，你要我做什么?”

“是的。”

“好吧，给一千块钱我可以听听。你想要我做什么?”

“我想让你谋杀我。”

现在，我被吸引着想继续读下去。这段对话既直接又有趣，而且还以一个出人意料的请求作为结尾。

前三页

好的，你已经从第一行或第一段知道了谁是杀手。

现在，你需要做的就是将这本书完全归类为一本关于杀手的书。

这意味着你的下一个任务是按照前面三页的表达特点继续写下去。你已经赢得了读者。

接下来你以什么来留住读者呢?

改变或挑战是我们创作一个故事所需要的，另外还需要一些超乎寻常的事情。

我读过很多新手写的手稿，开头都是以一个家庭美好的一天为背景。妈妈从卧室走出来，开始煮咖啡，打发孩子们去上学（没有争吵)，或许也会停下来与邻居聊聊天。

然后，终于，或许是在第二章，我们遇到一点麻烦。

我们需要麻烦，至少是一些从一开始就显现出变化征兆（或是对日常生活的干扰）的事情。

科内尔·伍尔里奇是一位写作大师，非常擅长前几页的写作。以下是他的两个故事的节选部分：

> 这个女人不知道他们是谁，也不知道他们在这个时间来是想干什么。她知道他们不可能是推销员，因为推销员不会三五成群地在周围游荡。她放下手中的拖把，紧张地在围裙上擦了擦手，朝门口走去。
>
> 可是，什么地方出错了？斯蒂芬居然没有出任何事情。当她打开门面对着他们的时候，她焦虑不安、浑身哆嗦，在发亮的金褐色头发的映衬下，她的脸色显得有些苍白。她注意到，他们的帽圈上都钉有一圈白色的卡片。
>
> 他们急切地向前挤，每个人都试图将别人挤到一边。“米德夫人吗?”挤到最前面的那个人问道。
>
> “什、什么事?”她声音颤抖着问道。
>
> ——《验尸》(*Post-Mortem*)

> 她已经签署了自己的死刑执行书。他不停地一遍又一遍对自己说，这不能怪他，那是她自己惹祸上身的。他从来没有见过这个人，他知道有这么一个人，而且到现在为止，他知道这一点已经有六个星期之久了。他是从一些小事中了解到的。有一天，他回到家，发现烟灰缸里有一截雪茄烟蒂，一端依然是湿的，另一端还是热的。在他们家门前的沥青路面上有一滴一滴的汽油，而他们自己并没有车。而且不像是货车，因为滴的汽油显示已经有很长时间了，一个小时或是更长。
>
> ——《三点钟》(*Three O'Clock*)

要改变节奏，你可以通过愉快地开始，然后加入出人意料的打击来迷惑读者。伍尔里奇的小说《我嫁给了一个死人》（*I Married a Dead Man*）开头是这样的：

> 考菲尔德夏天的夜晚是如此舒适。他们闻到了天芥菜、茉莉、金银花和三叶草的香味。这里的星星热情而友好，不像我家乡的星星那样寒冷而遥远，它们似乎就挂在我们头顶上，离我们那么近。开着的窗户里，微风柔和地吹动着窗帘，就像是婴儿的吻。如果你趴在窗台上倾听，可以听见微风吹动树叶的沙沙声，然后又归于平静。屋子里的灯光落在外面的草坪上，照出了一长片的光亮。这里充满了宁静祥和的气息，和平、安全。哦，是的，考菲尔德夏天的夜晚是如此舒适。
>
> 但不适合我们。

小说开头的干扰是指任何给人物的生活激起波澜的事情。它不必非得是一个严重威胁。但根据希区柯克的原则，需要发生一些让我们远离每天平静生活的事情。

神话结构是以英雄的**平凡世界**开始的，干扰因素经常是对**冒险的召唤**。

在《星球大战》中，卢克与他的叔叔婶婶过着平凡的生活。有一天，他的叔叔买了一些二手机器人。卢克在摆弄其中一个机器人时，触动了莉亚公主发出的求救全息图信号。这是一个不同寻常的奇怪东西，它激起了卢克的兴趣。

在《绿野仙踪》中，开场的干扰来自第一个镜头。多萝西正在向农场的家跑去，她被吓坏了，托托紧追其后。我们立刻明白那是因为格拉茨小姐刚刚威胁说要把托托带走。

几分钟后，当格拉茨小姐骑车来到农场并得到小狗的监护权时，干扰因素进一步加剧。

你的小说应该在开始不久就设置这种对现状的挑战。下面是我在《情节与结构》一书中列出的部分例子：

- 主角在半夜接到一个电话。
- 主角收到一封耐人寻味的信。
- 老板打电话让主角去他的办公室。
- 一个孩子被送进了医院。
- 一辆汽车在一个沙漠小镇出了故障。
- 主角中了彩票。
- 主角目睹了一次事故，或是看到了一起谋杀案。
- 主角的妻子（或丈夫）已经离开了，留下一张便条。

开场白的使用和滥用

20 世纪 50 年代末到 60 年代初，最流行的一部电视连续剧是《彼得·冈》（*Peter Gunn*）。主演是克雷格·史蒂文斯，他饰演一个出色的私家侦探，爱好爵士乐。连续剧一开始出现的不是演职员名单，而是直接跳到一件件令人震惊的案件，通常是凶杀案。片头长约两分钟。

然后突然出现了著名的亨利·曼西尼的片头主题曲，接着出现的是演职员名单。电视剧的其余部分是关于冈如何深入案件内部调查真相的。这样的开场序幕先声夺人，构思巧妙，因为它本身简短而富有戏剧性，而且与主要情节相关。

迪恩·孔茨的《午夜》以一段序言开始（尽管他称之为第一章）。这段序言是为下面的推理服务的。开头第一句话是：

> 珍妮丝·卡普肖喜欢在晚上跑步。

孔茨的很多作品都以这种方式开头：一位有名有姓的人物正在运动，或者描写一个吸引人的细节。晚上跑步则预示着神秘感。

当珍妮丝跑步时，孔茨也给了我们一些关于她的细节和背景信息。使用像光和雾这样的细节来渲染气氛，一个不祥的场景展开了。

> 她沿着大街的斜坡向下跑去，穿过泛着琥珀色灯光的露天游泳池，穿过那些柏树和松树留下的斑驳的层层黑影，她没看到有什么其他东西在活动，只有她自己在跑步——薄雾缓慢地以蛇形向前穿过无风的空气。

孔茨也设置了背景故事的一些潜藏元素：一小段是关于珍妮丝的童年的，她完全处在黑暗的包裹之中；另一段是关于她去世的丈夫的，以及她多么思念自己的丈夫。

随着这些适时出现的短小背景故事，当看到珍妮丝在黑暗中慢跑时，读者对她的同情之心油然而生。孔茨在本章的剩余部分设置了一个可怕的追逐的悬念，而且最后还告诉我们一个令人震惊的消息：珍妮丝·卡普肖死了。她的死亡更具震撼力，因为尽管对人物描述得不是很详细，但背景故事的那些细节已经让读者与她紧密地联系在一起了。

开场白可以通过以预示性的语气提供一些基本背景来进入故事。帕特·康罗伊的《浪潮王子》（*The Prince of Tides*）的描述就是这样。它有很长的开场白，告诉了我们叙述者汤姆·温格的家庭背景，他有个双胞胎妹妹叫萨万娜，曾经两次企图自杀。开场白是以这种方式结束的：

> 事实是这样的：我的家庭发生了一些事情，而且是一些离奇的事情。我知道有这样一些家庭，他们一生中从没有发生什么特别的事情，平平淡淡。我一直羡慕那样的家庭。温格一家人的命运经受了上千次考验，毫无防备，屈辱而丢脸。但是我的家人也具备一定的力量来迎接战斗，而且这些力量让我们得以幸存下来，免受复仇之神的报复。除非你认同萨万娜的话，她认为温格家没有人幸存下来。

> 我将告诉你我的故事。
>
> 毫无保留。
>
> 我向你保证。

像这样的开场白，风格很重要。词汇的声响和创造出的氛围，是这个开场白富有力量的原因。

背景故事

背景故事是在叙述主要情节之前对所发生事件的解释。对于小说的这个元素必须要小心处理：在开头使用得过多，可能会导致故事停滞不前；但若是一点也不用，就无法与主要角色联系在一起。

可以试着用动作情节来平衡处理。我的原则是：**动作第一，解释第二**。实际上，这是你在开头章节中尽可能多地隐藏信息的最好方式。稍后，你可以只是呈现一些重要的信息。

我经常会阅读一些年轻作家的手稿的开头，比如有这样展开的：

> 维多利亚从马车上下来，走在新墨西哥州满是灰尘的风滚草街道上。灰尘的味道直冲鼻孔。她听到从某处传来钢琴的声音，然后看到悬挂在她头顶上的巨大的**酒吧**招牌。

我们看到一个人物的动作情节，这个人物到达了小镇。这样很好。此后马上——比如在第一页中间——接着这样写：

> 她望眼欲穿，想念她在波士顿的家，她早就想家了，她在那里一直都是幸福快乐的。
>
> 她的父亲曾警告过她不要去西部。当她十六岁时……

然后一页又一页地叙述背景故事。开场白停顿了下来，却给了我们一些我称之为“倒流”的叙述方式。很多时候，年轻的作家会在第一章中在倒流的叙述上花费很多篇幅，直到第一章接近结束的时候才回到现在的叙述上。

这是一个可以理解的错误。作者认为读者必须全面了解主要人物角色，以及在故事开始之前他是如何出现在这里的。这种方法试图将读者和人物角色结合在一起，让他们得到关注，然后开始动作情节的描写。

这样容易理解，但注定要失败，原因是它踩了刹车。实际上，在我们了解了所有的背景故事信息之后，故事的发展也就终止了。

如果你在前面给读者留下令其感兴趣或是牵肠挂肚的悬念，他们可能会为了你那完整的解释等待很长时间。在此期间，你可以点缀一些背景故事元素来增加读者对人物角色的兴趣。

可以用有技巧的对话来完成故事背景的交代，就像科林·科布尔在《阿拉斯加的黄昏》(*Alaska Twilight*) 第一章中所描述的那样：

> 奥古斯塔双手捧着哈莉的脸，深情地凝望着她的眼睛。
>
> “我真为你感到骄傲，现在你能够勇敢地面对它了。”
>
> 她这种鼓励的神情就像多丽丝·黛。哈莉没有心情去听她的话。“我不是勇敢，”她说，“我想要看电影、见朋友、逛街，尤其是吃糖霜甜甜圈。我不觉得这有什么好玩的。我之所以在这里是因为我的心理医生说这样有助于治疗，所以我想看看究竟。如果我重新与克洛伊联系，也许噩梦会终止。”

背景故事如果写得足够好，读起来可以是充满趣味的。在菲尔·卡拉威那充满渴望的小说《天涯海角》(*The Edge of the World*) 里，叙述者是这样开始第二章的：

> 1976年8月4日，教会发生了被提事件。那时我在睡觉。但在我向你说这件事之前，请允许我多讲一点背景故事。

前面几句话已经吸引了我们的注意力，卡拉威接下来给了我们一些家庭信息，但并不是用通俗易懂的语言来叙述的：

> 我是年龄最小的。"守车"，我的兄弟们这么叫我。这是一个错误，我三年级的老师曾经说过。我有时想知道如果我收拾好行装，跳上一艘开往苏格兰我的祖父母家乡的船离去，他们会不会想念。但我十分肯定他们会的。我也许是"守车"，但他们希望看到我一直在那儿。

在迪恩·孔茨和斯蒂芬·金一些最成功的作品中，他们都曾在前几页中大量使用背景故事。

《死亡地带》是金最优秀的作品之一。在这部作品中，他介绍了三个人物角色——约翰、格雷戈和莎拉。每个人物角色的介绍都是以动作情节开始的，而且分别交代了他们大量的背景故事。例如，在第9页关于格雷戈的部分，涉及他父亲发怒的场景。这加深了我们对格雷戈的兴趣和同情。

第17～21页的内容差不多都在叙述莎拉的背景故事。

这些部分产生了双重效果：第一，金以动作情节开始，然后又返回到原来的叙述上。第二，背景故事包含**必不可少**的细节，有助于读者加深对人物角色的理解。

迪恩·孔茨的第一部畅销书是《耳语》（*Whispers*），实际上，他将这次成功归功于他有意识地加深了人物的刻画。他设计了很多动作情节，而且都很吸引人，但他认为这只是停留在表层。在《耳语》中，他还创作了一些深刻的背景故事。

《耳语》是一部悬疑小说，里面有一个著名的令人不寒而栗的动作场景——布鲁诺·弗雷企图强奸希拉里·托马斯。书中第24～41页都在描述这一场景：布鲁诺是如何在希拉里自己的房子里袭击并追赶她的。

但在这之前发生了什么？书中第7～11页交代了希拉里·托马斯的背景故事。这种交代为什么很重要呢？因为背景故事使我们强烈关注她在强奸未遂场景中的表现。如果没有背景故事的铺垫，我们可能只会注意这一动作情节，而不会那么感兴趣。

从前面的背景故事中，我们了解到她的成长环境很糟糕，这导致了她的自卑心理，现在她正在努力克服这种心理（这就确立了我们感兴趣的根源）。孔茨把我们带回了她在芝加哥暗淡的成长岁月，让我们了解了她是如何凭着自己丰富的想象力逃避现实的（这就解释了为什么现在她是一个作家）。

背景故事以这样一个场景结束：她实现了自己的梦想，签下了一部大电影的合同。但是，她依旧无法完全享受这个结果，因为就像对于此时发生在她生活中的其他事情一样，她担心自己坚持不下去。现在，我们真正了解了她。

在第 24 页，当她回到家时，我们已经爱上了这个人物。所以，当我们发现布鲁诺·弗雷在等着她时，我们欲罢不能，不得不继续读下去。

因为孔茨和金更专注于作品的背景故事，更能敏锐地把握其内容，这种长篇幅的背景故事就产生了很好的效果。因此，除非你的写作技能已经炉火纯青，否则还是创作较短的背景故事为好。

第二章中的突然变化

写作中一个重要的技巧是**第二章中的突然变化**。试着把第二章作为新的第一章来看待，看事情如何能够更快地发展。

下面是一个写作班学生的手稿的开场白：

> “快一点，亲爱的。我们要迟到了。”
>
> 凯瑟琳·琼斯站在后门口，看着她丈夫慢慢跑进院子。威廉·卡特·琼斯是她一生的挚爱。他们在初中相遇，后来去了不同的高中，并在大学里再次相聚。凯瑟琳愿意做任何事情来赢得威廉的心。她在生物实验室里遇到他的时候，就对他魂牵梦萦，一见钟情。解剖青蛙可不是世界上最浪漫的事情，但他们很享受

> 彼此作为实验的合作伙伴。随着时间的推移，他们相爱了，并发誓要相守到老。那是二十二年前。现在，他们有了梦寐以求的房子，有一个旋转的后门，还有一个上大学的女儿。只有庭院的墙上记录了这些年来有多少青年进进出出琼斯的家。许多人仍然保持着联系，有些人则不知道去了世界上的哪个角落。凯瑟琳每次经过挂在墙上的这些图片时都会默默祈祷。

对话是写小说开场白的一个重要方式，其次就是背景故事和叙述。我建议这个学生将第二章作为开篇。如果她在开篇已经提供了**基本**信息，就可以在整部小说中穿插相关的信息。

我建议她果断地删掉那些并非绝对必要的信息。

在这个学生的手稿里，第二章（变成第一章）是这样开始的：

> 片尾演职员名单滚动着，塔米睡着了，凡茜希望他们的生活能真的像他们刚刚看过的女性电影那样。**但大团圆结局只会发生在电影里**。
>
> 凡茜叹了口气，摇晃着塔米。
>
> “塔米，上床去睡觉吧。快点儿，已经很晚了。”
>
> “我听见了，我没睡，现在几点了？”
>
> “已经 11 点多了。”凡茜打开灯，越过塔米拿起一碗爆米花。

现在好多了。有些事正在发生。

中间部分

你的小说主体是故事的中间发展部分，或是第二幕部分。它记录了发生在主要人物与各种敌对势力之间的冲突。中间发展部分，当然是开放的、有无限可能性的。那么，你应该如何选择写作内容呢？

这要看情况了。

没有轮廓的人与有轮廓的人

在《情节与结构》一书里，我讨论了这两种方法的优点与缺点。

有些作家喜欢每天都推动着故事向前发展，并不预先设想未来几个场景会发生什么。他们的理由是，如果作家不知道发生了什么事情，读者肯定也不会知道。

这稍微有点误解，就像在**某个时候**必须做出决定，而如果到了真正开始写作场景的时候，还没有做出决定，就可能危险地偏离轨道，导致“离题万里”，会有很大一部分需要重写。

不过，如果你脑子里面一点轮廓都没有，如果你不愿意提前设计整个故事，也不要丧失信心。我建议你至少试着提前做些筹划，因为它会让你的结构更加精彩。

最起码要知道主人公、目标、冲突以及出人意料的结尾这些要素！

如果你这样做，那么当你全力以赴创作场景时，这些要素就会与故事的动力源产生某种联系。在关键目标和更强大的反对派之间发生的冲突是故事的主要动力源。

罗宾·李·哈彻是个多产的作家，他在创作时头脑中就没有什么大纲轮廓。他曾说过：

> 对我来说，写小说完全就是发现快乐之旅。如果我提前知道太多关于如何将故事表达出来、如何结束的计划，那我就会丧失写作的激情。所以当我每天打开电脑时，并不知道接下来会写些什么。我不确定故事是怎么发生的，但是最终故事都整合在一起。

哈彻坦言，有时这会让人有点提心吊胆，特别是当截稿日期临近的时候。

> 但我从试验和错误中获得了经验，知道这就是我的创作方式，对我来说这是最有效的创作方式。

然而，如果你喜欢提前列一个大纲，觉得这样会有安全感，那你尽管去做好了。有多种方法（场景卡片、电子数据表、扩展的故事大纲等）可供使用。

理查德·S·普拉瑟（舍尔·斯科特系列推理小说的作者）是一位非常多产的作家，他谈到自己会努力去获取“新的思路，并以新的思路进行创作。我只用构思的材料，就能密密麻麻地写满一两百页。你知道，这些构思材料包括思路、人物角色以及一些对话、行动和反应。”

根据这些，他会写一些章节提要，每章写一两页。他把这些都记在笔记本上，靠它们开始创作小说。

我对那些大脑中已经有一定大纲轮廓的人的建议是，让你的故事有一定的“呼吸”空间，如果你觉得这个故事需要改变一下的话，就要准备好修改大纲。

有些作家立场居中，会为开始的部分拟提纲，其余部分则使用“有标记指示的场景”（我属于这个阵营）。

标记指示场景是指你所知道的必须出现在书中的一个场景：一个主要的冲突或纠葛。它甚至还没有成形，仍然还在你的想象中。你可能只是有种关于它的感觉。把它记在一张卡片上或你所列的大纲的某个地方。随着故事向前推进，你会对即将发生的故事进行微调。

在你写这个篇幅很长的中间部分时，要注意故事的感觉、各种写作技巧，并试验不同手法。你的写作方法应该有所改进。把那些对你有用的方法记录下来。

当你开始下一个创作计划的时候，可以参考这些记录。要坚持写下去。

结尾

小说必须有结尾，而且必须要以出其不意的方式结束，才能够满足读者的胃口。

结尾要把各种零散的线索集中起来交代清楚，除非你正在写的是纯文学作品，允许有更多的模糊性。

几乎没有专门描写结尾的规则，因为结尾是与每部小说的新颖而独特的故事元素联系在一起的。当你计划创作一个令人满意的结尾时，你的想象力将会受到最大的考验。

开头易写，结尾难求。

故事一开始就牢牢抓住读者相对比较简单。让读者在读完了最后一页还能感到很高兴，这是最难的。

米基·斯皮莱恩说过一句很经典的话："你的第一章是在推销你的这本书，而你的最后一章是在推销你的下一本书。"

如果你知道这五种结尾，将对你大有裨益：

1. 主角实现了他的目标（完美的结尾）。

2. 主角未完成目标（不完美的结尾）。

3. 主角实现了他的目标，但失去了更有价值的东西（经典悲剧）。

4. 主角为了更重要的事情而放弃了他原来的目标。

5. 结尾是模糊的或是苦乐参半的（多为纯文学作品）。

一种好的训练方法是，在写作结尾之前，尽可能多地写与结尾相关的细节。你描写的详尽程度如何，取决于你是什么样的作家。这种练习的好处之一是你可以将动作情节"均匀搭配"到你的故事中，后面它会产生很好的效果。这会给读者带来一种意犹未尽的感觉——在表层之下有更多的事情要发生。

当然，一旦写到结尾处，你就可以灵活地改变细节，也许会有一个全新的结尾。另外，你可能会发现，这个结尾产生了奇妙的效果，而你需要做的只是微调一下。

这会引起共鸣。

任何类型小说的最精彩的结尾都是如此。共鸣是“声音的延伸”，这就像交响乐的最后一个完美的音符。它给予读者的东西远远超越了结尾所显示的。

共鸣可以来自对话、描写、叙述——任何正好适合这个故事的东西。

怎样才能做到?

只有不断尝试各种素材。

不间断地写作。

此外要注意：

1. 确保目标明确，令人信服。来自 LOCK 体系（主人公、目标、对抗以及出人意料的结局）的目标，对于精彩的结尾是必不可少的。你的主人公已经有了一个总体目标，这个目标贯穿了整部小说。现在，已经到了关键时刻，他必须做出最后的抉择，或者是殊死一搏，破釜沉舟，赢回先前失去的优势。

2. 反复考虑故事的结尾。发挥你的想象力，想象各种可能性，然后再构建一个结尾。尝试各种不同的方式。现在你的头脑中已经装满了这个故事的所有材料。如果你拥有了作家的头脑，那么，它就会下意识地帮助你。

要点

- 你开头的第一行、第一段、第一页必须紧紧抓住读者。
- 给出一个早期对主要人物日常生活造成干扰的事件。
- 在故事开头有一点背景故事很好，但首先应该以动作情节开始，当然不要过头。

● 当你写作中间发展部分时，继续参考 LOCK 体系的各要素，专注于其中一点。

● 在结尾上要多花点时间，用心设计，潜心思考，在最后一页寻求共鸣。

练习 1

去图书馆或书店随意挑几本小说。阅读并分析第一页，有开场白吗？如果有的话，对你来说是值得学习的吗？为什么？你被故事的开篇吸引住了吗？你想读下去吗？分析你的反应。

练习 2

把你看的那些小说的开篇与自己的一部手稿的开篇相比较，有什么区别？

练习 3

下一次看电影时，多关注中间发展部分（第二幕）。如果情节拖沓，看看原因何在，怎样才能做得更好？经常问这个问题，并通过思考这个问题为你的创作积攒实力。

练习 4

有没有一部小说或电影的结尾令你不满意？我想是有的。选择一部并分析其中的结尾，看看它到底为什么会令人不满意？

8 展示与讲述

如果说对小说作者有什么中肯的建议的话，那就是“展示，不要讲述。”然而，新手作家常见的问题就是不清楚这个技巧的含义。如果你想让小说给读者留下深刻印象，就必须把握住“展示”和“讲述”这两种手段的不同特点。

它们的区别很简单，就是：展示就像是观看电影中的一个场景。你看到的就是银幕在你面前呈现的内容。人物的**言谈举止**展示出他们的人物特征以及他们的感受等。

另一方面，讲述就像是你在向朋友叙述电影情节一样。

哪一个会让人更难忘？

还记得电影《侏罗纪公园》（*Jurassic Park*）中新来者初次见到恐龙的场景吗？他们张着嘴巴、睁大双眼，站在那里看着自己眼前这些不可思议的怪物。观众也是一样的反应。

他们的感受全部写在了脸上。我们不能听到他们头脑中的声音，但是凭借观察就能知道他们的感受。

在小说里，你可以以这样的风格来描写：“马克目瞪口呆，他想要喘口气，却发现自己已经不能呼吸……”读者马上就能够感受到人物的情绪。

展示这种方式比讲述好很多，讲述时你可能会写：“马克感到很震惊，非常害怕。”

在19世纪，讲述这种方式很常见。很多作家像乔治·艾略特这样创作，下面一段话选自她的小说《米德尔马契》（*Middlemarch*）：

> 弗莱德把他负债的情形谈了一遍，说他希望不惊动他的父亲就把债还清，他不久就有把握得到一笔钱，因此不会连累任何人。凯莱布推了推眼镜，望着这位宠儿清澈年轻的眼睛。他相信他，不懂得过去的诚实并不能保证未来的信用。但他觉得，这是进行友好规劝的机会，在他签字以前，应该先发表一篇严厉的训词。这样，他拿起借条，将眼镜向下移了移，仔细看了一下纸上的空白处，伸手拿起笔，瞧了瞧笔尖，蘸了蘸墨水，又瞧了瞧它，然后把纸从面前推开一点，重新推上眼镜，浓密的眉毛两端露出了深深的皱纹，这使他的脸变得特别慈祥（原谅我写得这么详细，如果你们认识凯莱布·高思，你们也会喜爱这些细节的），然后他用安慰的语气说道：
>
> "真是不幸，唉，马的膝盖摔断了？还有，你遇到了一个精明的马贩子，你跟他交换马，上了当。我的孩子，下一次可得聪明一些呀！"①

如果乔治·艾略特是在20世纪40年代创作这部小说的话，她可能就会这样写：

> "我欠了这家伙点钱，"弗莱德说，"他预付了我一些钱，可我还不上了。但我不想让我父亲发现，如果你能想办法借我点钱的话，我有把握很快就能还给你。"
>
> 凯莱布把眼镜推上去。他拿出一支笔，在桌上敲了几下。然后皱着浓密的眉毛说："所以是运气不好，是吧？"

---

① 译文选自：［英］乔治·艾略特：《米德尔马契》，项星耀译，北京，人民文学出版社，1987。文字略有改动。——译者注

这里是把情节以对话的方式展示给大家，而原作是**讲述**给大家。显然，如果我们需要在对话中传递更多信息，只需要让人物多说几句话即可。

最优秀的“展示”小说之一是达希尔·哈米特写的经典侦探故事《马耳他之鹰》。哈米特的这部小说开创了一个新风格——“冷峻派”。这种风格的标志是，每件事情都像在我们眼前的电影银幕上发生的一样（这正是这部小说被如此成功地改编成电影的重要原因）。

在一个场景中，主人公山姆·斯佩德的搭档迈尔斯·阿切尔不久前中枪身亡，他要安抚迈尔斯的遗孀。她冲进办公室，扑进他的怀里。斯佩德被她的哭声扰得心烦，因为他知道这大部分是假的。

现在，哈米特可以这样写：“这个女人哭着扑进斯佩德的怀里。他讨厌她的哭声，讨厌她，他想要离开那儿。”

这样写是在讲述。请看高手哈米特是怎样写的吧：

> “你派人去叫迈尔斯的哥哥了吗？”他问。
>
> “叫了，他早上过来了。”她啜泣着，声音含糊不清，嘴抵在斯佩德的大衣上。
>
> 他再次露出厌恶的表情，低下头，偷偷看了一眼手表。他的左臂环绕着她，左手放在她的左肩上。袖口往回拉了一大截，露出了手表，10 点 10 分了。

这样写的效果多好啊！我们**看到**斯佩德正在看表，这个动作告诉我们他对这个女人的表现是多么无动于衷。这种写法让我们的感触更加强烈。

这个小片段之后，寡妇问：“哦，山姆，是你杀了他吗？”

哈米特没有向我们**讲述**斯佩德的感受，而是这样写道：

> 斯佩德瞪着眼睛盯着她，他瘦削的下巴快要掉下来了。他把胳膊收了回来，从她的怀里挣脱出来。怒视着她，清了清

喉咙……斯佩德尖声冷笑道："哈！"走向装有米色窗帘的窗户。他站在那里，背对着她，透过窗帘看着院子，直到这个女人朝他走过来。他快速转过身，走到书桌前，坐了下来。他把胳膊放在桌子上，下巴抵在双拳之上，看着她。他眯起的淡黄色的眼睛闪烁着光芒。

讲述太多会很无聊……

关于无聊的讲述，下面的一则例子来自一位畅销书作者。书中第二段是这样写的：

> 她关心爱护他人，做每件事情都很努力，用心守候着自己在乎的人，她行事优雅，总能给朋友带来惊喜，她美得自然，跟她在一起会很开心。

这一段有两个主要问题。

首先，这是单纯的叙述，既没有突出人物也没有推进故事情节。为什么没有呢？因为读者是在被动地相信作者的话，而不是作者费力气用实际行动向读者展示人物。

其次，这段内容叙述了一堆垃圾，没有一点必要的信息。把所有的一切都一股脑儿地倒出来，除了枯燥，再没别的了。

不能展示一切

试图展示一切的小说，最终会写出成百上千页，但其中大多数内容都很无聊。写小说的规则是，某个时刻越有紧张感，就越应该展示。请看下面这一段摘录：

> 唐每走一步脚上都像灌了铅，他走向洗手间，听到鞋在地板上发出咔哒咔哒的声响。他的指尖握着冰凉的门把手。他拧动门

把手推开门的一刹那，心扑通扑通直跳，像是受了惊的角马。一步，两步，三步，他走了进去。

如果唐是进洗手间去洗脸、想事情，然后接电话的话，可能就不需要写得这么详细。场景中不需要这些信息。你只需要写：

唐走进洗手间。

另一种情形，如果唐刚被一群坏家伙打了一顿，这个片段就需要一些紧张因素。

讲述，或叙述性总结，最好用于过渡。比如，从一个情节过渡到另一个情节的时候，我们不需要知道所有步骤。

唐从洗手间出来，拿起车钥匙，走出家门，往楼梯走去。他下了两层楼，打开通往停车场的大门，进入停车场，走向他的车。用钥匙打开车门后，他进入车里，把钥匙插进点火开关，发动汽车，倒车，换到自动挡，驶向街道。他出了停车道向右转，汇入了车水马龙中。第一个路口遇到了红灯，他停了下来。绿灯亮起，他继续开，最后到了酒吧门前。他减慢车速，在前门外面的路边停了下来。

我们不需要这些信息，除非在其中一个阶段发生了某些重要的事情。不然的话，这样写就行：

唐抓起车钥匙，10 分钟后，他在酒吧门前停下车。

使用叙述性总结进行过渡的话，要加快速度。一旦完成，就直接进入下一个场景。

展现情感

第一次倾诉情感的时候不要害怕，把故事和人物写到极致，你也可以在重写的时候修饰一下措辞。

人物情绪和情感

在恰当的时候表现人物的情绪和情感，可以帮助读者进入小说情节的体验过程中。

我所说的恰当时机是指情绪和情感的表达对情节发展很重要的时刻。如果你只是想让玛丽进入商店，这样写就很好：

> 玛丽疲惫地离开宴会，想要来杯双份拿铁。

但试想一下，经过长时间的争论，玛丽已经精疲力尽了，那会让她在开车的时候打盹。这时，你就应该展示而非讲述了。

> 玛丽快要睁不开眼睛了，她拍了拍自己的脸。**加油，只有10英里了。**

紧张程度可以帮助你决定何时展现人物的情绪和情感。按0～10级来分析场景，0代表毫不紧张，10代表紧张过度。（参见图8—1。）

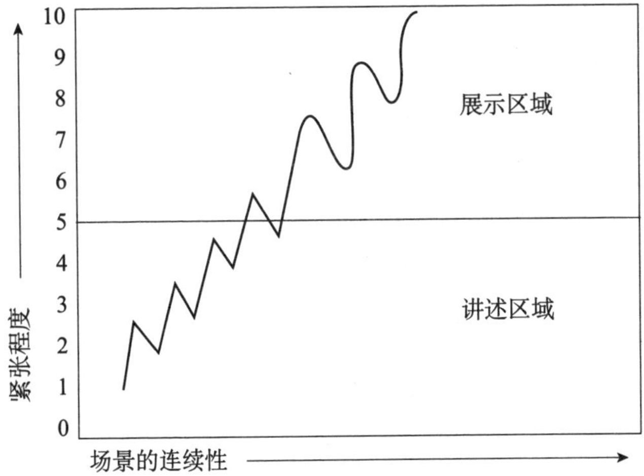

图8—1 场景的紧张程度

随着场景的发展，其紧张程度在不断发生变化。开始可能很弱，之后逐渐增强，或者开始很高涨，之后逐渐下降，又或者在强弱这两者之间以其他形式变化。

千万不要写出等级为 0 的场景。另外，在一本书中，最多只能有一两处可以达到 10 级。但是应该把所有的强度级别包含在内。

经验法则是：当强度大于 5 时，你就应该进行**展示**。一般而言，在此之上是展示区域，而在此之下则是讲述区域。

等你获得了更多的经验，你就能轻而易举地判断出场景的强度等级。

这些例子展现了人物的情绪，请看**动作、隐喻和对话**。

示例如下：

动作

- 她的下巴开始颤动。
- 他用拳头捶墙。
- 她把电话扔到了屋子的另一边。
- 他用手捂着肚子弯下腰。

隐喻

- 他瑟瑟发抖，就像地震时颤动的地面。
- 她的内心像针扎着一般。
- 他急得像热锅上的蚂蚁。
- 恐惧像蠕虫侵蚀着她的内心。
- 恐惧在她的心里膨胀。
- 她的大脑里闪过一道白光。
- 休克偷走了她的呼吸。
- 他的脊背感觉像是放了一根冰柱。

通过不断地尝试各种不同的方法，最终你会找到效果最好的那一个，一定不要期望第一次就能成功。

对话

人物的情感也可以通过对话呈现出来，下面是节选自海明威的小说《白象似的群山》中的片段，认真思考一下：

> “我陪你去，一直跟你在一起。他们只要注入空气，没什么大不了的。”
>
> “然后我们会怎么样呢？”
>
> “我们会没事的，就像以前一样。”
>
> “你怎么会这么想？”
>
> “这是唯一困扰我们的事情，唯一让我们不幸福的事情。”
>
> 女孩看着珠帘，伸出手抓着两串珠子。
>
> “因此，你觉得我们就会没有问题，就会幸福了吗？”
>
> “我知道我们一定会的。你不用害怕。我认识的很多人都这样做过。”
>
> “我认识的很多人也做过，”女孩说，“而且之后他们都很幸福。”

通过对话本身我们了解到了女孩的感受。我们知道女孩对他们未来的幸福并不乐观。

要点

- 你必须完全了解总结和场景的不同。
- 讲述最好用于快速过渡和不那么强烈的节奏。
- 展示最好用于强烈的节奏。
- 动作、隐喻最好用于展现强烈的人物情感。

练习 1 *

在下面这个片段中，找到**讲述**的部分，并试着将它们改写成展示。不用担心“正确”答案。因为没有正确答案，每种方法都有自己的特点。练习的目的在于帮助你识别出总结，让你开始思考怎样才能使文章的表现力更强。

唐走进酒吧。那个地方的味道实在难闻，时刻提醒着他自己有多沮丧。一只小狗朝他大叫，吓了他一跳。他踢了狗一脚。

“你好大的胆子！”一个女人喊道。她看起来很威风的样子，坐在桌子边上，牵着狗。

唐告诉她要管好自己的狗，然后这个女人就把酒吧的服务员叫了过来。服务员走过来要求唐离开酒吧。

练习 2 *

把下面的片段转换成展示的动作节奏：

约翰生气了。

约翰很悲伤。

玛丽走进房间，疲惫不堪。

玛丽严厉地斥责约翰。

9 声音与风格

在小说创作技巧所涉及的各个方面，声音和风格这两个方面几乎是只能意会不能言传的。因为对于任何一位作者来讲，这两个方面都是（而且应当是）独一无二的。当你敲击键盘，把构思变成字母，把一个个字母编织成故事时，声音和风格就隐身其中，起着点石成金的作用。

如果声音和风格跃出纸面，大喊“看着我”，读者将无法体会你叙述的故事。

这就是为什么在你讲故事的过程中，声音和风格最好是自然地呈现出来的。合理安排好写作技巧的基本要素，让声音和风格有机地融入其中，这就是你写作的目标。

所以，尽管我们不能硬性规定必须遵守的声音和风格，但你可以做些力所能及的事情来形成自己的特点。本章就是为了帮助你找到对于声音和风格的感觉，并提供一些技巧，有助于你在写作中好好运用。

声音与风格有何区别呢？我是这样看的：

声音是你写作时最基本的处理手法，贯穿在你所用字词的发音，所用句子、段落以及篇章的语气中。

风格是声音的整体应用，它是读者随着故事的展开而得到的一种整体感受。

下面的技巧和练习将对你的写作很有用处。你不必在落笔时挖空心思地字字斟酌，尤其是在初次下笔的时候，尽管总有人建议那么做。

找到自己的声音和风格

马克·吐温的作品有着自己独特的声音。这源自他敏锐的观察力和对人性的辛辣批判。同时，他有一种能把文字串联起来让我们自嘲的能力，有时候笑完了还会觉得有些不自在。

威廉·福克纳有自己独一无二的写作声音，迪恩·孔茨也一样。事实上，因为孔茨在写作中不断尝试新的东西，近年来他的写作声音已经有了明显的变化。在此希望大家都能有所改变。没有必要老是一遍一遍哼着同一个曲调。

当然，作家们也是风格各异的。你永远不会把福克纳的风格当成孔茨的，也不会混淆了海明威和丹尼尔·斯蒂尔的风格。

那你的独特之处在哪儿呢？

我们一起找一找吧。

阅读

显而易见，作者也应该是读者，而且不应限于只读一种类型的小说，应该阅读各种类型的小说。

你读到的所有东西都会自动添加到你大脑的记忆库里面，这会让你在写作的时候有更多的选择。

有些作家在自己写作的时候不喜欢读东西，担心其他人的声音会渗透进自己的作品之中。

小说家琳达·霍尔则不同意这种看法：

> 我不明白为什么有人会说你在写作的时候阅读会让你“失掉

自己的声音”。在我看来，那就像是在说，你会丢掉个性或一部分性格一样，这是不可能的，至少不会轻易发生。我从不担心会失掉自己的声音，当我写作时，即使读一些与我自己的风格截然不同的东西，我的声音依然是我的声音。在参加作家座谈会时我曾提出过这个问题，并给出了我的最佳建议，那就是一直阅读。不要害怕丢掉自己的声音，更不要停止阅读。

小说家阿瑟尔·迪克森也不同意这种看法：

会失去的声音开始就不应该是他们的声音，而是他们有意制造出来的别的东西，就像有人会故意制造一些意外，以为这会让自己看起来更加有趣。真正的声音会自然而然地从你的笔端流淌出来。换言之，我的确也会从其他作家身上学到许多创作手法，既有正面的例子又有反面的例子。然而创作手法无关声音的形成，它只是把你已有的声音调教出来。声音的形成就是停止尝试，而任由其从笔端流露。

顺其自然

从一开始就让你的声音自然地流诸笔端，而不是费尽心思地琢磨最佳措辞，这就是形成声音的方法。当你嗒嗒地敲击键盘文思泉涌时，你会发现如果有意而为，反而可能写不出这么好的东西来。

有的小说家写完一页，就会停下来反复修改，直到自己满意为止。然后开始下一页，周而复始。这种做法看起来有些疯狂，但很适合一些人。

你可以把每天写的东西打印出来，随身携带着，一有时间就拿出来读读，而不是一有时间就用手机上网。你想成为一个作家，不是吗？

从第一人称转为第三人称

想听点颠覆性的建议？试着把视角从第一人称转为第三人称，或者用一部分手稿来试一下。甚至可以在初稿的时候使用第一人称，一旦形成了你自己的声音，就可以转为第三人称，并保持这种声音。

就以下面这个章节来说吧。以前我写小说时常以第一人称开头，此处是一小段：

> 八月的一个周五，烈日炎炎，我最后一项任务是拜访西贝尔长官。周一我们将全部返回参加结案陈词，我用了整整一个周末的时间想了几个好点子。如果想让卡洛斯·门德斯对我公平一些，我必须做得更好。
>
> 其实卡洛斯心里是有负罪感的，我可以表现得浑然不知，但那样对卡洛斯没有用。他还是会那么想。他的家族史上曾经有人做过不光彩的事情，这毋庸置疑会对他产生一定的影响。
>
> 我驾驶着我的老爷车前往我在卡诺加公园的办公室，这辆老爷车是一辆老式的凯迪拉克。说它是老爷车是因为它有着辉煌的过去。它从里根当政时开始服役，历经多次大修。五年前我在一个警方拍卖会上买下了它。它的主要优点就是体积大，如有需要我可以在里面睡觉。当我在如那些被宠坏的好莱坞顽童那样噘着嘴闹脾气的年纪，我会怀疑自己将来某天会无家可归。
>
> 到目前为止这种事情还没有发生。在州律师协会的律师援助计划帮助下，可能不会发生这样的事情了。律师援助计划是用来帮助律师们解决滥用药物的问题的。我已经有一年时间不去碰可卡因之类的东西了。并不是说我就不想碰它们了，尤其是在那些难眠的夜晚。

几个原因促使我决定把本书的视角改为第三人称。之前我已经写了大约一万字，也形成了自己的风格（第一人称全是关于态度的），但就算改成第三人称来叙述，我也能保持风格一致。

> 八月的一个周五，烈日炎炎，史蒂夫的最后一项任务是去拜访西贝尔长官。周一他们将全部返回参加结案陈词，史蒂夫用了整整一个周末的时间想了几个好点子。如果想让卡洛斯·门德斯对他公平一些，他必须做得更好。
>
> 史蒂夫也希望这能让他有时间好好睡一觉。
>
> 其实卡洛斯心里是有负罪感的，史蒂夫可以表现得浑然不知，但那样对卡洛斯没有用。他还是会那么想。他的家族史上曾经有人做过不光彩的事情，这毋庸置疑会对他产生一定的影响。
>
> 史蒂夫驾驶着他的老爷车前往卡诺加公园的办公室，这辆老爷车是一辆老式的凯迪拉克。说它是老爷车是因为它有着辉煌的过去。它从里根当政时开始服役，历经多次大修。五年前史蒂夫在一个警方拍卖会上买下了它。它的主要优点就是体积大，如有需要他可以在里面睡觉。当史蒂夫在如那些被宠坏的好莱坞顽童那样噘着嘴闹脾气的年纪，他会怀疑自己将来某天会无家可归。
>
> 到目前为止这种事情还没有发生。在州律师协会的律师援助计划帮助下，可能不会发生这样的事情了。律师援助计划是用来帮助律师们解决滥用药物的问题的。史蒂夫已经有一年时间不去碰可卡因之类的东西了。并不是说他就不想碰它们了，尤其是在那些难眠的夜晚。

对我来说，第三人称叙述更有亲切感。你来做一下第一人称和第三人称转换，也会有同感的。它可以使文章更贴近故事的角色。

只要写几个章节，你就能感觉到正在形成自己的风格。只是别忘了改一下人称代词。

> 人类大部分的活动都有正误两种方式。而在写作中，不管你是一本正经想做一个唯美主义者，还是坦白承认自己写作是为了挣钱，你只需有一种自己的风格。
>
> ——杰克·伍德福德

模仿你最喜欢的作家

努力地学习形成自己的声音和风格，似乎是与写作的直觉相违背的，而事实上，我们写出的东西是我们阅读的结果，我们已经受到了我们所喜欢的作家的影响。

只要不去抄袭他们的作品，模仿一下你最喜欢的那些作家也未尝不可。

每当我读到自己喜爱的一部作品时，我会把喜欢的段落标出来，可能是一段对话，可能是一个贴切的描写，或是一个扣人心弦的场景。看着自己的手稿，如果发现某些地方有所欠缺，我会重新阅读一下相关段落，让作者的风格来滋润我。

这会使我的大脑切换进入一种新的模式，也就是说，我可以在一种新的高度上重新审视我的作品。

例如，阅读约翰·D·麦克唐纳的书，我会去品味他那种“散文中夹杂魔幻，诗歌里略带平淡”的风格。下文选自他的特拉维斯·麦基风格推理小说《暗比琥珀》（*Darker Than Amber*），我读的时候会把这样的段落标记出来：

> 她缓缓地坐起身来，逐个打量了我们一番。她那双黑色的眼睛像是两个深邃洞穴的入口，里面空无一物，或许以前有过吧。后面是累累的白骨堆在那儿，墙上胡乱涂抹了些什么，地上是燃烧过后的白色灰烬。

此处的寥寥数语比大段的白描更能让我们理解角色，这便是细致入微的生动描述给小说带来的效果。

现在你也开始收集自己喜欢的段落吧，在笔记本里摘抄下来，供自己学习。定期地读一读，让那些精妙的词句好好浸润你的大脑。

阅读诗歌

有些作家，比如雷·布莱伯利，喜欢在开始一天的写作任务前读上几首诗。正如布莱伯利在《写作艺术中的禅》（*Zen in the Art of Writing*）中说的那样：

> 诗歌的好处在于它可以放松那些你不常活动的肌肉。诗歌能增强我们的感官功能，并能使其保持最佳状态。

从哪里着手？

诗歌无处不在，你很快就能够找到自己喜爱的类型。比尔·莫耶斯的《文字游戏》（*Fooling With Words*）是个不错的入门选择。书中记录了他和 11 位当代诗人对他们创作方法的探讨。

就像莫耶斯指出的那样，诗歌首先是音乐，聆听“精心组合的绝妙词句”来获得一种快感。

你可以自己选择诗歌试一下，聆听一下那种音乐。

在修改你手稿的某一部分之前，也不妨先读读诗歌。不是要复制诗歌本身的风格，而是让那些文字拓宽你的视野。

另外你可以尝试一下把一段描述文字改写成一首诗。可能会出现如下情况：

> 乐队指挥打着节拍，表演者都跟着他的节奏，
> 孩子在接受洗礼，皈依的人在进行首次宣誓，
> 划船比赛在海湾里隆重举行，比赛已经打响，（白帆闪闪！）
> 赶牛人盯着他的牛群，不时用如歌的号子归拢那些离队的牛犊，

小贩们背着大包货物，汗流浃背，（和围上来的顾客为几分零钱讨价还价，）

新娘抚平她白色的裙子，时钟的分针慢慢移动，

吸食鸦片的人支着僵硬的脑袋斜躺着，张着嘴，

妓女拖着披巾，一顶帽子随着她醉意踉跄的脚步在那满是丘疹的脖子上方来回颤动，

人群不时对她的下流脏话哄堂大笑，男人们起着哄，互相挤着眼，

（好惨！我可没有嘲笑你也没有起哄你。）

主持内阁会议的总统，被部长们团团包围，

广场上，三个女警挎着胳膊，昂首阔步而过，庄严而不失礼节……

——沃尔特·惠特曼：《自我之歌》（*Song of Myself*）

接下来，试着把这首诗重新改写成散文，当然，只是练习，而不是要发表！比如，下面这几句诗出自斯坦利·库尼茨的《层次》（*The Layers*）：

面对失去的盛宴，

心何以平复？

狂风大作，

朋友如狂躁的尘埃，

一路摸索前行的人，

刺痛我的脸。

可以采用这些关键词——**失去的盛宴、心、朋友如狂躁的尘埃**——从你自己或你创造的角色入手，展开叙述。按照你自己的意思遣词造句，根据个人喜好适当调整。不过要尽量使文风相似。不用去管意思。把诗歌改写成散文的练习可以拓宽你的视野，影响你的风格。

> 有一天我恍然大悟：写作不只是把想法记录下来，它还要记录声音。那些文字所形成的旋律会促进思想的传递，也可能阻碍思想的传递，或使其进入一个完全不受主谓结构限制的新天地。当我们遇到好的作品时，头脑中会有一个小人儿给我们朗读那些文字。而在伟大的作品中，那个小人儿会把那些文字的声音连贯起来，唱成歌。
>
> ——汤姆·莫里西

写长的流水句

另一种有用的练习是至少写一页的长流水句，想到什么写什么，唯一需要遵守的是**不要回头修改**。

威廉·萨罗扬写过一本《讣闻》(*Obituaries*)，书中全是流水句，大部分内容是对生与死的反思，例如：

> 我喜欢活着，但早期有段时间我曾颇为厌世，我对自己的生活方式也不喜欢，或者以为不喜欢，就像是在奥克兰的孤儿院里，当然有段时间我感觉活着没有什么特别的快乐，同时也感觉没有什么特别的失落——当然这种感觉不是因我自己而起，因为我拥有一切，根本没有理由对我要面对的时间、我要面对的世界和我要面对的人，说什么长道什么短。

如果你经常这么做，你会发现“平淡无奇的诗歌”也有金光闪闪的精华，可以用在你写作的不同阶段。但这样的发现是在大量的练习之后才有的。第一次进行练习的时候，让你的文字自然流淌出来就好。

下面是我在习作日志里写的一些长流水句。我没有听从大脑里那个内置编辑器的话停下来，而是一路写下来：

> 他头上顶着一个丰田车那么大的帽子，用塑料泡沫做成，发

红的脸和踉跄的步伐让他看上去像是刚吃完饭的一个醉汉，他边在街上走着边吹着口哨，仿佛暴风中吹奏起的一根古老长笛，当他停下来环顾四周时，他就像跳出玩偶盒的小丑，那颗头弹力十足，两只眼睛宛如一对玩具水枪，闪着挫败的泪光……

我从来没有在小说中描写过这样的形象，只是把它们写出来，练习我的写作声音和风格。

明喻、暗喻和惊喜

《夏日之石》（*The Stones of Summer*）的作者道·默斯曼声称，他将这部大部头小说里的每一页都视为自己的诗作。自然，里面充满了明喻和暗喻。

他站在门口，斜倚在双层玻璃门的木头门框上，一声不吭，一回头，目光几乎是呆滞的，比去年更加无神，像个不能再到外面水域里去游泳的爬行动物。

呆滞的眼睛像爬行动物，不会游泳。这些称得上惊喜，而且符合整部小说的基调。做到这两点，明喻和暗喻就算是极致了。

那么怎么寻找这些具象呢？

列一个清单，最上面写你要写的主题。在上面的例子中，**呆滞用来形容眼睛**，呆滞得像什么呢？

列出你所能想到的各种具象，不用去管它们有多么荒谬或牵强。走出你所熟悉的领域，迫使自己想出 20 种可能性，总有一个能派上用场。

如果不奏效，再列个清单。这样你就能写出精彩生动的描述。

另外一个风格技巧是创造**意外之喜**。可以是个出乎意料的词，也可以是旧词新用。

罗伯特·牛顿·佩克通过让名词取代形容词，为小说《不杀猪的一天》（*A Day No Pigs Would Die*）创造了一个意外之喜：

> 她比 8 月份时胖了。
>
> 整个天空都是粉红色和桃红色。

有时候你应该跳出窠臼，不受文法束缚，就像佩克那样。这样做后你会有很多惊喜的发现。

你还可以采用熟悉的表达方式，并加以升华。想到什么词就写下来，不管这些陈词滥调有多么老套，然后找到让它们鲜活起来的办法。

比如你这样写："她很漂亮"。然后就开始润色修改，不停地增改词语。或许你立刻就能想到这一句陈词滥调："她看起来像 100 万美金"。

哈兰·艾里森意识到了这一点，在结尾处写道："她看起来像是免税的 100 万美金"。他只是简单地添了一个词，就让这个表达焕然一新。找寻诗歌、音乐和各种意外之喜。去想各种可能性，无须判断，只管坐下来挑选最好的。当你的文章的风格达到一种新的高度时，这些附加的工作就都是值得的。

简约主义?

20 世纪末，简约主义在多数大学的写作课程中风行一时。那时候，人们希望商业小说可以摒弃文章风格上的虚假和夸张，通常不鼓励使用形容词和副词这类修饰语。

在这种潮流下，简约主义的优势就凸显出来了。过多地使用修饰语可能让小说显得过于松散。

但简约主义者的理论也主张风格和主题要有一定的含糊性。如果你喜欢这种类型的小说，那很好。但它并非唯一的类型，简约主义也不总是成功。

在著名小说家雷蒙德·卡佛和詹姆斯·凯恩笔下，简约主义很好用。但是如果你不小心的话，写出来的东西就会显得矫揉造作，貌似“不存在的存在”（对格特鲁德·斯泰因的阐释）。

要取简约主义的精华，合理使用修饰语，二者并行不悖。并且，在修改时注意那些可能存在情感过度表现的地方。阅读是一段情感之旅，在你写故事时同样需要倾注情感，但是只要表现出来就好，不用大声喊出来。

写的时候热情似火，改的时候心平气和

一个不错的写作法则（电脑打字时代依然适用）就是写的时候热情似火，改的时候心平气和。不要总想把每个句子都写到完美再往下写，写的时候充满热情，趁热打铁，让故事的激情带着你往前走。

稍后，休息一下，改的时候头脑要冷静，平心静气。你可以看看自己前一天写的东西，修改一下，然后再完成当天的任务。或者一气呵成，充满热情地完成初稿，然后静下心来，从头修改。

创作的时候热情似火，趁热打铁。修改的时候头脑冷静，心平气和。

杂乱与松散

下面这一句话有什么不妥吗？

> 他点头表示同意。

如果你把这句话当成一种“冗余部门的机构”，那就对了。因为这句话就是行文松散的一个典型例子。

砍掉多余的表达（威廉·津瑟称之为“杂乱”）是个持续不断的过程。在这里没有规律，也没有放之四海而皆准的技巧。这是个经验与意愿的问题。请注意后面的那个词。能心甘情愿地删减自己写出来的东西，毫不留情，这是职业作家的一个标志。

编辑实例

下文是我的小说《父辈的罪孽》（*Sins of the Fathers*）选段的两个不同版本。第一部分是我的原稿，第二部分显示出了一些自我编辑的思维过程。

原始版本

先是跑来一群孩子。

林迪梦见他们几十个人在阳光照耀的田野里一边跑一边尖叫。这些惊慌失措的孩子，不知从哪儿冒出来的，有男有女，有的穿棒球服，有的穿着已经掉色的破衣烂衫，印象当中，像是狄更斯小说里的那种杀气腾腾、横冲直撞的场面。

是什么让他们如此恐惧？他们后面有些黑乎乎的东西，看不清楚。只有梦境中才有那种盘桓的幻觉，林迪不顾一切地寻找恐惧的来源。

有一片黑暗的森林在这块地的后方，和你在神话故事或噩梦里看到的差不多。

她朝着这片森林走去，好像知道是谁在那儿，也许他出来就能碰见。达伦·迪希尼会在那里，他手里拿着枪，在梦里林迪弯着腰以防自己被击中。

离得越来越近了，那些四散奔跑的孩子们的叫喊声在身后渐渐模糊。不用回头看，她也知道这一场景中会有一群警察在身后跟着。

她不知道是否应该提醒一下迪希尼，还是继续这样看着他？

他会跟她说话吗，还是她会跟他说？

黑暗的森林里有一种树，在晚上会变得非常活跃，树枝上疙疙瘩瘩，树干上盘根错节。那正是恶魔居住的地方。

林迪并不想进去，可又情不自禁。

这时，有一个黑影从森林深处突然出现，他扑向林迪。

修改后的版本

先是跑来一群孩子。

林迪梦见他们几十个人在阳光照耀的田野里一边跑一边尖叫。这些惊慌失措的孩子，不知从哪儿冒出来的，有男有女，有的穿棒球服，有的穿着已经掉色的破衣烂衫，印象当中，像是狄更斯小说里的那种杀气腾腾、横冲直撞的场面。

~~是什么让他们如此恐惧？他们后面有些黑乎乎的东西，看不清楚。~~[脆弱的句子结构，再仔细考虑，检查一下“黑乎乎”这个词。我经常用到它！]只有梦境中才有~~那种盘桓的幻觉~~［令人费解]，林迪不顾一切地寻找恐惧的来源。

~~有~~一片黑暗的森林在这块地的后方，［一般说来，句子以“有”开头显得较为脆弱。再仔细考虑。]~~和你~~在神话故事或噩梦里看到的差不多。[在某些地方，像这样使用“你”是非常有效的，但是过度使用就不好了。再仔细考虑。]

她朝着这片森林走去，~~好像知道是谁在那儿，~~[不合适。]也许他出来就能碰见。~~达伦·迪希尼会在那里，他手里拿着枪，在梦里林迪弯着腰以防自己被击中。~~[看看我是否能加强这一表达的形象化程度，使其更有吸引力。]

离得越来越近了，那些四散奔跑的孩子们的叫喊声在身后渐渐模糊。不用回头看，她也知道这一场景中会有一群警察在身后跟着。

~~她不知道是否应该提醒一下迪希尼，还是继续这样看着他？~~[紧缩句子。]

他会跟她说话吗，还是她会跟他说？

~~黑暗的森林里有一种树，在晚上会变得非常活跃，树枝上疙疙瘩瘩，树干上盘根错节。那正是恶魔居住的地方。~~［再仔细考虑。“黑暗的”一词再次出现。］

林迪并不想进去，可又情不自禁。

这时，［不需要的冗词。］有一个黑影从森林深处突然出现，他［我们如何知道是他?］扑向林迪。

要点

- 声音和风格应当随着故事的发展自然而然地形成。不要生硬地去追求。
- 阅读多种多样的文学作品，包括诗歌，以扩展你的风格范围。
- 写作的时候，你的情感描写得越少即是越多。第一次出现时，让它自然流露，但在修改时可以让其收敛。写的时候热情似火，修改的时候头脑冷静。

练习 1

这儿有娜塔莉·戈德堡的一条建议：选择你作品的一部分，通常是描写性段落（包含情节和人物），做一个无固定形式的扩展练习。

如果初稿打印出来了或在电脑上，那就做个标记，例如在字母 A 上打个括号。

然后拿出一张白纸或者打开一个新文件，在顶端写上（A），开始尽情发挥你的想象。不要自己审校，也不要试图让它成为什么佳作！你要的是人物形象和深刻见解，就当是写篇开发右脑的长篇废话吧。

我的意思就是这样。下面是从我的写作日志里选出的一部分：

真实的闹市区，一排排商铺，精品屋、五金店、鞋城、古玩铺、书店等一应俱全。尽管星巴克咖啡店少不了，但这个地方目前还没有沃尔玛。他进去给自己点了一杯浓缩摩卡。午后的阳光很温暖，开车回洛杉矶要很长时间。

他在四周转了转。小镇看起来很美，有一家墨西哥烤肉店、一家卡乐星汉堡店、一个保龄球馆，还有一个宽银幕剧院。布拉德·皮特的最新电影和几个青少年喜欢的恐怖片一同在上映。

在练习中，我随机选了两个地方：

真实的闹市区，一排排商铺，精品屋、五金店、鞋城、古玩铺、书店等一应俱全。尽管星巴克咖啡店（A）少不了，但这个地方目前还没有沃尔玛。他进去给自己点了一杯浓缩摩卡。午后的阳光很温暖，开车回洛杉矶要很长时间。

他在四周转了转。小镇看起来很美，有一家墨西哥烤肉店、一家卡乐星汉堡店、一个保龄球馆，还有一个宽银幕剧院。布拉德·皮特的最新电影和几个青少年喜欢的恐怖片（B）一同在上映。

现在开始这样写：

A

一个绿色大怪物，触角遍布全世界，可以触及任何一个小镇、城市和家庭，需要一个巨大的殿堂。咖啡机嗡嗡的声音不正是现在这个世界所需要的么？甜蜜的嗡嗡声。

B

呵呵，青少年恐怖片，就是那种靠最近电视上很火的明星撑起来的让他们的大银幕处子秀成为完全浪费胶片的电影总是用丰满火辣的影视尤物当海报就像跟文化没多大关系的帕里斯·希尔顿拍的那些一样很快成为垃圾，她的名字我不用说你也知道，是吧？

我知道这很奇怪，反正不是要发表的。上文简短的几段说明远远不够。但我要的就是一块有待切削打磨的美玉，让我可以雕琢，使其形成风格。

练习 2

现在来读下面几段选文。每段读上四五遍，大声朗读一遍。然后试着用同样的声音写上一页，按照你自己创建的故事情境去写。每当写完一页，把它压缩为单独的一段。

如果你可以坚持，这些都是宝贵的经验。

> 现在知道了吧，伯灵顿？只消几眼你就能看到那个让人无法忍受的致命的真相：所有深沉的、认真的思考都是来自灵魂的勇敢和努力，要保持她那片空旷、独立的大海；然而，天地之间所有最狂野的风都在密谋把她抛向充满谎言的奴性的海滩。
>
> ——赫尔曼·梅尔维尔：《白鲸》

> 燃烧也是一种快乐。
>
> 看着东西被吃掉，看着东西被熏黑被改变，也是一种特别的快乐。他把黄铜的喷嘴握在手里，那条巨蟒把它的毒液一样的煤油喷射到这个世界上，热血涌上他的头，他的手挥舞着，像一个卓越的指挥家，指挥着所有烧与灼的交响乐，将历史上所有的断壁残垣和前朝灰烬都烧光。
>
> ——雷·布莱伯利：《华氏 451 度》（*Fahrenheit 451*）

> 如果你确实想知道，首先你可能想知道的是我在哪儿出生、我的糟糕的童年是什么样子的、我的父母在我出生前干些什么、所有像大卫·科波菲尔那样的破事儿。但我老实告诉你，我不想

说这些。

——杰罗姆·大卫·塞林格：《麦田里的守望者》

但是然后他们就像疯子一样，跳着舞沿街而下。我跟在后面，我这辈子一直喜欢跟着让我感兴趣的人，因为在我心中，真正的人都是疯狂的，疯狂地生活、疯狂地说话、疯狂地得救，同时又渴望一切，那些人从不疲倦，从不讲平凡的东西，而是一味地燃烧、燃烧，燃烧起来像绚丽的黄色罗马蜡烛，炸开来像蜘蛛爬过天空，繁星点点，在这中间，你看见爆裂声中发出蓝色的光，人们都发出"啊"的惊叹声。

——杰克·凯鲁亚克：《在路上》（*On the Road*）

最终，万物化一，河流其间。河因大洪灾而减流，河流岩上，亘古而始。岩上著千年之雨，岩下为其所留千言。

吾为水而逐。

——诺曼·麦克林：《大河恋》（*A River Runs Through It*）

周六，凌晨两点半，洛杉矶，乔·卡彭特醒来，紧紧抓着一个枕头贴在胸前，在黑暗里呼唤亡妻的名字。他自己那种痛苦的、揪心的声音，使他从睡梦中惊醒。梦的面纱不是突然掉下的，而是颤抖着，像阁楼上的灰尘因为房子随地震摇晃从椽木上掉落。

——迪恩·孔茨：《惊骇内幕》（*Sole Survivor*）

10 背景与描写

毫无疑问，背景就是故事发生的地方。

描写则是指你如何把背景用文字展现得栩栩如生、怎样把人物在背景中突出出来。

你应该创造出这样的背景：让读者觉得他们仿佛正同小说中的人物一同身处场景中。

这也是编辑和读者们一直所期望的。他们不禁会要求你："让背景活起来。我想看到活的背景、嗅到背景的味道。我希望更近距离地了解每个人物，和他们有私密的接触。我认为你可以做到。"

是的，你可以。

选择一个背景

关于背景，这里有个诀窍：把它视为你书中的另一个人物。让这个背景具有产生冲突和紧张情节的可能性。要反复斟酌这些活动，让其产生影响。

还记得斯蒂芬·金的《闪灵》里的那个"瞭望酒店"吗？那是个怪异之地，冬天关门停业，简直像住着幽灵一般。四周雪海茫茫，而大雪这个背景在后面发挥了很大的作用。

你应该对描写的背景了如指掌。如果那里是你从未去过的地方，你就必须得做一番调查研究了。

即使你对自己写的地点非常熟悉，也万万不能掉以轻心。我写的故事大部分发生在洛杉矶本地，因为这是我出生的地方，但我仍想去那些地方实地走一走，拍些照片，把我的感觉记录下来。

当你对一个地点进行研究时，应该运用你所有的感知能力。首先准备一个清单，然后随时填写。可以设置类似的问题：

- 这里的天气怎么样？
- 对市民有何影响？
- 这里最突出的建筑或最显著的特色是什么？
- 这个地方闻起来有什么味道？
- 这个地方目前都有哪些种类的动植物？
- 这里的日常生活是什么样的？
- 通过房屋能看出什么样的人住在里面吗？
- 这个地方看起来如何？在这片区域的不同地方你能听到什么？
- 它们的独特之处是什么？

它们全都可以成为你书里生动的内容。一个独立书店是个收集当地内部信息的好地方。这样做可以一举两得：既可以介绍自己的作者身份，又能与店老板建立一种职业上的联系，了解一些有关小镇历史和近况的故事。

读一读当地的报纸和寻人启事，到商会里问问游客信息，收集电子邮件里的联系人信息，这样你可以在遇到后面的问题时游刃有余。

利用诸如谷歌地图这样的资源，提醒自己注意当地的布局、特点和路况。在奥森·斯科特·卡德的小说《帝国》（*Empire*）里，他几乎只借助谷歌地图就知道了街道和场地的详细资料，甚至还为当地虚构了一座水库。

生动的细节

生动的细节指的是以独特的手法描写那些转瞬即逝的动作情节，这种描写能让一个地点或角色立刻变得逼真起来。

在《描写》（*Telling Detail*）一书中，小说家莫尼卡·伍德写道：生动的细节出现得“很突然，源自无意识，告诉你需要了解什么东西……并且专门来展示你有意识的写作本身”。

你也可以寻找出许多细节，列出清单，然后从中选出最好的细节描写。

当细节描写自然地穿插到故事的叙述当中，也就引领读者进入了一个故事世界。这使得小说创作的梦想能够很快实现，同时也是每个小说家的目标。

如果缺乏细节描写，故事不会丰满。对读者来说，因为无法搞清楚那些细节上的东西，有些东西似乎就会丢失，读书的体验就不会那么深刻了。

我曾有过一个学生，他写的是一部历史小说，在第一章就介绍了许多情节。故事发生在16世纪，地点是荷兰。然而所有人物活动却几乎没有一点具体的细节，具体的时间和地点也不明确。这样的故事几乎可以发生在任何地方、任何时间。

补救措施是地点要精心选择，细节内容要叙述生动。在我的历史小说《天堂一瞥》（*Glimpses of Paradise*）中，第四部分的背景是1921年的洛杉矶，兹·米勒是一位非常有追求的女演员：

> 兹·米勒在灯柱前停下来，假装在手提包里找东西。她在空荡荡的包里戳来戳去，仿佛在找某个东西。然而事实上，她的眼睛却一直盯着角落里的一举一动。
>
> 杂货商把早上要卖的货摆到人行道上，一边工作一边吹着口

哨。兹一边注视着一边听。她的目光不时落在两个橙子上，它们在清晨阳光的照射下显得格外鲜汁欲滴，上面是一堆刚刚卸下的柠檬。

杂货店的前方有窗户指示牌——**康乃馨牛奶，每罐 11 美分；烘焙咖啡，每包 2 磅，40 美分；宾虚肥皂，每块 5 美分。**哪一个她都买不起。全是奢侈品。哦，不过这咖啡确实听起来不错。

兹假装更仔细地看着袋子，仿佛在袋底寻找一角的硬币。事实上她身无分文。但她假装成这样，告诉自己最好装成一个在家遇到点困难的少妇，比如玛丽·璧克馥就是这样找硬币的。她那睁大的眼睛和眉头紧锁的样子，更突出了她那担心的表情。

兹知道市场就在靠近花城的第九大街，是市中心最繁忙的市场之一。从十字路口穿梭而来的购物车辆中，很大一部分是来自洛杉矶的女性——她们来自洛杉矶高地和伊利森公园的上流社会；还有来自东洛杉矶河的勤劳主妇们；做家政服务的都来自亚当斯街宅邸。格兰岱尔市和霍桑市的未婚女人们搭乘电车来到电话公司或者速记公司工作。

那些曾经受到挫折的人，会对社会等级产生抗拒，因为他们都有自己的伤心往事，有的由于不可避免的事情发生，有了偷盗或逃避租金的犯罪记录，还有的人在嫖娼时被抓住……她穿着一件朴素的棕色外衣，皮鞋也是棕色，鞋带有些破损，还少了个金属圈。她的棕色衬衫正好在左臂下方有个洞，这迫使她把右侧转向杂货店。她不希望引起怀疑。

现在她的视线转向一箱苹果，杂货店老板开始吹着另一首曲子。兹认为杂货店老板吹的是《我们不愉快吗？》，当时这首曲子非常流行。

对于一本当代小说而言，对地域感的要求同样很重要。梭尔·施泰因在其小说《魔法师》（*The Magician*）的开篇写道：

从圣诞节开始一直在断断续续地下雪。近一个月来，当城里的男人们都忙于工作的时候，男孩子们就会手拿铁铲，三三两两地在街坊邻里的人行道上清出一条通路。你会看到一个不常见的老人，给人一种贫贱不移的感觉，手里拿着一把铁铲清扫台阶上的积雪，确保进出屋子的人可以平安通过。有时他还在私人车道上用吹雪机来清扫积雪，希望自己的妻子在下场雪落下之前从超市顺利返回。

通常当夜幕降临，交通不再繁忙时，小镇的橙色扫雪机就出现在路上，在车前灯的光柱照射下，雪依然簌簌落下。这些大路旁边，都有一堆堆山丘似的积雪，有的高达10～15英尺，每天在耀眼的阳光下融化一点点，然后重新结冰，形成的冰壳上又会有新的雪堆积。春天好像还没有到，不过随着融化的雪水浸入坚硬的土地，那些隆起的灰色积雪最终将会消失。

看，施泰因在这里并没有直接写**“扫雪机”**，而是用了**“橙色扫雪机”**，这叫作具体化处理。

将细节置于情节中

细节可以平淡无奇地展现出来：

镇上有个车马行，在木板铺成的人行道的尽头，旅行者可以将马寄放在那里。今天的小镇上熙熙攘攘，热闹非凡。

西部题材作家托德亨特·巴拉德在《烫熨斗》（*High Iron*）中写道：

朗尼甘把他的马拴在钱德勒的马厩里，告诉管马厩的人留心一下，找到一个买家，说完后他长臂下夹着他那外面包着雨衣的铺盖卷，走到板条铺设的人行道上，一双灰色的眼睛急切地看着

> 繁忙的大街，生怕丢失什么细节。

看看这些内容写得多么具体而简洁啊。马车行是“钱德勒的马厩”，铺盖卷是“包着雨衣的”。人行道不只是木头的，还是板条铺设的。巴拉德画了一幅画，但他是**通过动作情节和主人公的视角透露出来的**。因此，这些细节描写并没有让读者分神，它们都有自己的作用。

运用所有的感知能力

使用特定的颜色似乎能让背景生气十足。下文选自小说《敏捷的红狐狸》（*The Quick Red Fox*），这是约翰·麦克唐纳创作的以特拉维斯·麦基为主人公的系列小说中的一部：

> 她穿着一双平底凉鞋，鞋带是金色的。裤子是农牧神风格的，质地优良。她细长的脖子上围着一条绿色的丝绸方头巾，同她佩戴的唯一的珠宝完美搭配，这是一块像方塘一样大的绿宝石……

视觉和听觉不难实现。而嗅觉和触觉呢？甚至是味觉呢？这是没有充分利用的细节内容。在你读小说的时候，注意一下这些不同的感知能力。

记住发挥**双重任务**的原则，你的文字不能仅限于描述，还应加入心情和音调。

双重任务的一个典型例子就是查尔斯·狄更斯在《荒凉山庄》中的描写。开头如下：

> 煤烟从烟囱里冒出，在低空飘散，化作一阵黑乎乎的毛毛细雨，其中夹杂着一片片煤屑，就像飘荡在天空的鹅毛大雪——人们也许会认为，这是在为死去的太阳默哀……

> 到处都弥漫着雾。雾笼罩着河的上游，在绿色的小岛和草地上飘荡；雾笼罩着河的下游，在一排一排的船只间飘荡，在这个大而脏的都市河边的污秽间滚动，滚得它自己也变脏了。雾笼罩着艾塞克斯的沼泽，在肯德郡的高地飘荡。雾窜进运煤船的厨房，雾躺在大船的帆桁上，在大船的桅樯绳索之间盘旋；雾低垂在大平底船和小舟的舷边。雾钻进了格林威治区那些靠养老金过活、待在养老院火炉边费劲喘气的老人的眼睛和喉咙里……
>
> 哪怕雾再浓、泥潭再深，也还是比不上大法官高等法庭当天在天地鬼神眼中那种摸索和愈陷愈深的情景。在这些头戴白色假发的罪人当中，大法官是罪大恶极的一个。

这就引出了另一个建议：如果你描述天气，还应该有人物角色的反应。不要只是这样写：

> 那天烈日炎炎。杰克穿过街区去买一份报纸。

这样写会好一些：

> 那天烈日炎炎。杰克那被汗水浸湿了的衬衫粘在身上，他讨厌这样。

创造气氛

小说里的气氛就像给电影的评分一样——气氛烘托在背景里会起到作用，加深读者的情感。启示性的细节既能够引起读者瞬间的感动，又能得到读者情感上的回馈。

在雷蒙德·卡佛的《好事一小件》（*A Small，Good Thing*）中，开场白所建立的气氛在后续的故事叙述里慢慢渗透开来：

> 周六下午她开车去购物中心的面包店。在满是蛋糕图片的活页夹里搜寻一番后，她点了孩子最喜欢吃的巧克力蛋糕。她选的

> 蛋糕图案是装饰在零星的白色星辰之下的一架航天飞机和一个发射台，蛋糕的另一端有一颗红色奶油做的行星。他的名字叫斯科蒂，六个绿色的字母写在这颗行星下方。

注意那个**活页夹，每一页上**都有图片。这些都使得背景更加真实。蛋糕这个细节则创造了一种童年时期爱幻想的气氛，带着母亲的希望。斯科蒂的前途像宇宙一样无限远大。

因此，当他出车祸死亡后，这更让我们感到震惊。因为随他而逝的还有那么多希望。

合适的细节给予的回报，就是可以增强背景的最终影响力，甚至对整部小说产生影响。仔细想想唐·德里罗的《白噪声》（*White Noise*），其结尾就创造出颇具讽刺意味的悲伤，超市里的购物者在世界末日还尽量像往常那样：

> 我们就是在这里一起等待，不论年龄大小，我们的购物车里装满了颜色鲜艳的商品。人们排成长队慢慢在移动，心满意足，这给我们足够的时间去浏览货架上的小报。除了食物和爱以外我们所需要的全部东西都在这个报架上了。超自然和外星人的故事。神奇的维生素，抗癌药物，减肥疗法。对于明星和前人的崇拜。

能帮助你捕捉到气氛细节的一个技巧是**闭上眼睛的训练。**闭上眼睛，让你的想象力为你创造出细节丰富的画面，不可图快。体验一下吧。一直坚持到你的情感为自己所见而满溢。

之后开始写细节内容，仿佛你就是个正在现场报道的记者。随后，编辑和调整你的素材，渲染你努力创造的气氛。通过使用暗喻和明喻来增加意象。

努力创作出具体明确的语言，和玛丽·卡尔的回忆录《说谎者俱乐部》（*The Liars' Club*）一样具体的语言：

一些消防员身穿淡黄色雨衣，他们开始穿过隔壁的房间，布法罗医生粗大的手指又摩挲着我的斑点睡衣边缘，摩挲的方式就像老太太在廉价商品店里用手摸着纺织品，试试质量如何。

不要一下全说出来

初学写作的人，特别是那些写历史小说的人，往往容易对背景和描写表现过度。这可以理解，因为他们通常花费大量的时间进行研究，他们想把每一点信息都包括在内，认为这能吸引读者的兴趣，吸引他们进入故事。

但事实恰恰相反。读者对背景或细节本身并不感兴趣，他们总是关注人物角色。辛克莱·刘易斯曾经说过：“当我想了解亚速尔群岛时，我会阅读《国家地理》杂志，而不是去读小说！”

避免把描述内容全部堆到一起。当一次性给出所有的描述内容时，故事就又重新开始了。有时候，尤其是对一些开放式的背景，你可以进行相对全面的描述，通常在背景中对描述进行一定的“润色加工”是更好的选择。

这样做的方法就是从人物的视角进行描述，然后将细节用于增强气氛（又是双重功效）。

例如，在迪恩·孔茨的小说《午夜》里，小说的开头有个人物叫珍妮丝·卡普肖，她在晚上逃走了，并没打算活着回来。事实上，对于追踪她的可怕的东西，她做好了一切应对的准备。这里有几个段落，描述了她第一次看到那个追踪她的人。描述性的细节内容用了黑体：

有个人站在**20英尺高的岩石**上，俯视着她。珍妮丝抬头扫视了一眼，恰逢一阵薄雾飘过，月光下显出了他的轮廓……

有一会儿，她直接凝视着他，看着他的目光，她呆住了。月亮从后面照着他，在她的上方隐约可见，他高高地站在岩石上，一动不动，在他的右边浪花飞溅，他看起来就像是一个雕刻的石像，眼睛像宝石一样闪闪发光。

珍妮丝缓过神来，回到现实中，然后跑向公共海滩的入口——足足有一英里远。**窗口亮着灯的房屋**伫立在**陡峭的绝壁**上，俯瞰着小海湾……

人物描写

对人物背景的具体描写能带来这样一种错觉，即故事是关于一个真实存在的人的。它有助于消减疑问。虚构的梦想变得栩栩如生，接近真实的经历。

一个笨拙的办法就是对必要的背景加以渲染，就像下面这样：

曼迪・佩斯有时辗转难眠，有些事让她感到头疼。她在那些最微不足道的事情上也感到烦躁不安，诸如来访者对她家务管理的意见。在饭店里，她对该点什么菜拿不定主意，这常常令未婚夫抓狂。

斯蒂芬・金特别擅长这样的人物刻画。在他的故事《送货上门》（*Home Delivery*）里，他做得非常出色：

在约翰逊牧师来拜访之后，曼迪・佩斯有时就会失眠。在餐厅的桌子下，曼迪・佩斯发现一个污斑。曼迪・佩斯，以前是曼迪・沙利文，在点菜时常常让未婚夫杰克抓狂，她看着菜单犹豫不决，有时要花去半小时的时间讨论吃什么主菜。

“曼迪，为什么不掷硬币呢？”杰克要她尽力把选择范围缩小在红烧小牛肉和羊排之间，然后又不知该选哪个了。

注意这两小段里的所有特殊细节：

- 这名来访者叫**约翰逊牧师**。
- 引起她不快的原因是**一个污斑**。
- 位置就在**餐厅的桌子下面**。
- 她的婚前姓为**沙利文**。
- 未婚夫名叫**杰克**。
- 她总是**面对菜单犹豫不决**。
- 有时长达**半个小时**。
- 从杰克表现出的沮丧我们知道对话的真实性。
- 我们知道她在**红烧小牛肉**和**羊排**之间犹豫不决。

描写关键时刻

一部优秀的小说应该具有至关重要的时刻和令人难忘的背景。其中一个练习途径就是放慢节奏，写下那一时刻。只要有价值，就把它们都写下来。对每一个节奏都要全神贯注，就像丹尼斯·勒翰在《神秘之河》（*Mystic River*）里做的那样：

> 她深深地吸了一口气，又呼了出来："星期天凌晨 3 点，戴夫回到我们的公寓，身上带着别人的血迹。"
>
> 就这么说了。这些词从她嘴里飞出，进入了空气中。它们在她和吉米面前形成一道墙，然后出现一个天花板，他们身后又有了一道墙壁，两人瞬间被狭小的密室与外界隔绝开来，那一句话创造了这间狭小的密室。大街两旁的噪音销声匿迹，微风也停止了，塞莱斯特只能闻到吉米身上古龙香水的味道，脚下能感受到 5 月明媚的阳光照晒的台阶上的温度。

塞莱斯特的坦白是勒翰小说里的关键转折点。同样，没有描述的重点也不会被读者认可。勒翰用了整整一段来进行描述。他是用下面这样的节奏来完成的：

- 塞莱斯特思索着就这么说出来并进入**空气**中的词。
- 言语的作用是形成屏障，将人物角色隔离开来。
- 空间变得更加狭小——**一间小密室**。
- 另一个感官上不存在的细节（**噪音**和**微风**）。
- 留下的感官画面很是直观（**吉米的古龙香水**以及**阳光照晒的台阶**）。

从你自己的工作中，寻找一些关键时刻，放慢速度，集中精力描写详细内容和各种想法，使读者对重要时刻一目了然。

要点

- 明智地选择地点，就像它也是你的一个人物角色一样，然后开始你的研究。
- 运用所有的感知能力，寻找**生动的细节。**
- 用你的描写来创造气氛。
- 在描写人物的动作和观念时，还要把背景描写包括在内。
- 你容易把自己的所有信息一口气全说出来。这种方法不可取！
- 到关键时刻应放慢速度，努力找到正确的细节内容。这时间花得值。

练习 1

在你的初稿中选取一部分，对人物的背景进行介绍，并对其进行分析。你只是列出了其中的细节吗？

列出一张**具体细节**的单子，让背景看起来像是来自一个真实的人的生活。多花点时间，慢慢来。甚至做一些讣告之类的研究，留意一下这些讣告里的真实生活的例子，然后想方设法为你的人物角色创造类似的东西。

想出你能用到的更多细节性的东西。这种写作练习对你有许多益处。

检查一下你的清单，选择一两个包括人物背景的主题来练习。假如你还喜欢其他细节性的内容，找个合适的背景把它们改编成故事，因此，你不用一次就把所有的背景都介绍给我们。

读一下你初稿的前五页。

现在，给所有描写的细节性内容画下划线，再重新看看那几页。

● 你已经确定背景的感觉了吗？

● 你用过感官的细节（视觉、听觉、嗅觉、味觉还有触觉）描写吗？

● 那些画线的表述集中在一处还是“穿插”在全文里？

● 试着重写这几页，尽可能多地增加描述性的内容，越多越好，增加一定的诗意。使用所有的感知能力。

● 以编者的身份重读它们。保留有用的部分，剪掉其他多余的部分。现在读起来怎么样？

● 切记不是把细节性的内容堆砌在一起，而是选择最重要的生动的细节来介绍。

练习 2

写日志，只记录描写性的部分。每天的不同时间里把详细细节都记录下来。不论大事小事，尽最大可能观察和记录下细节性的内容。

稍后，利用这些细节，把它们转换为描述性背景。什么样的背景并不重要，只需把人物角色置于背景中，用诗意的语言进行描述。

练习 3

下面的这些描写都选自畅销小说：

恐惧像蠕虫侵蚀着她的内心。

她内心的恐惧感一下子表露出来。

她的下巴开始抖动。

恐惧在她的心里膨胀。

他的胸上仿佛凝结了一个冰球。

她的大脑里闪过一道白光。

休克偷走了她的呼吸。

他的脊背感觉像是放了一根冰柱。

选取下面的情感，开动脑筋联想一下与之相关的名词。如果你想给名词添加一个形容词的话，那就试一下。例如，**恐惧**这个词可能会让你联想到一端火花四射的电线。因此，**磨破的电线**可能会是一个选择。

恐惧__________ __________ __________

喜悦__________ __________ __________

愤怒__________ __________ __________

怨恨__________ __________ __________

渴望__________ __________ __________

震惊__________ __________ __________

现在，圈出每一组里你最喜欢的名词。写句子时，借助强有力的动词，把名词和表达情感的词组合在一起。

恐惧像磨破的电线一般，在他的内心四处蔓延开来。

把自己创作的素材收集起来，以备将来使用。

11 陈述

这一部分是关于**陈述**的，不长，尽管陈述这个概念通俗易懂，但也要注意：在叙述形式中如果过多地使用陈述这种方式，很快就会让你的故事陷入泥潭、动弹不得。

陈述是指必须对情节或人物这类重要内容做出解释的信息。比如，你的故事发生在一个小镇上，这个小镇举办一年一度的牛仔竞技表演。如果你正在创作的是非虚构纪实作品，那么你可以简单地给出解释性信息，如同维基百科那样给出直截了当的解释：

> 牛仔竞技是由墨西哥斗牛发展而来的。这个西班牙语词在字面上的意思是“包围”。牛仔竞技，往往会让人们头脑中浮现出这样的画面：灰头土脸的牛仔们在偏僻的竞技场上卖艺糊口。事实上，现如今专业化的牛仔竞技是个截然不同的运动项目。漫长的赛季在7月4日的那个周末达到高峰，以世界上最富盛况的牛仔竞技表演——专业牛仔竞技协会12月份在内华达州的拉斯维加斯举行的全美牛仔竞技总决赛——为结束。

但如果你正在创作一部小说，这样处理的话，就会使你的故事写作走进死胡同。巧妙处理陈述也是一个合格的小说家的标志。

那么，你怎样处理陈述才能让它自然流畅呢？

确定做什么以及谁来做

首先，应该弄清楚哪些信息是读者必须知道的，其他的则可以不予考虑。

的确，没有必要告诉读者所有的细枝末节。写作技巧的其中一个要素，就是要弄清楚哪些东西是应该省略掉的。阅读一本关于美国南北战争的小说，通常没有必要去了解贩卖奴隶的全部历史。因此，如何选择是关键。

其次，应该始终把陈述放在人物视角的语境之中。否则，你的表达手法将会影响故事的进展，把读者从“虚构的梦想”当中拉回来。不要在好几段的陈述之后，再从人物视角进行描写。相反，应随着人物在背景中的变化，把这些说明信息杂糅到行文中。请分析下面段落中的不同：

> 检验大楼位于缅因街上。它和其他的许多建筑物一起组成了市中心那令人印象深刻的天际线。这就是任何一个下午在街上都能看见那么多行人的原因。弗里斯比公园距离检验大楼有一个街区。1921 年海军上将海勒姆·弗里斯比把这块土地捐赠给了城市，以纪念他女儿和西班牙王子喜结连理。
>
> 厄尔·琼斯在街上走着，把这一切都看在了眼里。

下面的写法可能更好：

> 午后，厄尔·琼斯走出检验大楼，右转进入缅因街。他喜欢市中心，因为这儿有令人印象深刻的天际线和热闹非凡的街道。他喜欢在弗里斯比公园漫步，顺便向海军上将海勒姆·弗里斯比的塑像挥手致意。这位将军在 1921 年将这块土地捐赠给了城市，捐赠的原因是他女儿嫁给了西班牙的某位王子。

“谢了，伙计。”厄尔边走边说。

用对话表达

另一个获得必要信息的途径是通过对话。不过你必须要防止一个重大的错误，那就是仅仅在“一堆陈述”上加上引号，然后就以为大功告成了。如同下面这样：

“嗨，巴克，这儿在干什么呢？”

“有一个牛仔竞技表演。”

“真正的牛仔竞技吗？”

“是的。”

“唉，我对竞技表演知之甚少。”

“好吧，那我告诉你，”巴克说，“牛仔竞技是由墨西哥斗牛发展而来的。这个西班牙语词在字面上的意思是‘包围’。牛仔竞技，往往会让人们头脑中浮现出这样的画面：灰头土脸的牛仔们在偏僻的竞技场上卖艺糊口。事实上……”

不，对话不应该是这个样子。如果你回顾一下第 6 章就会发现，对话的一个重要特征在于它是真实地从一个角色转到另一个角色，而不只是把信息悄无声息地传递给读者的一种手段，如果你一直这样做的话，读者就会马上离开正在阅读的故事。

因此，在对话里进行陈述，要遵循下列步骤：

1. 确定哪些信息可以去掉。因为能够解释并不意味着必须要解释。

2. 确保对话中所包含的信息合情合理。

3. 每次在信息中增加一小部分陈述性的内容，而不是一次性增加全部的陈述内容。

“嗨，巴克，这儿在干什么呢？”

“有一个牛仔竞技表演。”

“真正的牛仔竞技吗？”

“是的。”

“唉，我对牛仔竞技知之甚少。”

“听说过斗牛吗？”

“当然。”

“牛仔竞技就是从那儿来的。”

“是吗？我还以为它只不过是一群灰头土脸的牛仔窜来窜去而已。”

巴克笑了笑：“不是的。如今它已是一项很受欢迎的专业运动了……”

假如你能够在对话中插入一些冲突，那就更好了。争论常常是把信息融入故事的一种好方法。

“唉，我对牛仔竞技知之甚少。”

“听说过斗牛吗？”

“当然。”

“牛仔竞技就是从那儿来的。”

“是吗？我还以为它只不过是一群灰头土脸的牛仔窜来窜去而已。”

巴克反驳道：“你知不知道那个矮胖子？”

“我——”

“你知道的还不如那个胖子多呢。假如你们一起去参加牛仔竞技，矮胖子会穿着T恤衫，上面写着**‘我和蠢货在一起’**。这是一项**专业运动**，这正是它真实的一面。”

又一个突如其来的变化

在第七章中，我解释了“第二章中的突然变化”。你可以考虑在写完第一章开始第二章的时候采用这个方法。

在书中接下来的章节里，仔细阅读每一章开头的段落，看你能否把陈述部分移到靠后的地方，或许你在写作的过程中可以零星地使用陈述的方式。一定要记住我的原则：**先行动，再解释。**

要点

- 陈述是给读者看的信息。但若是处理不好，会拖慢故事的发展。
- 没有用的内容都删掉。
- 每次删除一小部分陈述。
- 用对话将陈述“隐藏起来”。

练习 1

这是摘自维基百科的一个词条——“消防员”。创造一个志愿消防员的角色（男女均可），创建的另一个角色的性别要与之相反，并且对消防员的工作一无所知。写一个对话的背景，将下面的大部分信息都用于对话：

> 消防工作的三个主要目标分别是救助生命、挽救财产以及保护环境。消防这个工作向来困难重重。就其本身而论，安全操作所需要的技能，在通常的训练中就应该不断变化，并一直贯穿于消防员的整个职业生涯。消防员的工作与其他应急响应机构密切相关，尤其是地方和国家的警察部门。严格按照法律上的意义来

说，每一个火灾现场都是犯罪现场，除非经过合格的侦查员调查认证不是犯罪现场。然而消防员和警察之间的职责却常常发生重叠，比如证据搜集、现场保护、对第一位调查对象的初次询问以及证据链的保护等问题。

你暂时先把背景搁置到一边，等过段时间再回过头来修改它。看一下你是如何通过增加动作、描写和其他人物角色等来改进的。

这里没有所谓的正确答案，完全取决于你的创造能力。不过你还可以找一些与职业相关的其他信息（比如从维基百科等处查找），然后根据前面的步骤进行更多同样的练习。

练习再练习。

12 主题

电影制片人萨姆·戈尔德温曾说："如果你想传达信息，发个电报看看。"

这句话可以让人联想到**主题**这个话题。

有些作家厌恶主题，有些忽略它，而有些则在写作时牢记于心。还有一些人则是等小说完成以后，等待主题自然出现。

这些方法并没有对错之分。但是，这其中却有很多陷阱。

本章致力于帮助你避免这些陷阱。

主题是什么

主题只是一个**总体思路。**主题可以开门见山，也可以含蓄隐晦，但是到结尾时人们总是能感觉到这个故事要传递的信息。

著名的写作教师威廉·福斯特-哈里斯认为所有的故事都能用**伦理准则**与不同的价值观之间的斗争来阐释。福斯特-哈里斯风格的写作公式大致如下：价值观 1 vs. 价值观 2＝结果。

将作家自己的价值观代入其中就是这样：爱 vs. 雄心＝爱。换言之，在关于爱的道德观念与雄心的斗争中，爱胜出。如果要写一个悲剧，那么结尾就与之相反，雄心胜出。但最终我们都清楚哪种价值观是人们普遍能够接受的。

但是，主题是在故事的人物角色的活动中完成的，认识到这一点至关重要。观察人物角色和他们奋斗的动力，你就能够发现故事的主题。

理解这一观念——主题永远在人物角色的核心冲突中凸显——有助于你避免下列问题：

- 不真实、刻板的人物形象
- 说教语气
- 不够细致认真
- 陈词滥调

作家在写作之初就应该牢记主题，因为在写作中很容易出现上述这些问题。他们有时想要去“证明”自己的主题，并且所有的场景设置都依据主题而定。

因此要时刻牢记：**人物角色要先于主题。**

首先，应该设定故事的正反面主要人物和配角这些人物角色，然后在整个故事中安排他们的行动。在故事中，他们所代表的不同价值观应该发生冲突。把故事写下来，然后观察故事中人物角色间的斗争，故事要尽可能生动真实。

如果你脑海中有既定的主题，那么，就让它灵动如蝶之羽翼，让你笔下的角色栩栩如生。（如果写作过程中你想改变主题，会怎样呢？你真的可以尝试一下。）

你也可以像有的作家一样只关注人物角色和情节的处理，等待主题自然出现。这就像矿工进入漆黑一片的矿井时所用的矿灯一样，光线微弱昏暗。你在黑暗之中循着灯光，看看最后到底会怎样。

你应该多加思考的不是主题，而是角色之间的冲突。赋予人物角色对于价值观的理解与热情。把人物安排在冲突的背景下，让他们之间战争不断，如此一来，主题就会自然出现。

在电影《浴血金沙》（*The Treasure of the Sierra Madre*）中，沃

尔特·休斯顿扮演的老矿工告诉亨弗莱·鲍嘉和提姆·霍尔特这两个年轻伙伴淘金的秘密："你得知道怎么胳肢才能逗她笑。"

主题也是如此。你不该让它的风头盖过你的故事。

多条线索，抑或一枝独秀

主题就像元信息，是小说真正应该表达的唯一观点。不论你是否意识到，你的作品最终会展现这一点。

尽管一部小说会提供多条次要信息，但它只有一个元信息。例如，陀思妥耶夫斯基的《卡拉马佐夫兄弟》（*The Brothers Karamazov*）的主题就是"善良与公正是人类最崇高的美德"。当然，一部小说可以为读者提供大量的信息，例如，纯洁知识分子之不可得和自由意志之沉重。

但是，你最好不要让角色只体现单一的主题。他们应该是有炽热情感的真实人物。

你的工作就是展现这些强烈的情感。在构思作品时，要留有足够的空间让主要人物去发声，去表现人物自己的人生观。你可以采用以下练习：想象一下，你塑造的人物就坐在你面前。她看上去很生气，作为她的挚友，你应该询问她为什么会如此。

一旦想到就应该尽快记下她所说的话。这种练习是形式自由的意识流写作练习，要至少连续写 15 分钟。如果你在写作过程中不断地修改，你就会发现你塑造角色的对白会让你惊喜。这样很好，这正是人物角色的真正来源。

之后，为了让你塑造的角色和所写的故事相契合，你会重新修改。继续这样的练习，直到找到真性情的真实人物角色。

你塑造的角色会渐渐丰满，你也有很多机会让他们在故事中表达一些次要信息。但这一切要顺其自然，这也是作家应该学习的不同的

“编织”故事的手法。

下面我们就转入这个话题。

构思主题

你有没有仔细观察过挂毯？远远看去，它像是一幅画。但是走到近前仔细看，你就会发现其实它只是轻纱（基础编织）和羊毛（装饰图案）的混纺。将二者合为一体，就形成了艺术。

在好的故事中也是如此，情节和素材合为一体就能创造出一个统一的整体。

这正是构思编织的作用。你必须要创造出挂毯的那种效果，这样即便使用新的素材，也不至于损害小说的其他篇章。

组织语言

要小心处理大段的独白——就是一个角色用两个甚至更多的段落进行的诉说。很多时候这都会成为作者无力的演说。如果在写作的过程中，其中一个角色想高谈阔论，这时候首先应该客观地问自己几个问题：

- 这些谈话是不是借人物之口表达自己的观点？
- 是不是非常有必要让人物去高谈阔论？
- 高谈阔论是故事或人物塑造所不可或缺的吗？
- 其他方法（如动作、思考、对话）能否达到相同的效果？

除非你能毫不迟疑地回答这些问题，否则还是不要写上一大段独白。当然，如果你觉得这样的大段讲话是合理的，那也可以写，但是一定要保证它是可以窥探人物内心活动的窗口。例如，在威廉·萨默赛特·毛姆的小说《刀锋》（*The Razor's Edge*）中，有好几页都是在记叙主人公拉里·达雷尔精神朝圣之旅的心路历程。

下面这一段就是这种风格的节选：

> 但这并不是困扰我的主要原因：在我看来，我不能说服自己去接受僧侣的思想中并未完全戒除罪恶这样的观念。我认识很多在空军服役的人，当然，一有空他们就会喝得酩酊大醉，出去找女人，满嘴污言秽语……如果我是上帝，我或许也不会谴责他们，即便他们做出最坏的勾当，也不会让他们下地狱。

我们不仅可以从这段话中窥见达雷尔的内心斗争，而且可以了解他的背景（空军）。这可不仅仅是传达信息这么简单。以上这段话是毛姆小说中不可或缺的一部分，听上去也像是出自小说中的人物达雷尔之口。

电影《码头风云》（编剧是巴德·舒尔伯格）的主题是**人性**——人之为人有何意义？仅仅是生存而已吗？人与人之间互有联系、密不可分吗？

特里·马洛伊坚信人人为己。作为昔日的职业拳击手，他只知道靠拳头赚钱，维持生计，和正确的人在一起。

伊迪·多伊尔则与他相反，她在教会学校里接受过教育，比特里更明白什么是真正的人性。

在下面这一幕中，特里带着伊迪去一个沙龙喝酒。特里并未意识到自己曾是谋杀伊迪哥哥乔伊这个计划中的一员。

> 伊迪：你以前真是个职业拳击手吗？
>
> 特里：是的，以前是啊。
>
> 伊迪：你怎么对拳击感兴趣的？
>
> 特里：我也不知道，我的生活就是挥拳打架，或许打架拿钱也不错。我小的时候老爹就被杀了。别提了。然后他们就把我和查理丢到一个叫“儿童之家”的鬼地方。天啊，那里真可怕。反正我从那里逃走了，然后在一个俱乐部里打拳，之后约翰·弗兰

德利就买下了我。

伊迪：买下你？

特里：是的。我在那儿干得不错。然后……反正你也不是很在意，对吧？

伊迪：大家不是都应该互相关心吗？

特里：天啊，你真是疯了。

伊迪：我是说，难道我们与他人不都是彼此有关系的吗？

特里：你真信那些鬼话啊？

伊迪：我信。

（端上酒）

特里：我们点的酒来了。一杯给女士，一杯是先生的。这是第一杯，希望不是最后一杯。喝吧。

（伊迪喝了一小口）

特里：不是那样。一下子干了。

（特里喝完自己的酒）

特里：砰！

（伊迪也把自己的酒都喝完了，晃动了一下身子）

伊迪：砰！

特里：想听听我的人生观吗？先下手为强。

伊迪：我还是头一次见到像你这样的人。你浑身上下没有一点怜悯之情，也没有一丝浪漫情怀和一点人性的良知。

特里：那些东西有什么好处？只会惹祸上身。

伊迪：有什么东西妨碍你的话，你就把它们打倒或者踢到一边，你是这样想的吧？

特里：你说话的时候别这样看着我，乔伊的死不是我的错。干掉他不是我的主意。

伊迪：有人说是你的主意吗？

特里：大家的矛头都对准我，你、教堂的人，还有贝瑞神父。我不喜欢他看我的眼神。

伊迪：他看每个人都是那样。

特里：是吗？贝瑞神父是什么意思？他想做什么？

伊迪：想做什么？

特里：对啊，他的目的是什么，每个人都有自己的目的。

伊迪：他就是个神父。

特里：开什么玩笑！那又怎样？并没有什么不同。

伊迪：你从来不信任何人，对吧？

特里：听着，这里人人都为自己，这是为了生活。你得跟对人，这样你口袋里才会有钱。

伊迪：要是跟错了呢？

特里：跟错了？那就完了。

伊迪：这跟畜生没什么两样。

特里：好吧，我宁可那样，也不愿意像……

伊迪：像乔伊那样？你怕提到他的名字，对吧？

在这段对话中，主题很自然地浮现了出来。通过对话来表达主题，一定要把冲突融于对话之中。

在这里特里和伊迪价值观迥异，冲突自然显现出来。他无意中参与了谋杀伊迪哥哥的计划。如果特里听得进去，那么伊迪的想法会让特里唯一懂得的价值世界轰然倒塌。

有时对话所表现出的主题会比较拙劣肤浅，或者太明显。巧妙地运用**幽默**可以淡化这些问题。

约翰·格里森姆就经常运用幽默让人物的转变不那么沉重。在《疯人遗嘱》（*The Testament*）中，耐特·奥莱利对传教士瑞秋·莱恩说他曾试图自杀：

“我喝了很多廉价伏特加，几乎快让自己死掉了。”

“好可怜。”

“我生病了，身体不舒服，我对很多律师说过很多次了。”

“你有没有向上帝祷告过？”

“我相信他一定知道。”

“我觉得他一定知道，但如果你不说，他是不会帮助你的。他无所不能，但是你得在祷告中告诉他，请求他的原谅。”

“然后呢？”

“你的罪过就会得到原谅。他就会把你的过往行为一笔勾销，把那些让你上瘾的东西都带走。上帝会原谅你犯过的所有错，你也会成为基督的一个新信徒。”

“那国税局会得到上帝的原谅吗？”

文章并不是简单地给出宗教宣讲，相反，耐特只是在讽刺税务人员。谈论较为沉重的话题时穿插着这样的片刻轻松，的确能给对话带来一个平衡点。

不要忘记是人物角色在发出声音，而不是作者。正如斯蒂芬·金在《写作这回事》（*On Writing*）中所言，一段好的对话关键在于真诚地发自人物角色的内心，在体现主题的对话中这一点尤为重要。

内心独白

人物角色的所思所想能够体现他们的真实人格。思想是隐秘的，却是人物灵魂最诚实的见证者。但是，就如文中的长篇大论一样，它们有时会被那些较为懒散的作家用作提升主题的全部手段。

内心独白在小说动作情节中是最容易速成的。当故事人物处于巨大的压力之下时，我们容易窥见人物的所思所想。在奥尔顿·甘斯基的《一艘船》（*A Ship Possessed*）的一个动作情节里，一个人物角色进行了快速的反思：

> 他哀怨地想到这些年他的信仰早已衰退。他仍是个信徒，他从未想过要掩盖这个事实。但对于宗教他也不尽心，他也不像从前那样花很多时间在这件事情上。现在他很希望自己有广博的知识面。

这是他此刻所需要的。此时，在这个场景中他内心关于信仰斗争的更多细节被忽略了。

但是，有时一个作家可能想要深入到所塑造的人物的内心中，让这样的想法持续下去，这样内心独白在风格和内容上都能引人入胜。

以下是选自沃尔克·珀西的《重生》（*The Second Coming*）的一小段内心独白：

> 人人都绝望了，人人都认为人生只剩下两件事：战争，和平。战争是死亡的一种形式，和平也是死亡的一种形式。但如果人生还存在第三种事情呢？
>
> 死亡披上了基督教的外衣，才不会牢牢占据我的心头。如果是上帝给了我们生命，那么为何教堂里弥漫着死亡的气息？
>
> 在卡罗来纳州，死亡披上了老基督徒的外衣，才不会牢牢占据我的心头。古老的教堂都是死亡的家园。
>
> 在卡罗来纳州，死亡变成了新基督徒的形式，才不会牢牢占据我的心头。如果重生是第二次出生，我绝不会尝试第三次。

这段对话中不断重复的词句是“死亡披上了……外衣”，带有宁静的诗意，与这本书的风格相契合。

类似这样的一段对话，你如何为其寻得恰当的风格？应该顺其自然。如果最开始写作较为顺畅，风格确实会自然体现出来。你深入到人物的内心中，就会与你的人物同呼吸共命运。稍后再进行加工和润色。这样左右脑互换，像是在跳伦巴一样转换思维，这就是找到恰当风格的最佳方式。

比喻、主题和象征

带有宗教背景的小说总是运用暗喻以产生更加显著的效果。圣像、宗教礼仪以及宗教经文和类似的事物都会在故事的特定环境中出现，以此深化表面文字的含义。

历史小说家杰克·卡瓦诺在他的《瞥见真相》（*Glimpses of Truth*）一书中就使用过这样的技巧。小说的背景设定在14世纪的英国，那时基督徒阅读英文版的《圣经》是违法的。书中有这样一个场景，主要人物托马斯·托尔正在帮助年长的约翰·威克里夫复印和传播他的拙劣的《圣经》英译本。托马斯·托尔教自己的监护人——从未受过教育的农夫霍尔——书写字母T，托马斯在霍尔写好的字母后面添上其他字母，就组成了《圣经》中的一个短语。霍尔的女儿菲丽丝恰好看到了这一幕。

> “这是《圣经》里的词吗?”霍尔喘着粗气问。
>
> 托马斯点点头，尽管他并不明白霍尔的反应：“是一首大卫王的赞美诗。”
>
> “天啊!”霍尔声音颤抖着说道。他的眼睛里噙着泪水：“那是我写的字母。”
>
> “是的，是你写的字母T。”
>
> “我书写的一句圣经。”
>
> “是的。”
>
> “你还好吗，爸爸?”菲丽丝问道。
>
> 霍尔没有任何反应，看着自己写的字母心生敬畏。泪水顺着他的两颊滴下。“再说一遍。”他请求道。
>
> 托马斯慢慢地读着：“上帝是我的引领者。”
>
> 声音柔和而虔诚，霍尔重复着这些字……“哦！多么了不起

> 的想法！只需一个我写的字母T就开始了！”
>
> ……托马斯把写字的那块布条递过去，这位农民把它放在宽大的手掌里，就像是托着耶稣十字架的碎片。

通过最后一幕场景我们理解了人物的感想。

这一技巧的其他用途可以在现代宗教故事重述中看到。最为著名的《圣经》故事是浪子回头。在败光财产，最终返回故土后，他的父亲满腔热忱地欢迎他回家。安吉拉·艾威尔·亨特在她的小说《笔录人生》（*The Note*）中塑造了一个败家**女儿**的形象：

> 佩顿从橱柜中拿出玻璃杯倒满冰的时候，金正坐在餐桌前。她瞟了他好几眼，看看他是否适应。她把玻璃杯拿到餐桌上时，发现他从餐巾架上拿出了她父亲的两封信。
>
> “我觉得你可能想读这些信，”他说道，然后把信扔到了桌子上，“是时候了，你觉得呢？”
>
> 佩顿盯着信，心中知道大概发生了什么。
>
> 她拿起电话拨号，她有好些年未曾拨过这个号码了。一个男人接了电话。“是爸爸吗？我是佩顿。”
>
> 她环视屋子，看到金正兴高采烈地对她竖起大拇指。她回以微笑，目光又飘向别处。她心中纠结万分，根本无法掩饰她哀伤的神情。
>
> 她的父亲在哭泣。

对熟悉宗教故事的读者来说，这一幕另有深意。

不论是宗教的还是世俗的，应该注意身边那些可以深化故事的文化传统。

主题也就是在文中重复出现的东西。故事背景、宗旨、措辞和人物类型等，所有这些几乎都可以是主题的载体。

《乱世佳人》中的**土地**就是承载主题的一个载体，它象征着被战争和贪婪的欲望所侵蚀的家园，是一个永久的象征。

《白鲸》中的海洋有不同的含义，象征着危险与恐惧，也象征着馈赠的希望。

一个**象征**就是彰显主题元素的载体。在《了不起的盖茨比》（*The Great Gatsby*）中，黛西家码头上的绿光就是可望而不可即的梦想和希望的象征。

电影《借刀杀人》（*Collateral*）中，汤姆·克鲁斯饰演了一名职业杀手，他胁迫出租车司机杰米·福克斯把他拉到杀人地点。其中的一个场景是，晚上，出租车在城市的一个十字路口前停下来等绿灯，一只狼横穿而过。他俩都盯着狼看。

这是职业杀手的象征：城市中的捕食者，孑然一身，同时也被人捕杀。他的命运无法改变。

共鸣

小说的最后一章，尤其是最后一段和最后一句，都至关重要，应该用恰当的语气引起读者的共鸣。用安东·契诃夫的话来说，就是小说或故事的结尾一定要“巧妙地让读者对整部作品有深刻的印象”。

弗兰纳里·奥康纳的《圣灵殿堂》（*A Temple of the Holy Ghost*）就采用了这一手法。故事的结尾是这样的场景：

> 她的母亲终止了谈话，孩子圆圆的脸庞让她陷入沉思。她转向窗口，极目远望是一望无际的草原，郁郁葱葱的绿色点缀其间，一直蔓延到幽暗的森林。太阳像个火球，像是自鲜血中迸发而来的圣体，当它消失在人们的视野中时，碧蓝的天空也留下一道印痕，就如同红色的黏土路悬在树木上一样。

这样的场景能够让读者产生共鸣，同时也对整个故事产生更为深刻的印象。

小说写作中的一个重要任务就是选择一个合适的结尾，尤其是励志类小说。先写出几个可供选择的结尾是个不错的练习。可以运用不同的形象、动作场景和对话。要试着超越自己，这些努力都不会白费。

在纽约的大都会艺术博物馆里挂着一幅中国乾隆时期的丝绸挂毯，上面绣着鸟儿在云彩和五彩斑斓的花丛中飞翔。这样的作品无可挑剔，因为所有的要素都很和谐地融合在了一起。结构严谨的小说也会产生相同的艺术感染力。把你的各种信息融入小说的构造中，你的读者就会深切体验到一次满意的阅读盛宴。

关于主题的最后想法

你的作品最终**呈现的**是什么？在情节之外能否感知人生的真正意义？它们会如何展示你的人生观？每部小说都有一定的意义。每个作家也是如此。

维克多·弗兰克尔在自己的经典著作《活出生命的意义》（*Man's Search for Meaning*）中关于这一主题曾写道："人生活的最终目的就是找寻生命的意义。"读者选择一本书时会受潜意识的驱使，在选择小说的过程中，他们同时也开始了对内心世界的探索。

著名小说家、《论道德小说》（*On Moral Fiction*）的作者约翰·加德纳说：

> 我认为目前优秀的艺术和平庸的艺术的区别是好的艺术家坚持真我，通过某种途径，以真诚深刻的手法创造出一种生活方式……这值得为之奋斗。

那么，你的写作目的是什么呢？如果仅仅是为了名利，你就会错过写作过程中的美好，请不要停留在这样肤浅的表层。

我并不是说要你去改变整个世界。但是，读者会置身于你小说的场景中，这也是写作的目标之一。好的全方位的娱乐方式就是完全放松，这正是当下我们需要的。但是扪心自问一下，是什么打动了你？如果能把这些写进小说，那么这种娱乐价值绝对是超乎寻常的。

为自己的作家生涯规划一下前景，让它成为你的动力，让它成为一个使命宣言——写上一段话来概括自己成为作家的希望和梦想。经常阅读这个宣言，随着自己的进步不断进行修改，用它激发自己写作的灵感。

把这个灵感植根于你对这个世界的观察之中，植根于它对你的回馈当中。“我确实认为，要成为一个好的作家，你必须首先学会谦恭，”安妮·拉莫特说道，“如果没有它，你为什么写作？你为什么在这里？我们把谦恭看作敬畏，是开启和进入世界的钥匙。”

如果你能真诚对待自己的敬畏，那你的书就自然而然有意义了。

但不要忘记，你的书首先要有可读性。

阿尔伯特·I·贝赞里特斯既是位小说家，又是位剧作家。他的作品中最著名的大概是依他的改编剧本拍摄的黑色电影《致命亲吻》（*Kiss Me Deadly*），情节主要围绕一个藏有致命秘密的手提箱。

多年来，法国影评人和其他的学者一直在讨论这部电影有多少层不同的主题。

脾气暴躁的贝赞里特斯在晚年说：

> 人们经常问我剧本的隐含意义，关于原子弹、麦卡锡主义、诗歌的含义等。我只能说，我写作的时候并没有多想……我只是觉得写作的过程很有趣。我想创建那些故事情境、那些角色，这些都很有趣……我觉得写作很开心。

进行有意义的写作，但不要忘记要让每个场景、每个人物都活泼有趣，而且要在写作的过程中寻找乐趣。

注意说教

注意那种令人恐惧的说教。

说教是作者真正想告诉读者的故事的叙述目的。作者用叙述的口吻来进行说教，这是最不应该的，因为这是对读者阅读的一种干预。

维多利亚时代的文学作品多半如此。就像下面这样：**因此，亲爱的读者，汤姆学到了一个残酷的人生哲理，就是恶有恶报，但受到的报应微乎其微。**

现在，作家们在更多情况下试图让这些说教都出自所塑造的人物之口。比起简单的陈述年轻是什么样子，帕迪·查耶夫斯基在《医生故事》（*The Hospital*）（乔治·C·斯科特饰演电影中的博克大夫）里，就通过一个酒醉医生之口最终说出自己痛苦情绪的根源：

> 我有一个儿子，他今年 23 岁了。去年我把他从家中赶出去了，他有虔诚的外表，却是个小骗子，他宣传博爱却藐视每个人，他讨厌一切与中产阶级有关的事物，包括他们文雅的举止。

要点

- 在初稿完成后，主题才会浮现出来。
- 构造主题时要运用多种写作技法。
- 别带有说教的意味。
- 保证这些人物的真实性，并相信他们的行为，即便是反面人物也是如此。要保证他们各种动作情节的合理性。

练习 1

文学课上，很多人都不喜欢“主题”练习，这或许是因为人们对主题的讨论已经有很多了。评论家对于一本书的意义往往各执己见。这是小说中最棘手的问题。

重新读几本自己最喜爱的小说，找找主题元素。因为你先前已经读过了，不用去管情节，看看你能不能找出作者在哪里暗含有更深层的意义或世界观。

用下划线记下这些部分，研习这些部分所用的技巧。

练习 2

让你故事中的一个人物对故事情节的发展做一个陈述。把它写成一段很长的意识流陈述，中间不分段，别停顿。如果他想说教，那就让他说教好了。

这只是练习而已。

这段话的长度随心而定，但不少于 500 字。人物不仅要反思事情的经过，还要反思他对事情经过的**看法。**

做过这个练习后，你会惊喜地发现你从人物身上学到很多，或许就是你想写作的主题，或许是你想包含到主题之中的东西。

如今我们并不鼓励在小说写作中运用长篇的陈述表达，你会为人物刚刚所做的一些自述在书中找到恰当的位置。

记住一定要将其穿插到你的书中。

练习 3

浏览一下手稿中的精彩部分，或是列一个清单，把场景中涉及的主要事件都记录下来。

好好考虑一下，这些事件是否可以成为主要人物所信奉的信条的标志。

选择其中一个目标，对其慢慢雕琢：

- 在场景中，对选择的这个目标描述要更生动。
- 在随后的故事情节中要用潜移默化的方式重复这个目标。

坚持写作，不断尝试。
始终坚信你的想法，你或许不会成功，
但至少你献出了所有。
若是心灵未遭磨难，
那我劝你还是尽早放弃。
不如去织织毛衣。

——大卫·艾丁斯

13 修改的哲理

据说，当人们问米开朗基罗是如何雕刻出《大卫》（*David*）这个杰作时，他回答说："我观察了一下那块石头，然后把不属于《大卫》的余料全都削掉。"

小说的修改亦是如此。就是从你写的那堆文字里，把**不属于**这部小说的余料删掉。你应该进行增删、修饰雕琢，最终用最纯正的形式呈现出你心中的故事。

只有你才能决定最终的形式是什么样子。

至于什么是修改，不同的作者有不同的回答。比如说：

修改糟糕透顶。

修改乐趣无穷。

修改枯燥无味，因为写作的乐趣来自创造。

修改就像重复考期末考试，只不过这次是开卷考试，并且有以前的答案做参考。

以及种种其他观点。所有作家（至少有99%）对于"修改是造就伟大作品的必经之途"都持赞成的态度。

未做修改就把作品交出去就像是打冰球时不穿防护服一样。准备工作没有做到最好，就不足以应对一切。冰球迟早会击中你，并让你疼痛难忍。

这个冰球是编辑或经纪人的本能，他们专门挑你书稿中的缺陷。他们会给出**否定的**回答，这就是你应该修改的原因，你必须回击所有的**否定**答复。

如何使用此部分

这一部分可以用在多个方面。

如果你想马上修改一部初稿，请跳到第 17 章“最终修改清单”，直接读这一章就好。

如果小说当中有不尽如人意的部分，并且你自己毫无头绪，那就集中精力，努力去解决好这个部分。

或许你正在做一个写作项目，遇到了让你困惑不解、不知所措的地方。快速浏览一下这个部分会引导你找到可能的解决之道。

欧内斯特·海明威曾说每个作家都需要一个“内置防震废料探测器”，他说得对极了。海明威的语言简洁明了，但他传达的思想值得深思：作家们要有评估自己写作质量的能力。缺乏这个能力就会犯两种错误：第一，他们会认为自己的初稿就可以出版，因而不进行修改，也不精雕细琢，而这些都是写作过程中必不可少的部分。第二，他们对自己的作品永不满意。这两种错误都很严重，具有毁灭性。他们错误地认为修改自己的作品是个永无止境的过程，因此他们一旦开始就停不下来。我所知道的最好的办法，就是找到一个保持平衡的“质量检测器”，这必须要大量阅读，同时关注并理解每位作家是如何完成自己的作品的。渐渐地你也就能检测自己的写作质量了。

——罗恩·本瑞

我是如何学会快乐地修改的

写小说就像谈恋爱。最初产生了化学反应，思维的火花互相碰撞，你们开始约会，开始彼此熟悉。晚上分别时的一个吻令人充满希望、遐想无限。你开始哼起“比春天更年轻”的小调。

你不假思索地开始动笔写作，最初几页写得很快，边写作边发现一些新的东西，抓住那些一闪而过的灵感。

有时会冒出一些问题，但你的小说总是报以积极的回答，你现在已经与这部书稿结为连理了，并开始相互承诺。

然后一些问题就会浮出水面，如早晨起床时的口臭、坏脾气等，争吵大战开始，往日积极乐观的精神和状态到哪儿去了？

你开始疑惑，但是你已经做出承诺了，所以你决定要解决这些问题。

你这样去处理问题时，你们的婚姻也就会越来越牢固。因此你开始按照设想组建一个未来初稿的家庭。

修改就像是让恋情稳固的必要措施。

长远的眼光

对于不同领域的成功人士的研究发现，这些人有一些共同的特点，其中最重要的一个，就是他们都有**长远的眼光。**

这并不体现在那些突然成名的成功艺术家身上，而是体现在那些依靠长时间的学习、工作、失败、重新尝试、耐心和毅力等成功的人士身上。

医生在行医之前要学习很多年。他们明白行医之路并非坦途，要到达顶峰，就必须付出。那些自己做企业的人，最初都要经过艰辛的打拼。但这一切都是值得的，因为最后终有回馈。

作为一名认真写作的作家，对提高写作技巧也应该持相同的态度。要想将自己的作品写到最好，就必须对作品精雕细琢，不要想一蹴而就。

我第一次写剧本的时候就如同小狗进了肉店，兴奋不已，我奋力疾跑，心中充满惊奇和希望。我写作的时候就想：**这就是小菜一碟。因为写作时乐趣横生，就以为剧本一定写得不错。**

完成后，我把剧本给电影行业的一个熟人看。一周以后，她打电话给我，开口就说："你根本没找到感觉。"

我真是沮丧至极。她是说我没有好好写吗？还是说我没有写作天赋？还是告诉我不要继续从事写作了？

事实并非如此。她解释说我没有在**字里行间**体现出主题。我应该学习的东西还有很多。

这让我想起达里尔·波尼克森（《最后的细节》（*The Last Detail*）的作者）曾经给我的几条建议。我在大学期间曾经写信询问他，对想成为作家的人有何忠告。他回信写道："注意刻画人物，如果自己一无所有，那么你所呈现出来的作品也将是苍白一片，应该做好当学徒多年的准备。"

他说的一点都没错。应该具有长远的眼光，并学会把修改这一方法当成好朋友。修改时应该思维敏捷，做到严于律己也会让你获益良多：

- 这会让你成为一个更好的作家。每次修改的时候你都应该重新审视自己的书稿，下次写作时你就会写得更好。
- 这标志着你已经成为一个专业作家。编辑和经纪人看到你的作品水准以后，会更加坚定地相信你有写出好作品的能力。
- 这会让你建立自信，鼓励你去放飞梦想。
- 这个过程本身就会有很多收获。如果你在修改的时候能够认真对待，全身心投入进去，那么最后出版之时，你会高枕无忧。这就像一个园丁，如果他已经把杂草拔得差不多了，那么，他就可以安心睡大觉去了，因为他知道花园的花草会更加茁壮地成长。

这些就是你除草的工具。那么，我们就开始这项需要耗费体力的工作吧。

智力游戏

有人曾问罗伯特·米彻姆，你想从剧本中找到什么感觉?

他说:“放假了。”

我一直认为这很好笑，也道出了一半真理。米彻姆从不让人觉得他是全力在表演或者是很严肃地对待某件事情。他好像对明星这个身份很茫然，那么，如果他不重视演技的话，如何能演好？如何能成为闻名全球的明星?

所以我怀疑，他或许比自己所说的更重视演技，之所以这样说，是因为我看过《瑞安的女儿》(*Ryan's Daughter*)。

这部影片票房不佳，饱受批评，大卫·里恩想把一个小故事制作成一部史诗。这部影片的画面极美，莫里斯·贾尔的配乐萦绕心间，能触动人的心灵。

但是电影上映后并没有引起多大反响，在之后的艺术生涯中，里恩也只拍了一部影片。

我是在刚刚上映时去看的，我与影评人的感受一样。DVD录影带上市以后，我买了一盒又看了一遍。大卫·里恩是位很优秀的导演——他的影片，例如《阿拉伯的劳伦斯》(*Lawrence of Arabia*)是独一无二的，一是因为彼得·奥图尔是绝无仅有的，二是因为未来通过电脑技术就可以合成骆驼和异域风景——人们应该好好对待里恩的作品。

《瑞安的女儿》这部影片不错，但是难以称得上伟大。

但罗伯特·米彻姆对角色的演绎相当精彩。

他的表演不落俗套，一个腼腆的教师不知为何是个驼背。年轻的罗茜（莎拉·迈尔斯饰）对这位老师抱有少女般的幻想，并央求他娶自己，却发现他并非想象中那般能带来肉体的欢愉。

这也就成了通奸的缘由，导致了灾难的发生，也成了罗伯特·米彻姆所扮演角色痛苦的根源。

他的表演很棒，应该提名奥斯卡奖。

所以，这个喜欢休假的演员同时也在真诚地投身于他的演艺事业。

写作也应是这样的感觉。享受创意带来的快乐（以及偶尔的片刻休息），同时也要认真对待写作技巧。随着自己作品的增多，你的写作技巧也应该日臻成熟。

因此，写作的过程，应该是既轻松快乐，又严肃认真的。

几点建议和提示

应该相信自己能够解决书稿的问题，而且这会是一种非常好的感觉。如果你此生将致力于研习写作技巧，你就会找到这种感觉。我仍旧在阅读关于写作的书籍，因为我要么去学习新知识，要么就通过写作技巧找到新的写作视角。

以下是我准备开始修改时一直提醒自己注意的事项：

这就像是重考期末考试……开卷考试且有答案

在法学院的第一学期我选修了一门法律哲学。我知道学习内容比较枯燥，因为材料过于枯燥。期末的时候有位同学希望我能帮助她准备考试，不过这位同学学习也非常刻苦。

在考试前夕，我做了一个梦，梦到我如何去通过这门考试。我不会用标准略显枯燥的方式去应对，我会用讲故事的方法。这样的方式大胆又危险。

最终我考了77分。

很明显，教授不喜欢讲故事的方式。

那位来找我帮忙的女生考得如何呢？她得了全班最高分。

谢天谢地。这说明写作要比学校期末考试好得多。因为初稿写完以后，你不必急着交上去。你应该再仔细检查，改正一些错误并查找可以帮助你的材料（例如这本书）。

不要过于紧张……

在修改的过程中，你会发现小说的内容有些许变化，有些甚至是脱胎换骨的变化，千万不要被这些吓倒。在修改的过程中，要给小说留出足够的可以改变的空间。

应该有这样的准备。

但别担心这些会打乱最初的计划

坚决删除不需要的东西，除非这是唯一想保留下来的内容。第一次通读初稿时，你或许会觉得自己的初稿糟透了。或许真的如此，但没关系。很多作家都明白初稿大多很糟糕或者至少是不尽如人意的。

但一切都会好起来。

自我认知

F·司各特·菲茨杰拉德曾说过，作家有两种：修剪型和补充型。有些作家喜欢写一个较为精简的初稿，在修改阶段再把大段的描述和过渡性文字都添加进去。这是补充型。

有些作家则喜欢一直不停地写初稿，把他们能够想到的所有想法都写进去，后面就只管删除了。

这两种方式都可行，通常作家会乐于使用其中一种。

你是那种一直焦虑能越快完稿越好的作者吗？如果是，你可能是补充型。你是那种边写边找灵感，一旦新的灵感出现就随即写出来的作者吗？如果是，那你就可能是修剪型。

好好想想你属于哪种类型的作者，然后为即将到来的写作任务做好准备。

建立奖励机制

如果这个奖励机制对于通用电气都有效的话，对小小的作家肯定也会有效。在杰克·韦尔奇的带领下，通用电气走向了辉煌，杰克·韦尔奇喜欢创造一些小的庆典来奖励自己的员工，以此来让公司充满活力。凡是做成功的事情，不论是大是小，他都要求经理用比较新奇的方式去庆祝。

他说："寓商于乐。"

写作也要有乐趣，可以寻找各种方式庆贺你所完成的事情。修改并不简单，即使对专业作家而言也是个苦力活。当你修改完成，可以交稿的时候，你会满心欢喜，这是值得好好庆贺的。如果交稿日期与奖励相伴而行，你对于出版的渴望就会高于一切。

我完成一个写作项目以后最喜欢做的就是：

- 带妻子去一个高级餐厅共进晚餐。
- 独自去看日场电影，吃一整盒的巧克力葡萄干糖果。
- 买一部我心仪已久的精装书。

把自己喜爱的事物列一个清单，作为自己完成工作的奖励或刺激物。

保持身体健康

想象力植根于大脑之中，大脑是身体的一部分。灵魂附着于身体，要好好对待自己的身体。

保持身体强健也会提高效率与创造力，眼光要放长远。

从轻松的散步开始是较为简单的方式，伴着 MP3 或磁带传出的音乐，你可以一心多用，边走边听。我听小说广播，所以我边走边研究写作技巧。我对自己也有一个小小的要求：在散步的时候要听完一盘磁带。这是我进行锻炼的动力，因为我很想知道故事的结尾。

文学的历史长河中不乏天资聪颖的作家，他们被酒精、毒品所麻痹，因此埋没了才华。你的写作生涯只有一次，要充分利用。

萧伯纳一生写了 15 部剧作，他 94 岁去世前还在写一部新作品。作家理应如此。

秘诀

我一直以来最喜欢的演员是斯宾塞·屈塞，他的表演永远都真实自然。你从未觉得他是在“演”。有名的电影演员亨弗莱·鲍嘉也很认同这一点。他也觉得屈塞是最伟大的演员，因为你从来不会感觉到刻意表演的痕迹。

他是电影界中最早真实自然演出的演员。默片时代，夸张的表演和手势弥补了没有声音这一弱点。有声时代到来后，舞台演员表演时就像是和坐在前面的观众交谈一般。

在屈塞演艺生涯的一开始，观众们就为他自然简单的风格倾倒。当被问及演艺秘诀时，他说：“不过就是做自己，并倾听其他演员的对白。”

20 世纪 50 年代，有一次他和一个年轻演员搭戏。这位年轻演员深信新的“体验派表演方法”（参考马龙·白兰度和詹姆斯·迪恩的表演），这种表演方式需要很多的内心准备，要沉思冥想，以便找到角色的动机和类似的心理活动。

这也耽搁了拍摄进程。一次，这位演员询问导演自己穿过那扇门的动机是什么。

屈塞实在无法忍受了，他喊道：“你从那扇破门进来就是因为那是到这个狗屁房间唯一的路！”

这个故事传达给我们的是：如果你老是想着小说写作的事情，那是没有尽头的。作家都喜欢谈论艺术、理论和写作训练，我也不例外。但是，在一些时间里你应该心无旁骛地写作，因为这是完成这部小说的唯一途径。

你需要稍微放松一下。

劳伦斯·布洛克在他的书《蜘蛛为我编织：小说写作指南》（*Spider，Spin Me a Web：A Handbook for Fiction Writers*）中写道，他写得最好的地方，无一例外都是自然而然写成的，而不用做过多推敲。可以说这是真知灼见。

你应该坚持不断地写作，因为这是完成书稿的唯一方式。

别忘记屈塞的表演秘诀：坚持自我和倾听。

不要为了取悦评论家而写作。

地下室的男孩子

斯蒂芬·金的写作技巧纯熟，可以经常突破自己以往的写作风格。在《写作这回事》中，他提到了**地下室的男孩子**，比喻作家脑海中的潜意识。无论是写作还是修改手稿，你都应该让那些潜意识发挥作用。

如果你是一位女士，不喜欢“地下室的男孩子”这种潜意识的构思方式的话，那么，你可以随意想一个自己的比喻表达方式。

主要目的就是让潜意识发挥作用。

做梦的游戏

在睡眠的时候工作停止，但潜意识并不休息，所以即使在睡梦当中也不要让这些潜意识休息。

下面这个精彩的过程会产生很多美妙的效果。

如果你正在编写初稿，而且遇到了一些问题——这些问题很简单，只需稍作改变即可。换句话说，这是一些有待解决的问题。

用这种方式去处理：睡觉前在记事本上用**提问的语气**记录下需要解决的问题，具体方法如下：

- 我怎样用一种更合理的方式让萨尔玛走出那栋楼？
- 乔治做什么才能够展现出他的勇气？
- 怎样让门卫成为一个更有趣的配角？

以及其他种种问题。我建议你一定要把这些问题写下来，而不仅是“想一想”。不知为什么，写作的过程能够让这些问题植根于潜意识中。

尽可能在头挨着枕头睡觉前的那段时间写下这些问题。早上醒来后，**在做其他事情之前**（起床后的第一杯咖啡除外），找一张白纸，坐下来，尽可能多地写出关于前面问题的答案。很多时候，灵感就会这样浮现在头脑中。

不要为自己预设条条框框，把可能的答案都一一列出，在一天的工作开始之前让自己先沉浸在这种创意之中。

拖延症

新年的时候我写下新的一年的计划，然后一拖再拖，直到 2 月份才开始实施。拖延症就是有些事情容易让自己沉迷其中，耽误动笔修改初稿。不是每个人都有这个问题，如果你有这个问题，可以参考以下这些建议，这是我实践过的有效方法：

1. **把写作任务分解为不同的几个部分，然后把每一部分写下来。**按照一个逻辑严谨的写作方案进行写作，这会帮助你将修改作品转变为一个更易管理的项目。你可以从以下步骤入手：

- 通读
- 确定人物
- 情节点
- 润色

一旦你开始修改，很多细节问题就会自然出现。因此，在确定人物时，你会遇到是“深入刻画主要人物”还是“让配角更精彩”的困惑。

2. **为自己的写作任务规划时间。**这些时间都很灵活，但是它们的作用就像是截稿日期的前奏，这样想会让你保持写作状态，不停前进。例如，你或许会觉得仔细分析配角，并搞清楚如何把他们刻画得更为鲜活，大概需要四个小时。

3. **分配任务要有轻重缓急。**要把最重要的事情摆在首位。你应该先解决主要情节上的问题，然后再来润色人物对白。

4. **一次只思考一个问题。**不要去看山顶在哪个地方，要关注眼前的路。当你到了拐弯的地方，就要考虑一下接下来的几步应该怎么走。写作的时候，要牢记整本书的构思。

5. **先从最难的地方入手开始修改。**如果自己面对的是最难对付的事情，就必须要全力以赴地专注于工作。解决了这些困难以后，就会感觉很好，并能有更大的信心应对后面的困难。

6. **充分利用零碎时间。**如果你有自由支配的时间，但是这段时间又不够做全面的修改，那就充分利用零碎时间来完成一些小的修改，积少成多，你可以利用零碎时间解决一个个小问题。

比如第 6 章结尾部分人物对白的修改，花上 15 分钟时间看看你能做到何种程度。或许是在煲汤的零碎时间，或者是在你排队买票的时候，拿出一张便笺纸写下一系列优化主人公的方法，让你的潜意识开始发挥作用。

应该学会利用这些零碎的时间解决问题。

> 应该像对待一份普通工作一样——而不是神秘使命，每天早上起床后就去“上班”，而不是等着灵感的光临。
>
> ——吉恩·布罗迪

身着灰色法兰绒西装的作家

设想自己与性格乖戾的上司共事。约翰·D·麦克唐纳——20世纪五六十年代最多产的优秀小说家之一——用这一方法写出了大量作品。对他而言，写作就是工作，他以此为生。所以他工作的时间是朝八晚五，中午有1个小时的午餐时间。下午5点一到，他就下班了。此时他会喝一杯马提尼放松一下，就如那些穿着灰色法兰绒西装的上班族一样。

如果有两本书赶巧是同一个截止日期，那我也别无选择，得像打工族一样努力工作。我想象自己应该早晨8点钟上班，下午5点钟下班，中午有1个小时的午餐休息时间。我真的这么做了。不到8点我就到了办公室，我凭空想象有一个老板的存在，如果我迟到，他看我的眼神就会很不耐烦。

工作1个小时我会休息5分钟，依此类推；吃过午饭，然后下午1点又继续工作。

这样一来，截稿日期前我就可以写完。

如果未接到出版社邀约或是要自己寻找出版社，那就需要自己制订一个截稿日期。这样的写作方式对于那些从事创意写作的作家而言是很难的，因为他们徜徉在想象的天空，就像一只知更鸟，任凭灵感肆意飞过。

你或许也这样写作，但并不应该如此修改。修改是一个不留情面、直中要害的过程，应该严格要求自己。

其实这也是很好的一件事情。设置一个截稿日期会让自己集中精力，有紧迫感，让自己能够紧张起来。你现在的工作就是让一切都紧张有序，你的思维会向纵深无限延伸，去寻找答案。

如果你**真的**想写出一本好书，那就按照你的正常工作时间制作一份电子表格，目的是尽量少浪费时间。

如果可以，把 55 分钟作为工作记时，每个工作计时当作 1 小时。

如果因为事情而中断了写作，要记下笔记。如果是你自身的原因，例如上网下五子棋，就要用红色标注，以示警告。

你会喜欢修改，并且喜欢做一个有自制力的作家。

回顾写作质量

对自己的写作做一个自我总结，仿佛自己就是自己的顶头上司一样。哪些地方存在问题？哪些地方可以进一步提升？预设的情节如何？

通读这些总结性内容并仔细斟酌。直面自己的不足。然后告诉自己，如果想辞职不干，那就等于放弃了成为伟大作家的机会。你要么放弃，要么接受这些总结性结论，并开始修改不足之处。

当然，这一切都应该在自己的办公室里秘密进行。

14 修改之前

罗伯特·海因莱因给作家们提出两条建议：

1. 必须坚持写作。

2. 写作要有始有终。

在修改之前你总得有……自己的小说吧。

所以一定要写完。

只把一小部分修改原则记在心里。之所以不要记太多原则，是因为写初稿的目标就是把它写完。写完之后你才能搁置一段时间，才能有足够的时间修改完善。

边写边修改？

我并不建议在写作初稿时就做一些大刀阔斧的修改。如果你总是想停下来做一些重大的修改，那么这个过程会让人抓狂。在写作过程中，你的大脑中时不时会有一闪而过的灵感，很多时候，你做出的这些修改，对小说写作来说并非最好的选择。

只有在全部写完之后，你才能真正地了解自己的作品。因此，把写作的初稿作为一种铺垫，来探索小说中真正发生的故事。在你回顾自己的作品时，那些好的素材自然会显现出来。

1. 修改前面完成的章节

阅读前一天写出的内容（或是最新完成的规定写作任务），快速做一些简单的编辑修改。这个过程会帮助你回顾一下自己的写作思路，同时能够为接下来的写作提供新的素材。

我喜欢把自己写的东西打印出来并做标记。当然你也可以在电脑上完成这一切。我只是觉得纸质化阅读可以更好地接近读者的阅读体验，如此一来我也能发现更多问题。

我主要是编辑修改表现手法上的问题，查看句子结构是否通顺。我希望我想表达的都能够通过文字呈现无误。如果主要情节或是人物刻画上有问题，或是我想增加新的想法，我会做好笔记，然后继续完成当天的写作任务。

应该跟着感觉走，尽快完成初稿。

> 一般我是边写作边修改，但是不做重大改动。因此对我而言，没有什么需要优先考虑的，而只有必要的修改。在写到最后一页时，我的写作表达风格和一开始是一样的。每天我都会阅读前一天写的内容，然后再开始写下一章或者新的场景，我会把需要修改的地方进行修改。写作过程中，如果中途我在情节和人物塑造上做出了重大的调整，我也会对之前与此相关的部分做出修改，这样就不会前后冲突。
>
> ——苏珊·迈斯纳

2. 试试写完两万字后再进行回顾的方法

不管你在写作之前是否写大纲，写到两万字时应该进行回顾，在此好好思考一番不失为一个好办法。

写完两万字以后，稍作停缓，好好休息一天，然后读一读自己写完的部分。因为写完两万字时，你叙述故事的引擎就开始启动。关于小说要写的内容你也已经做足准备工作了。之后你应该花些时间来确定自己是否确实喜欢这些角色和写作的思路。

如果答案是否定的，你就需要做出一些调整了。

这是一个绝好的契机，你可以增加故事背景（无论是不是为了读者而增加的）、行为方式、阴谋诡计、优缺点和个人形象（谈吐、着装等）等描写，让你塑造的主要人物更加丰满。

你也可以确定小说的声音和风格，这或许和你最初计划的重点有所出入。如此一来，小说的质量也就能够有所提升。

我下面要说的就是我的实例。

我先前一直在写的一部小说，一开始的故事基调是我常用的：一位律师发现自己早先认为已故的弟弟尚在人世。他们重逢后发现彼此的人生轨迹截然不同。渐渐地，故事的主要人物发现了弟弟那些令人忧虑的秘密，也发现自己已经深陷危机之中。

我按照自己的思路先写了两万字，按照人物各自的性格特点进行刻画，然后再开始一系列紧张情节的描写。

但当我回顾前文的时候，总是觉得少了点东西。并不是我没有找到悬疑的素材——这方面没问题——而是感觉无法与先前的构思联系在一起。

这样回顾前面写的这部分大约有一周时间，我一直在思考这部分的内容，每天给自己写一封信，随时把想到的与写作内容相关的事情记录下来（参见下文第三条建议）。

有一天起床后，我终于发现了问题所在。这本书是在告诉我，要把触角努力深入到主要人物对弟弟的感情当中去，要努力表现出主要人物对于自己幼时丢失弟弟的愧疚感。还应该有更多的悬念，而这些悬念应该若隐若现，而不是藏而不露。

我回头重新审阅自己的初稿时发现，我感到自己和这些素材之间的关系更密切了，而且这些素材对我来讲更丰满了。这就是回顾先前初稿的价值所在。

现在再重新回来继续小说的写作，并完成小说。

然后按照这本书的提示，仔细修改和润色，最后交给经纪人或出版商。

3. 写日志

形式灵活多变的日志，是一个记录自己的写作过程的绝妙方式，通常这些笔记会成为你修改的重要依据。

记住，初稿是一个探索发现的过程。不要奢望你的第一稿就能达到完美的境界，要留出一定的空间。然后你就开始删减那些不符合这部小说内容和情节的部分，增加那些你认为小说需要的素材。

> 你的第一稿能写多长就写多长。
>
> ——基尼·科佩基

4. 充分利用所有的工具

当今作家可运用的资源比以前要丰富很多，而不再只是蓝色铅笔。以下是你可以用来对自己的作品进行精雕细琢的一些工具：

电脑 word 里的批注工具

利用 word 里面的批注工具。修改初稿时，你可以利用批注工具记录下哪些情节关键点还需要再充实，记录下需要解答的问题，而且还可以记录下任何你想到的东西。

当你做好修改的准备以后，就可以只看这些批注部分，或是把它打印出来反复阅读。

规划好大纲

写作初稿时，你可以写一个规划性的概要——即写一个关于小说发展脉络的大纲。

我建议你把每个章节的头几段和最后几段都复制、粘贴下来。然后在每段开始的位置写一个简要的动作情节陈述，全部都用大写。比如你的第一章开头这样写：

第一章

8点27分整，洛伊斯·安罗上尉穿过酒吧的前门。按照她的时间，此时正好是炸弹爆炸前7分钟。

这样一来他们就都明白了，而且是彻底明白了。

结尾是这样的：

有人拍了拍她的肩膀。

她转过身来。

这是一个她最不想见到的人。

你设计的大纲条目可以是这种形式的：

1. 洛伊斯是在炸弹爆炸前进入酒吧的，她欣赏了爆炸的整个过程以及随后发生的混乱。有人看到她了。

8点27分整，洛伊斯·安罗上尉穿过酒吧的前门。按照她的时间，此时正好是炸弹爆炸前7分钟。

这样一来他们就都明白了，而且是彻底明白了。

有人拍了拍她的肩膀。

她转过身来。

这是一个她最不想见到的人。

这样做仅仅需要一两分钟，你就能对自己所写的故事有一个完整的轮廓和大纲。

电子表格或普通表格

有些作家，尤其是那些通常会列出纲要的作家，喜欢将自己的这些纲要放到一个表格中。他们用一些颜色或其他标记加以区分。通过这些表格，他们一眼就可以看清楚故事的轮廓、涉及的各类人物以及简要的动作情节。

大致如表 14—1 所示：

表 14—1　　故事纲要

章节	1
地点	星巴克咖啡店
人物	皮特和玛丽
概要	皮特用和史蒂夫的绯闻来质问玛丽
结果	玛丽向皮特泼了咖啡，怒气冲冲地离开

纸

其实你也可以使用纸张来写作。实际上，你可以用铅笔、钢笔和彩笔把要写作的材料都在纸上写下来。

我认识的作家中有人会把他们要写的故事写在长卷的包肉纸上。他们用不同颜色的便笺纸和笔绘制出一张很大的示意图。然后他们把这些纸卷起来以方便携带。（我的一些作家朋友会携带一个长的圆柱筒来装那些示意图，还有带子什么的。不管怎么样，能起作用就好。）

评论小组

许多作家都曾经从评论小组、读者网站或专业评论家那里得到一些收获。

当然也有一些作家从评论小组那里受到了负面的影响。

你受到的是哪方面的影响呢？

其实没有关系。大多数专业的作家可以和编辑友好相处。例如托马斯·沃尔夫和麦克斯韦·珀金斯，还有艾茵·兰德和贝纳特·塞尔夫（幸好他能够忍受）。

现在，作家与编辑间的关系可能很难达到过去那样的理想状态了，作家必须以更大的责任心来仔细修改自己的初稿。

下面这些指导方针能帮助你从他人对你书稿的建议中获益。

加入一个完全专注于写作的作家圈子，你会获益匪浅。小说家杰克·卡瓦诺曾经说过：

> 我加入评论圈以后才开始了专业的写作生涯。每月一次的碰面会给我一个截稿日期，并对我的作品进行评论（这促使我很努力地去写作，以证明他们对我的批评是错误的）。我也可以和他人为了同一个目标而保持联系，我们也共同分享一些关于出版商的指导方针和需求的信息。如果没有参加评论小组，我就不会开始严肃认真地对待写作。

但罗宾·李·哈彻的经历就不同了：

> 我写第 10 和第 11 部书的时候参加了一个评论小组，这段经历真是可怕极了。我在这个评论小组中属于不太擅长写作的，因为我是靠感觉写作的那类作家，在创作过程中没有别人影响时，我才会写得最好。一般来说，我的编辑是我作品的第一位读者。当然，偶尔在自己很纠结的时候，我也会找一个可信赖的作家朋友帮我阅读书中的一个章节或是一幕场景，这样做只是为了确认我确实写出了我想表达的内容。

如果你想得到来自外界的推动力，尤其是在职业生涯的早期，加入评论小组的确能够给你一些帮助，但一定要保证评论小组的构成符合以下几条：

- 评论小组的成员和你有密切的关系，以前有交情的更好。
- 评论小组的规模要小，应该控制在 4～7 人。
- 得到多少就付出多少，应确保自己有足够的时间和其他成员在一起。
- 设立实际的截稿日期并严格遵守。
- 确保小组成员熟悉你的写作风格。
- 建立互信，在结束评论时应该进行自我检讨。

- 注意嫉妒的问题，这样的事情的确会发生。如果一个小组成员的作品突然受到热捧，可能会给其他成员带来压力。所以，这样的事情要提前沟通好。

评论小组中会产生的主要问题：

- 有时你会很忙，日程很满，实在挤不出时间去参加小组评论。
- 如果彼此不信任的话，可能会伤感情。这也正是要找以前就有交情的人的重要原因。

好了，现在你已经知道这些技巧了，准备开始应用吧，之后就是进行系统的修改。挽起袖子放心地干吧（如果你穿的是衬衫的话），好好干，把你的工作做到最好。

15 第一遍通读

鲍比·奈特是美国大学篮球联赛中最伟大的教练（也是最情绪化的教练）之一，他曾经这样说过："熟不一定生巧，巧练才能生巧。"

确实如此。如果你用错误的方法练习，就不会成为好球员，球队也不会成为优秀的球队。

所以，人们过去常说的"写作就是修改"这种说法现在需要修改一下了，其实，只有明白应该如何修改，才能写出好的作品。

这正是写作本书的目的：帮助你掌握正确的修改策略和方法。

写作过程中第一个重要时刻就是完成初稿之时。

这是一个至关重要的时刻，同时，也有很大的变数。的确，这一时期的危险和变数真的不少，用危机四伏来形容可说恰如其分。在通读全文之前，你一定要拒绝诱惑，避免对全文进行大规模修订。

这个过程就如同浏览谷歌地图一样。你想全面浏览自己的"地球"，即你自己的小说。把自己创作的小说视为一个整体的地球。旋转一下地球，以便可以更好地观察，但是你一定要站在最高处。你可以对一些地方进行标注，留待后面再仔细修改。这些都是修改过程中必不可少的步骤。

但刚开始时，你必须要有一个大局观，就是应该了解读者的口味，让小说达到读者的要求。具体步骤如下。

1. 冷却阶段

初稿完成以后，至少给自己两周的假期，这是很有必要的。如果时间充裕的话，三周的假期更好，也可以休息一个月。（要是像我一样，那休息起来可就没完了。当然，如果有截稿日期，就不能奢望这样的假期了。）

在这个“冷却阶段”，应该把刚写完的整本书都抛在脑后。有些作家把这段时间当作养精蓄锐期，不写任何东西。而另外有些作家，包括我在内，一直都想做点什么。

如果你也是如此，那么就开始另一个写作项目吧，并且全身心地投入进去。如果是另外一本小说，那就好好写吧。如果不是，就写写散文、博客什么的，或者是写点东西练练笔（就像你在布莱恩·凯特利的《凌晨三点的灵光一闪》（*The 3 a.m. Epiphany*）中读到的那样）。

或是写写日记。

或是为从未接触过的那种类型的小说写写开头的章节。或是不提前做任何写作计划，直接去写一个引人入胜的开篇，谁也不知道会发生什么，说不定你会找到继续写下去的思路。

主要目的是换一种风格来写作，写出与你第一稿不同的作品来。

2. 准备阶段

第一次通读初稿的时候，应该尽量怀着激动的心情去阅读。好的精神面貌有助于产生深刻的洞察力。所以，应该让通读充满乐趣。

我喜欢做的一件事情，是为手稿设计一个封面。我的设计很简洁，会把书评家对书的赞扬评论放在上面。就像下面这样：

尝试死亡

詹姆斯·斯科特·贝尔著

“贝尔让一切变得更好。的确如此，
悬念依然还在！”
——《纽约先驱论坛报》

事实上，《纽约先驱论坛报》早已停刊。但是在20世纪50年代，我十分喜欢侦探小说的时候，这份报刊十分活跃。

没人会读到这份报纸的，所以我把它作为模拟的封面文案。

但是，有趣的事情才刚刚开始。

如果你对修改怀有恐惧的话——很多作家的确如此——你或许可以列出很多在修改过程中可能获得的收获：

- 这次修改会让书更有吸引力。
- 我可以运用写作技巧把书写得更好。
- 优秀的作品都是经过专门修改的，我具备这个技能。
- 知道如何修改是专业作家的标志，我是一名专业作家。

可以再加上一些你自己希望从中收获的选项，让自己有足够的动力去专注于此，然后准备开始修改。

3. 打印出来，准备一个副本

用自己设计的封面来装订自己的书稿，要干净整洁。是否要单面打印？是否用双倍行距？是否用库里埃字体？

所有这些都由你来决定。双倍行距和单面打印都有助于做注释说明，但是我并不提倡在第一次通读书稿的时候就做那么多的注释说明。对我而言，这并不是最重要的事情。

我喜欢用Times字体，单倍行距，双面打印。这样我可以找到真正印刷版的感觉。我想让自己像个读者一样，第一次翻看一本新书。

我喜欢在书稿上打三个孔，然后装订成一个活页夹的形式。

4. 准备阅读

你愿意在哪儿阅读自己喜欢的作家最新出版的作品呢？在办公室里读恐怕会少些乐趣。我更愿意舒服地坐在客厅靠窗的软椅上，手捧一杯香浓的咖啡，开始我的阅读时光。

不论你的习惯如何，首先复制一份自己的书稿。

唯一不同的是，你手里拿着的是一支红色签字笔（或是任何一种你喜欢用来记录的笔）和一个便笺本。

5. 阅读

可以在不同的地方通读你的书稿，最多可以选择三个或四个不同的地方。

这样做的目的是创造阅读的新鲜感，就像初次阅读一样。

此时不要停下来去做任何改动。你可以快速写下一些重要的想法或是做些记号，但是要把握全书的整体框架。

我第一次通读全书时，确实会用一些速记符号，比如：

- 标有√的页码，表示我觉得故事写得有点拖沓。
- 标有（）的，表示句子写得有些令人费解。
- 在每一页的空白处画的○，代表这里需要添加一些内容。
- 标有？的地方，则代表我认为需要删除、修改或是词不达意的地方。

还可以听听读者的意见

有些作家喜欢把自己的手稿让那些值得信任的读者看，这些读者可以告诉你他们想要什么，而且能给出客观的建议。作者应当好好珍惜这样的读者。每次得到帮助以后，你应该请他们吃一顿丰盛的晚餐，或以其他方式表达感谢。

你或许需要如下一份调查问卷：

- 你觉得整体情节如何？
- 你喜欢/不喜欢主人公的哪些方面？
- 你是否已经厌烦故事的某些地方了？如果是，请解释一下原因。
- 你有什么改进的建议？
- 你喜欢这部书的哪些地方？（你可以在这个问题上多花点时间来描述！）

6. 分析

初次通读之后，就可以开始做笔记了。首先要回答以下问题：

- 我写的故事有意义吗？
- 故事情节是否吸引人？
- 故事叙述是否流畅？或者是不是有波澜壮阔的感觉？
- 书中的主人公是否“跃然纸上”？
- 悬念是否足够吊人胃口？
- 读者是否有足够的遐想空间？

假设你是一个评论家，要为自己的作品写一篇简短评论，那么，你将如何客观评价自己的作品？不要太苛责自己。

不要奢望初稿就已经是完美之作，或是近于完美。很多专业的作家都认为所有作品的初稿都很糟糕。这是问题的一部分。你需要做的是先记录下来，然后再来动手修改。

从这一点来看，首先应该通读全文，然后将需要做修改的地方仔细标注出来。

总结的方法

著名的英国小说家约翰·布莱恩曾在自己的著作《小说写作》（*Writing a Novel*）中提到过一个技巧，在初稿写完之后可以使用，很多作家都发现这个技巧很有用。布莱恩建议要尽快完成初稿写作，就是一直写下去，不要做回顾，也不要中途停顿写作而做重大改动。

在小说的每一个部分，你能写多少字就写多少字，直到初稿完成。

然后，把完成的小说放到一边晾一段时间，再给自己的小说做一个总结：故事梗概，留待以后方便修改。因为你要努力把小说写得更优秀、人物刻画更深刻，你甚至还会做重大修改。

总结的字数应该控制在 2 000～3 000 字，而且应该多写几个版本。

正如斯蒂芬·科赫在《现代图书馆作家工作坊》（*The Modern Library Writer's Workshop*）中所描述的一样：

> 简言之，你要一遍又一遍地对自己说：我的故事马上就要写出来了，一直到你建立起这样的自信心，促使你写出新的草稿。如果可以的话，首先要总结自己的初稿，然后试着用其他方式来讲故事。改变故事的开头和结尾，转换一下视角和观点。每一篇总结都应该短小精练，无须花费一天以上的时间去写总结，因为你是在概括总结你的小说，而不是在改写。你应该尝试各种可能性……不要对自己的故事夸夸其谈：要用一种凝练的方式去讲述。不要沉迷于对主题的各种空想，而不做推论。但是推动故事发展的人物形象、主题动机和精彩时刻务必包含在其中……

如果你写了几个这样的总结，并且最后找到了修改的最好方法，这就会成为你完成第二稿的一个路线图。

这是约翰·布莱恩给出的方法，我建议你试试看是否有效。

写作混乱的因素

如果你的书稿一团糟怎么办？不知道应该再做些什么，也不知从哪里着手来解决这些问题。有许多的情节设置、人物刻画和情境描述都不知道该往哪个地方安排。

出现这种状况或许是因为你没有提前列出大纲，每天你都想写出点新素材。我认识的好几位作家都是这样写作的，但他们只是不愿意根据大纲写作。他们更愿意冒写到最后书稿一片混乱的危险。

那么，应该如何处理这一状况呢？

首先，你要意识到这样写作本身没有什么错误。如果你写作初稿时这种方法行得通，这只能说明你虽然写了这么多，但终究只是写了一个庞大的小说纲要。很多作家的写作大纲，隔行书写的篇幅只有 50 个词左右，而你写的纲要可能是 80 000 字。

当然，应该祝贺你。现在你应该思考一下你的小说应该是什么样子，然后从头再来。不是重新写，而是如雷·布莱伯利所言，让作品复活。

当你觉得自己茫然无助、迷失了方向的时候，怎么办？你甚至都不知应该从何处入手。面对茫茫海洋，任你猛烈挥舞手臂，却不知道该游向何方？

以下是几条经验之谈：

1. 接受自己的绝望

我知道这听上去像是瑜伽修行者给出的简单答案，但是我认为这句话很有道理。你要么被自己绝望的情绪打败，要么好好利用自己这种置之死地而后生的情绪。

2. 来回穿梭

艾萨克·阿西莫夫是最多产的作家之一，他写的各种书籍、文章和故事都令人叹为观止，书的主题也从《圣经》到机器人多种多样。他是如何做到的呢？

显然，他很聪明又熟悉很多领域。但是完成这样多的书籍也要耗费很多体力，而且还要他的思维不混乱才行。况且，在他写作的年代，还没有电脑这一便利的工具。

通过阅读阿西莫夫的书，并研究其写作方法，我找到了他成功的秘诀，内容如下：

- 第一，他知道如何打字，而且打字速度很快。
- 第二，他在写作期间，同时用几台打字机。
- 第三，在不同的写作阶段，他在每台打字机上写作不同的题材。
- 第四，他在不同的写作题材之间来回穿梭。如果他在一个题材上卡壳了，就会转移到另外一个毫不相干的题材上去写作。
- 第五，他每天都坚持写作，而且会完成自己的工作量，日复一日，年复一年。

这个方法为何如此卓有成效？不用研究阿西莫夫是率性而为还是有计划地实施，他指出我们的大脑总是以求知的方式而存在的，这一语中的。就是说，如果只是关注一件事情，那么过一会儿大脑就会感到疲倦。而如果经常转换关注点的话，就能让你的头脑始终充满新鲜的能量。

值得注意的是，即便是转换到新的题目上去，潜意识也并没有停歇，并没有离开之前的写作题目。所以，当你再次回到之前的写作题目的时候，你的思维仍旧清晰，而且可能又有了新的写作素材。

即便是最初的开始阶段，我建议你也可以同时进行不同题材的写作。如果在修改的时候，你觉得自己很疲倦，不如尝试在不同的写作题材之间来回穿梭。这一方法会激发你的写作激情，当你再回过头来开始修改的时候，你还可以从一个新的视角来重新审视。

这一方法可以让自己烦乱的思维清晰起来，这个时候那些被囚禁的灵感就可以开始热热身，并准备发挥自己的功用。

我在修改一份书稿的时候，往往同时也在写作另外一部作品，或者至少是在为下一个选题做准备工作。

我还做一些其他的辅助性写作，这样做只是为了让自己写作的思维保持活跃。可以写一个短篇故事、一篇散文，也可以把自己的观点写成一篇博客。

在我厌倦了修改之后，我发现在写这些题材的时候，我的思维都很清晰。

在修改的过程中，有时候我会从中抽身而出，但等我回过头来再重新开始修改的时候，我又满怀信心了。

7. 修改

现在你可以参照第 17 章的“最终修改清单”了。

但是，首先我们应该好好考虑一下，如何让自己的故事对读者产生最深层次的影响。

> 写作的迷人之处正在于不像脑外科手术那样能一气呵成、一次成功。
>
> ——罗伯特·考梅尔

16 深化

我们身边有很多不同的故事，但我们还是希望能从同一个作者那里读到更多的故事。如果到故事收尾的时候我们感到失望，那是因为我们依旧沉浸在书中那种虚构的梦幻里，缺乏深化的体验。

很难给深化下一个定义，但没有经过深化延伸的故事一眼就能看得出来。即使我们读一部令人兴奋的快节奏小说，如果故事未能带着我们到达一个新层次，仅仅是浮于表面的体验，那么，这个故事结束不久我们就会忘记它。

是的，这或许是一个有趣的旅程、一个打发时间的好办法。但是，阅读结束之后，我们还会再回过头来欣赏一番吗？

另一方面，当我们沉浸在一个更为复杂的情感体验之中，此时故事缓缓展开，直到最后那一页，故事中的人物还会与我们一起停留很久。

我想起了小说《杀死一只知更鸟》（*To Kill a Mockingbird*）和《麦田里的守望者》；我还想起了惊悚小说，比如迈克尔·康纳利的《消失的光线》（*Lost Light*）和雷蒙德·钱德勒的《漫长的告别》（*The Long Goodbye*）；还有青春小说，像《饥饿游戏》（*The Hunger Games*）和哈利·波特系列。

这些书的故事都比其他同类书籍更为复杂。

正如格特鲁德·斯泰因说的奥克兰一样："那里什么也没有。"我们谁都不希望自己的书也得到这样的评价。

在一个深奥复杂的故事里，不仅有“这些、那些”，还有共鸣。这才是故事令人愉悦的地方，最后一个音符还萦绕在耳，就能够吸引读者回来再多读几遍。

当然这些都不是轻而易举的事情，如果那么简单的话，我们的初稿就可以完成所有需要的一切了。把作品按照不同的类型归类将是这个写作技巧里最重要的部分。

不断深化故事内容。

深化练习

在我的“新起步”工作坊里，我让几个作家做了一些不同的练习，从现有表面的水准来深入挖掘下面的内涵。所以，多数深化只是**提出关键问题并让想象力做出回答**而已。

并且总是要寻找**下一个**答案。很多时候，我们都是先解决脑子里首先想出来的第一件事，或者是解决那些比较熟悉的事情。我们要寻找的应该是自己不熟悉的事情，并寻找新的见解或可能性。

应该养成将可能性一一列出来的习惯，强迫自己把不喜欢的事情列出来，只有这样才可能找到像金子一样有价值的东西。

在做这些练习的时候，你会想出很多意想不到的事情，以及很多你想拥有或是追求的东西。

然后你应该做的事情就是**整理**新材料。通常这个步骤就意味着将新材料添加到人物的背景故事和场景之中。

充分发挥想象之后要证明新材料的合理性。想象力——创造力——合理性，顺应这个步骤就能使故事得到深化。

在做这些练习的时候，还应该注意另外一个方面。有时我会先给学生一个主题，然后让他们自由灵活地写作。这就意味着**在一个固定**

的时间段内，写作不能停下来。

自由写作练习就是不假思索地将材料写进故事，不需要判断，无须对字词进行任何编辑加工。你可以允许自己写得不好和潦草，但是不要拒绝任何新鲜的想法。

你应该抓住任何一个在大脑中一闪而过的想法，通常这才是故事中最有价值的东西。

很多时候，你会在这大片的文字当中发现一两处最有价值的表达，通常是在故事中间或是快要结束的时候。这是因为我们的思维已经陷入一些平淡无奇、耳熟能详的情节中。

然后我让学生再回过头来看看自己写了什么，并将最好的部分凸显出来。这些会成为小说创作中新鲜材料的主要成分。

记住这些，然后开始做深化练习。

将椅子扔到窗外

我们应该确保读者在读故事的时候，情感像是在坐过山车，当他们被主要人物内心的激烈斗争所吸引时，就是坐过山车最刺激的时候。

所以想象一下，你的主要人物在一个有飘窗的房间里，房间里有把椅子，主要人物把椅子扔出了窗外。

为什么？

何种情绪会导致这种情况发生？

愤怒？

悲痛？

失望？

现在，对这种情感做出合理的解释，什么样的经历才能导致主要人物做出这种事情？

最后，将这种强烈的情感变化转移到你的小说的一个场景之中。

动作情节不一定非要是一样的——将椅子扔到窗外——但是这种感受是可以复制的。

可以利用其他任何时间来为这种感觉再写一个新的合理的解释。

失去的爱

写下在这个世界上你最爱的三件东西，可以是你爱的人、你做的事、你去过的地方或是你的某个物品，花一些时间来列出一个清单。

从这三个之中选出一个你最爱的，如果都一样喜欢的话，就随机选出其中的一个。

现在把自己放在一个场景之中。是的，就是你自己。在脑海里创作一个电影，这个电影就是关于你刚刚失去了最爱的东西。看着这一幕场景，直到你感觉到自己的情绪变化。

接下来，一直不停地写两分钟，记录下在那种场景中你内心思想的可能的变化。你可以把自己想象成一个扮演某个角色的演员，或者一个为自己写日志的作者。

然后，把材料放在一边，过一个小时再回过头来看看。仔细阅读你写的东西，应该突出出现在大脑中最新颖的想法、令人惊讶的材料和突兀的措辞。

把这些材料转移到你的主要人物身上，并将失掉心爱之物的细节加以调整，以符合人物的处境——其实，你完全可以自由地把自己的经历赋予这个人物。

创造一个合适的场景，并且合情合理地解释主要人物在那里失去了他的所爱。

恐惧因素

许多引人入胜的小说都是基于恐惧因素的。

因为极端恐怖可以产生从单纯的担心到身体的战栗等恐惧。这个变化过程可以用一个连续变化来表示：

担心→害怕→恐惧→战栗。

将这种持续变化的心理应用到你所写的场景之中。除非场景中的人物正在经历某种形式的恐惧，**否则就不会产生危机感。**

那么，你或者剪掉场景，或者加入一些恐惧的因素。

按照下面来做：

1. 你创作的人物担心哪三件事？把它们写下来。

2. 对每一件事情都做出合理解释，**为什么**书中的人物会害怕这些事情？

3. 从中选出人物最害怕的事情。

4. 自己先感受一番，然后利用老演员的那种感觉记忆技巧，记住什么时候你也能感受到与此相同或相似的恐惧。

5. 从人物的角度出发，用一页的篇幅来写一个长句子，描写这种恐惧。一直不停地写，直到写满一页。

6. 将这一页的内容修改成一个段落，将这个段落放进小说之中。

有效的细节

有效的细节一般是单个的、描述性的成分——一个手势、一个形象、一个动作——包含诸多含义。这些细节可以立刻说明一个人物、背景或主题。

雷蒙德·卡佛是这方面的大师，在他的故事《请保持安静，好吗？》（*Will You Please Be Quiet，Please?*）中，丈夫和妻子正在厨房里激烈地争吵着。妻子不愿意提起多年前在一个聚会上发生的事件细节，当时另外一个男人开车载了她一程，并且在车里吻了她。下面是她丈夫听到后的反应：

> 他将注意力转移到桌布上面画的一辆小黑马车上。四匹欢腾的小白马拉着一辆黑色马车奔跑，赶车人头上戴着一顶高高的帽子，举着胳膊奋力驾驭马匹。马车顶上绑着手提箱，看起来就像

一盏煤油灯挂在一边，如果说这个男人在听什么东西的话，那声音是从黑色马车里传出来的。

丈夫的内心活动和情感变化都从画面和与画面有关的内容中淋漓尽致地展现了出来。所以，卡佛无须再告诉我们这个丈夫的感受，因为这些细节已经告诉我们了。

1. 在你的书中确定一个气氛高度紧张的时刻。

2. 列出可能出现在这个场景中的合适的动作或背景描写。

3. 在尽可能短的时间内列出至少 20～25 种可能性。记住，想出好点子的最好方法，就是想出很多的点子，然后从中选出那个你想用的。

4. 写一个包含这些细节的长段落，然后编辑这个段落，使它更加简洁、更有说服力。有效的细节应该是微妙的，而且细节本身就能道明一切。

“这不仅是我是谁的问题，而是我他妈的到底是谁”

在百老汇音乐剧《财星高照》（*How to Succeed in Business Without Really Trying*）中，青年才俊 J·皮埃尔邦特·芬奇遇到了大老板 J. B. 比格雷，比格雷是 World Wide Wickets 公司的总裁。

比格雷掌管雇用和解雇的所有大权，办公室里的每个人都害怕他。当芬奇问他是否真的是比格雷的时候，比格雷回答说：“这不仅是我是谁的问题，而是我他妈的到底是谁。”

他知道自己是谁、有几斤几两。他知道自己想让世界怎样看待他。

1. 描述主要人物的三个形容词是什么？

2. 从中选出一个形容词，书中人物认为这个词最能描述他的特点。

3. 现在，口述 5 分钟的日志（参见第 2 章主要人物口述日志中的描述）。让人物告诉你，为什么这不仅是他是谁的问题，而是他**到底**是谁的问题。

现在，从你的小说中找出**另外一个人物**描述主要人物的部分，可以是描述他的面部特征，也可以是问书中的其他人物怎么描述他。把你在这个练习中得到的材料合并进去。

接下来，应该检查包括主要人物在内的每个场景。是的，就是每个场景。重新调整所有的动作、思想和对话以增加新颖性，这样就会与你的想法相吻合。

幽灵

当过去发生的一个事件困扰着人物的现在时，我们就称之为幽灵。它会让一个人物对另外一个人物做一些事情或说一些事情，而对于读者而言，就像是表面之下有什么事情正在发生一样。

虽然我们都是无限复杂的经历互相交织的产物，但在小说中你可以单纯地只是为了一个目的。这个目的就是更深入地与角色相联系。

选择过去伤害过你的主要人物的一件事情来进行创作。应该想出几个可能性（再次回忆脑海中那些熟悉的事情），选出其中的一个可能性，来创作一个口述日志，让这个人物**详细**描述这个事件。把它写下来，直到你觉得与人物的性格特点相符。

接下来，写出五个**非语言**的方法说明人物被幽灵所困。将它们都放进你的故事中，不需要增加解释。

最后，重写三段对话，在对话里面包含幽灵的潜台词，不用明言，但应该能够影响到人物的谈话。

神探科伦布

最后也是最重要的，就像科伦布那样，这是皮特·佛尔克饰演的一个电视剧角色。表面上看，他是个步履蹒跚、笨手笨脚的警探。他会经常招惹嫌疑人，缠着他们问这样那样的问题。

每当那些坏蛋以为科伦布要离开的时候，这个老谋深算的侦探就会停下来，转过身来说："就再问一件事情……"然而，最后那个问题总会击中要害。

所以，你的主要人物最不希望被人问及的问题是什么？

在书中创建一个对话，由对话人给出答案。应该注意的是，你的主要人物不一定非要做出回答！当然，这取决于你。

就像所有应该深化的问题都取决于你一样。但我相信，你会发现这些练习材料最终会将你的书提高到一个新的层次。

当你开始修改的时候，通常就是找到了你希望用以达成目的的方法。

这也是下一章的主题："最终修改清单"。

17 最终修改清单

值得祝贺。

其实认为自己某一天应该写一本小说的大多数人，都从未意识到这一点：

通过完成一份草稿，你可以学到从其他途径学不到的东西。

如果每次写作的时候都使用本书中的这些原则，你将会学到更多。

这里也体现了学无止境这个道理，或者说任何时候都不应该停止学习，别停下来。

应该一直坚持写下去。

关于修改，我认为多数作家需要的是一种更系统的方法。因为大多数作家都只是坐下来，一页一页地读自己的手稿，随时都在准备着修改。他们对每个地方都是随见随改，不考虑其大小或主次关系。

但是，更好的方法应该是按照从大到小的顺序进行修改。润色就是从最重要的方面开始，按照自己的方法，一直到最后一步。

仔细思考一下这一章，然后，把它当作你的最终修改清单，可以应用到你写的每一部手稿中。

如果你愿意的话，可以随意改变顺序，并且加上你自己清单里的内容。

你也可以在今后的写作生涯中随心使用。

它对于你的写作一定能发挥积极作用。

人　物

关于主人公的几个关键问题

● 我创作的主人公是否值得贯穿整篇小说？为什么？

● 我怎样才能让我的主人公“更好地脱颖而出”？

● 我创作的人物角色之间的对比充分吗？人物本身有足够吸引读者的地方吗？

● 读者对我创作的主人公产生共鸣是因为他——

关心他人胜过关心自己？

是有趣的、无礼的，或者因为某些原因是反抗的？

有能力处理某些事情？

是一个屡战屡败，但从不放弃的人？

有一个能引起读者共鸣的梦想或愿望？

尽管遭受不白之冤，但从不抱怨？

处在危机四伏的情形之中？

通常的补救措施

运用跳跃法

必须让主人公“跃然纸上”、呼之欲出。引人入胜的小说中最关键的通常是活灵活现的人物，他们能够与读者同呼吸、共命运，并且能够给我们惊喜。

如果你的主人公看起来平淡无奇，那就尝试一下“反向练习”，把他们想象成与原来人物相反的性别。然后闭上眼睛，在脑海中回放一些场景，他们的行为有什么不同？他们表现出来的感觉是什么类型的？会出现哪些细微差别？

实际上，你不会去改变他们的性别（尽管你可以改变）。你也可以尝试不同的光影和颜色。

一个变化是“角色转换”。首先，确定你的主人公。你会签约一个什么样的演员来饰演电影中的角色？

接下来，塑造另外一个角色，这个角色与前一个角色完全不同。你可以在脑海中想象一些电影中的画面，譬如你的角色与汤姆·汉克斯或罗伯特·德尼罗搭档会更好吗？如果由苏珊·萨兰登或桑德拉·布洛克来扮演的话，哪一个更适合你的主人公呢？

渲染激情

在《进入角色》(*Getting Into Character*）一书中，布兰迪林·柯林斯为小说家介绍了一些表演技巧。其中的一个技巧就是**渲染激情**。“这就像表演，”柯林斯写道，“小说中的三维人物需要三维的情感……当你关注的不是角色通常的激情，而是构成激情的主要组成部分、对立面和成长过程时，你的角色就会更加丰满、刻画得更加深入，能充分表现出最丰满的人性。”

为了开始渲染人物的激情，首先要确定人物整体的情感以及在小说中的任何一个瞬间的主要感受。这通常会在具体场景中表达人物的欲望时有所体现（一个没有欲望的角色是毫无吸引力的）。

应该将欲望推到极致，那么欲望要被推到多远呢？

可以将激情分成几部分。例如复仇，可以产生生气、震惊、愤怒、尴尬和耻辱。那么，你要怎样探索每一种情感呢？

现在看看相反的欲望，应该给人物内心的矛盾冲突播下种子。你将如何以戏剧的方式说明人物内心的情感斗争？

> 在故事中的每一个重要时刻，应该有意识地从每个角色的立场出发，去看待所涉及的情况——让他们都根据自身情况做出最精彩的表现。
>
> ——斯坦利·施密特：《修改语音日志》(*Revise the Voice Journal*)

修改语音日志

在你写完一部小说之后，你应该对其中的人物相当了解了。但是，和现实中的人们一样，每个人身上都有很多可以供你探索、供你深入挖掘的内心角落。

如果你已经为你的主人公做了一个语音日志，那么，现在你应该考虑进行一些修改。你可以让人物用他们自己的声音告诉你，故事中发生的那些事件对他们都产生了什么影响。他们现在有什么不同？他们自己希望能有哪些不同？

在故事的结尾处他们会爱上（或憎恨）谁？

他们生你这个作者的气了吗？那就让他们好好发泄一下。

你的人物角色可以在不同的场合表达出不同的声音，这种场合可以任意设置。所以，就让他们自行发展，看看最后的结果究竟会是什么。

然后，你就可以深入刻画你小说中的人物形象，并加以详细描写。他们所说的事情也会把你引向一个合适的主题（见第 12 章）。

列一个人物的变化图表

通过三个动作窥探人物的内心变化，列出促使人物发生变化的情节元素。（见表 17—1。）

使人物内心的变化合乎情理、符合逻辑。

- 通读你的手稿，用荧光笔标出整篇小说中那些表明人物内心活动的句子和段落，可以是从一句话的认识到全面的反应，无所不包。

表 17—1 故事纲要

人物曲线变化模板			
姓名：			
第一个动作	第二个动作 A	第二个动作 B	第三个动作

● 现在，按照顺序通读你标出来的部分，你所展现的人物内心活动合理可信吗？有没有前后矛盾的地方？这些内心活动与其他的内心思考有什么不同吗？需要修补这些不同吗？

关于反面人物的几个关键问题

● 反面人物也和正面人物那样得到了充分的描写吗？

● 他的行为合理吗（在他自己的脑海里）？

● 你对反面人物处理得“公平”吗？

● 在战斗的能力方面，他和正面人物一样强大还是（最好是）比正面人物更强大？

通常的补救措施

留小胡子的坏蛋

如果你的反面人物是个“恶棍”，那么你就只是在一维层面上描写他的邪恶（通常的毛病），要按照下面的方法来做：

● 给这个人物写一部传记，从他那富有同情心的母亲的角度来写，要强迫自己写。

- 然后将其中的一些材料穿插到小说的场景中，场景不必太大，一个小的场景就能写很长。

记住：情节剧和无声电影里留着小胡子的老恶棍，在现代的电影中早已不复存在了。

情　节

关于情节的几个关键问题

- 书中的什么地方会让读者不满意，把书放到一边不看了？
- 小说给人的感觉是在讲述一个故事吗？
- 情节给人很紧迫或是不自然的感觉吗？
- 故事是否是不平衡的？动作情节是不是太多了？还是反面的描写太多了？

通常的补救措施

随时捕捉想法

一直都处在修改过程中，你的大脑会一直思考情节的问题。当你睡觉、吃饭、洗澡、开车的时候，你都在思考情节。这就是所谓的下意识，你的大脑其实一直没有停止对情节的思考。

所以要让自己能够捕捉到任何时刻迸发出来的念头。家里、车上、办公室和背包里，随时随地都要备有纸和笔，一旦有想法就应该毫不犹豫地记录下来，要不假思索地记录。之后，你可以把笔记里随时记下来的素材详细地筛选一下，判断将哪些素材运用到你的小说创作之中。

创建两条轨迹

为你的主人公创建两条轨迹：一个是个人问题，一个是情节问题。

- 在故事开始之初，他的个人问题就出现了，或者此后很快就会出现个人问题。
- 当主要冲突出现时，情节问题就应该出现了。

这两条轨迹不一定随着故事的发展而相交，当然也可以使之相交。但一般是个人因素影响着情节的发展。

在迈克尔·康纳利写的《追逐小钱》（*Chasing the Dime*）一书中，当主人公皮尔斯正在处理离婚的事情时，接到一个名叫“莉莉”的人的奇怪电话。但离婚的事使他无力应对这个插曲。

创建一个日程表

如果你还没有建立一个日程表，应该在写初稿之前或是完成初稿之后，打印一个完成小说所需时间的空白日程表。在写历史、当代或未来小说的时候都可以这样做。

这样做是为了避免按照计划应该在周一发生的事情，结果在周六就提前发生了；或是本打算在“第二天”去公司洽谈工作，结果却发现这一天在日历上标着周日。

我发现严格按照日程表来写作是非常有帮助的，如此一来我就可以用铅笔标出每天的主要活动。我几乎总是在写第一稿时弄错时间，然后需要修改。

使情节富有生气

你有没有感觉到你的小说像一个不受欢迎的懒叔叔，整天坐在沙发上跟你聊些毫无意义的奇闻逸事？那就让它改变一下吧。

分析一下**利害关系**。问问自己，如果主要人物达不成目标将会失去什么。除非是有什么威胁造成了主要人物身体或情感上的巨大伤害，否则读者不会在乎发生了什么。

最好在小说情节中涉及死亡的威胁。在惊悚小说中通常是身体上的致命威胁。如果好人不能成功摆脱坏人，就必死无疑（就像约翰·格里森姆的作品《糖衣陷阱》（*The Firm*））。不过也可以死得专业些——联邦调查局特工如果没能抓到连环杀手就是失败的（就像托马斯·哈里斯的《沉默的羔羊》）。

在纯文学小说中，人物在心理上经常遭受死亡的威胁。小说《麦田里的守望者》就一直萦绕着这种感觉。霍尔顿·考尔菲德必须找到一些他可以接受的现实，否则他的内心就会死亡。

探索的另一个主要领域是**连贯性**。是什么将正面角色与反面角色联系在一起？如果故事情节连贯性不强，读者就会疑惑情节是否还有继续发展的必要。

责任通常是连贯性的关键。如果主要人物有专业责任感（例如律师对待他的当事人、警察对待他的案件），那么，我们就会认为他不会放弃。这里说的责任也可以是道德上的，比如拯救朋友或对所爱的人负责。在电影《天生冤家》中，尼尔·西蒙在电影角色身上植入了道德责任：奥斯卡最好的朋友菲利克斯在离婚期间自杀了。这足以回答这个问题：**为什么奥斯卡不把他讨厌的室友踢出去**？

接下来就是看你能否添加**另一个层面的并发事件**了。在罗伯特·克莱斯的惊悚小说《人质》中，疲惫的人质谈判专家杰夫·塔利原本在郊区安静的家里休息，却突然要面对紧张的对峙局面。

克莱斯的创作本身已经十全十美，但他又添加了另一个层面的内容：房间里一个人质的手上有可以让犯罪团伙伏法的财务方面的证据，因为他就是这个犯罪团伙的会计！犯罪团伙需要在警察到来之前拿到这个证据。

为了给塔利施加压力，犯罪团伙绑架了他的前妻和女儿，把她们挟持为人质。这个被升华了的并发事件贯穿到了全书中。

增加一个人物

人物过少可能会使情节显得过于单薄。

而人物过多则会使情节过于繁杂。

所以，只有在合适的时间增加合适的人物，才能使故事情节呈现出完整性，才能使故事情节精彩。

如果你设置的故事情节进展缓慢，可以考虑在故事进程中添加新的有活力的人物。在情节里，给这个人物以一定的支持，给他设置充分的理由来支持或反对其他人物。要在新人物和现有的人物之间寻找可能的联系。

注意动机不明的行为

你在故事中设置的人物是否在做不合乎情理的事情？

一个人物不能仅仅是露露面而已，你必须赋予这个人物做某件事情的理由，譬如：

- 欲望
- 渴求
- 责任
- 心理创伤
- 激情

添加一个"拍一拍狗"的情节

在电影剧本创作中，作者有时会谈到"拍一拍狗"的情节。下面通过一些例子来解释一下这个情节。

克林特·伊斯特伍德扮演的一个警察（我知道这有点跑题了），拿着他的 0.44 口径的左轮枪穿过漆黑的街道追踪一个杀手，他中了一枪。当他听到轰隆一声的时候，他将背靠在了巷子里的墙上。他迅速转身用枪指着一条皮包骨头的老狗，是它刚刚弄翻了一个垃圾桶。这条狗蹭到了克林特的腿上。

克林特低下头看了看这条狗，跑出了巷子，然后又回到狗的面前。他弯下腰来，轻轻拍了拍狗说："要小心啊，小家伙。外面很危险。"然后他收留了这条狗。作者在这里所花的时间，就是为寻找比主人公更弱、更易受攻击的对象。主人公对狗表现出的关心，就是此时此刻对自己安危的担忧。

所谓的"拍一拍狗"的情节就这样合乎情理地展开了，这充分体现了人物角色极大的同情心，同时也增加了悬念。这里不必非得是一条狗，也可以是任何其他处在弱势境况下的人物。

在电影《亡命天涯》中也有一个很好的"拍一拍狗"情节。

医生理查德·金布尔（哈里森·福特饰演）将自己伪装成繁忙的芝加哥医院里的一名维修工。他的计划是进入修复科，拿到来访记录，找到可能杀害他妻子的独臂人。此时，他正遭到汤米·李·琼斯饰演的美国法警的追捕。

当金布尔试图趁着无人注意离开医院时，他来到了急诊病房，这里有一个遭受大面积枪伤的事故受害者。

金布尔正在等待机会，但这时他听到了旁边的呻吟声，向下一看，发现一个男孩躺在轮床上。他不禁疑惑，这个男孩怎么了？他毕竟是一个医生，治病救人是他的责任。

一个值班医生告诉金布尔把男孩推到观察室里。金布尔照做了，他问男孩伤到了哪里，并给他做了 X 射线检查。在电梯里，他断定这个男孩是被误诊了，于是他更改了诊断记录。金布尔把男孩推到急诊手术室，让他立刻接受治疗。

金布尔从他的各种麻烦事中抽身出来关心另外一个人。电影导演高明地利用了这一时刻，让金布尔因此陷入更多的麻烦中。当他回到急诊楼时，值班医生叫住了他，拿走了他的身份牌，然后就去叫保安。

逃犯再次逃走。

找一个可以添加“拍一拍狗”情节的地方。

换一个背景

通常情节的主要背景是保持不变的，因为你要在里面设置很多情节。你做了研究，为场景设置了故事发生的地点等要素。

但是如果可以改变，就多考虑一下：它会将你设置的情节提升一个档次吗？会有更多令人兴奋的可能性吗？

即使你不能改变情节的主要位置，但你设置的许多场景都可以通过这个方法变得更加生动。

特别是要注意以下这些地点：

- 餐馆
- 厨房
- 起居室
- 办公室
- 汽车

这些地方都是大多数人最常用到的。因为这个原因，它们显得过于熟悉。

看看每个事例的位置，比如上面这些，看看是否能够找到另外一个更新的地点。例如，书中的人物不是在餐馆里吃热狗，而是在码头外面吃会怎么样？或是在一个十分吵闹的狂欢节上吃热狗，会怎么样？

当然，你无须变动每一个场景，不过，这显然是深化情节的一个好方法。

不要害怕制造麻烦

你是否一直不愿意给主要人物尽可能地设置各种麻烦？你在设置障碍、挑战和冲突的时候尽全力了吗？你对你的人物是不是太好了？

通读你的初稿，给每个场景的冲突点做出定义。

- 有没有这样两个人物，他俩要达成的目标是相反的？为了使矛盾冲突更加清晰，你能重新创作一次吗？
- 围绕着对每个角色来说都至关重要的目标，你能进一步强化矛盾冲突吗？
- 你能通过人物内心的变化向我们展示这个目标对于视角人物的重要性吗？
- 你能使冲突更加白热化、更加激烈吗？
- 深入思考一下。不用担心写得太过，因为你总能在最后的修改阶段将情节拉回来一些。

开　篇

关于开篇的几个关键问题

- 我开始故事的时候引擎全开了吗？还是花费了太多的时间预热？
- 我的开篇故事是如何遵循希区柯克的名言（“伟大的故事就是剔除掉了生活中乏味沉闷的部分”）的？
- 我尝试着呈现的**故事世界**是什么？什么样的情绪描写能够带给读者像现实生活一样的感受？

- 我的小说基调是什么样的？我的描写符合小说的基调吗？
- 在第一部分的故事中，是什么吸引读者一直读下去？主人公会面临什么样的危险？
- 主人公的对手是谁？正反两方势均力敌还是反方更加强大？我应该如何把它呈现出来？
- 整本书的布局中是否有足够的矛盾冲突？

通常的补救措施

使平淡的开场白更加生动

给出一个动态的人物。在故事的第一行，某个人身上应该发生一些事情。

使这个事件成为一个令人坐立不安的开端，或者预示着将发生令人不安的事情。记住，一个干扰可能形成任何形式的改变或挑战，不一定非要是“大的干扰”才能留住读者的兴趣。

如果你想让开场白更自然些，至少应该在第一段或前半页就给出这些信息。

去除过多的背景故事、陈述或人物介绍

虽然在开篇部分描述一些背景信息是必要的，但是应该在情节确立之后，再慢慢展开。

陈述（信息）通常也可以推到后面部分再进行。

记住这个规则：**动作情节在前，解释在后。**

要记住第二章中应该有突如其来的变化，尝试着以你的第二章作为开篇，看看感觉如何。

另一个错误是在开篇章节介绍了太多的人物。读者想要知道谁是主要人物，他们为何要关心这个主要人物。如果一开篇你就介绍

了太多的人物，他们之间的联系就会被稀释。你可以使用下面的方法：

- 删除几个人物。
- 把一些人物的介绍放到后面。
- 确保自己始终在主要人物的视角中。
- 将几个人物合并以缩减人物阵容。

中间部分

关于中间部分的几个关键问题

- 我深化了人物之间的关系吗？
- 读者为什么会关心发生了什么事情？
- 对于最后的战争和最后的选择，结尾处我给出合理的理由了吗？
- 故事中是否弥漫着一种死亡（身体、职业或心理上的）氛围？
- 人物之间是否有紧密的联系（比如道德或职业责任、所处位置或人物之间不能分开的其他原因）？
- 我设置的场景中是否包含冲突或紧张的情节？

通常的补救措施

加强对反面人物的刻画

阿尔弗雷德·希区柯克经常说，悬念的力度在于恶棍的恶劣程度，这很有道理。如果读者因为正面人物的对手太弱势而不担心他，那么故事的中间部分就会写得很费力。

可以从以下与死亡相关的三个方面来给对手增加力量：

● 对手有能力杀死正面人物吗？比如像黑手党那样。

● 对手有能力毁坏正面人物的职业生涯吗？比如一桩刑事审判中一个不公正的法官。

● 对手有能力摧毁正面人物的精神意志吗？想想在 1942 年拍的电影《扬帆》（*Now, Voyager*）中，格拉迪斯·库珀扮演了一个可怕的母亲。这个母亲拥有一种魔力来控制她女儿，女儿由贝蒂·戴维斯饰演。

一旦你决定了反面人物可以施展的势力类型，你就可以回过头来再解释它。你可以灵活使用任何背景材料，向我们准确展示反面人物是如何施展力量以达到目的的。

注意：不要把反面人物描写得过于强大，而让正面人物成为一个陪衬。但是可以把反面人物描写得有血有肉，使他变得更加复杂。可能除了伊沃医生，没有人能每天早上一醒来就想着今天要做什么新的邪恶事情了。各种人物都觉得自己在做的事情很合理，而反面人物向我们展示的是灰色地带。

添加一个次要情节

有一个好方法能确保中间部分的情节不那么松散，那就是添加一个次要情节。一个好的次要情节可以增加主题深度，给故事提供额外的外部冲突和内部冲突，从另外一个层面来增强小说的吸引力。

下面是几种次要情节：

● **浪漫型。**主要人物必须要涉及浪漫元素，这将使他的生活更加复杂化。一些浪漫的次要情节类型有：

主要人物爱上了一个人，但由于阶级、家庭或其他方面的考虑却不能在一起。两个相爱的人想要在一起，但是被现实情况所阻挡。想想《罗密欧与朱丽叶》。

主要人物和另一个角色起初彼此憎恨，但又不得不在一起。比如经典电影《一夜风流》。

主要人物决心嫁给或追求另一个角色，但是爱的兴趣是随着性的吸引或浪漫的状态而产生的。

三角恋情。

● **情节的复杂。**另一个次要情节是随着主要人物追求混乱的目标而产生的。在罗伯特·克莱斯的《人质》中，杰夫·塔利警官以为自己处理的是暴徒劫走一家人作为人质的案件。但后来事实证明，其中的父亲是暴徒们的会计，要是塔利不能重新获得一些重要的证据，暴徒就会带走塔利的家人作为人质。

● **个人生活。**主要人物的一些个人危机给他的生活制造了更多的麻烦。比如追踪连环杀手的侦探的妻子威胁说要离开他。

● **主题。**这些次要情节可以有许多种排列方法，但其存在的主要原因是深化小说的主题。一般来说，故事主线是关于个人的，它要求主要人物成长或吸取一些重要的教训。

那么，寻找次要情节的最好方法是什么呢？有两个主要方法：

1. 人物

● 选一个主要人物以外的人物，让这个人物更加突出。这个人物怎样做才能使主要人物的生活或目标变得复杂化？以几种可能性来演绎。

● 创建一个新的人物植入进去，我在最近写的一本书中就是这样做的。我觉得故事很松散，不够振奋人心，就想出了一个丰富多彩的小人物。然后我仔细考虑这个小人物在故事情节中的合适位置，着实动了一番脑筋。最后，我专门为他设定了一条情节主线。

2. 情节

● 根据一个情节需要或是情节漏洞来创建一条情节主线将其覆盖。在我的书中需要一个过渡来向主要人物传达一些重要的信息。我会让人物来提供一些信息，然后围绕着这些信息建立一条情节主线，以此扩展主要人物所不能表现的地方。

增加风险

情节风险

开动脑筋，努力增加一些新鲜的事件，给主要人物制造更多的麻烦。可以天马行空、自由奔放地创作，不要扔掉任何东西。通常你应该在筛选掉四五个可能性之后才能得到真正有价值的东西，所以应该一直写下去。

可以增加情节风险的几个可能性：

- 一个意想不到的敌人出现。
- 一个朋友变成了敌人。
- 一个次要人物比此前以为的具有更致命的力量。
- 有人意外死亡。
- 认为已经死了的一些人又出现了。
- 主要人物被解雇了。
- 主要人物出了事故或失踪了。
- 丢失了一条至关重要的信息。
- 埃德·沙利文起死回生（这看起来有些疯狂）。

人物风险

你怎样给主要人物增加风险？

将他置于进退两难的境地。

进退两难的境地意味着有两种选择，而这两种选择都不好。

在电脑上或在一张纸上做一个双列表格，深入思考人物角色不能摆脱困境的所有原因，尽可能多地寻找角色不能放弃的原因，如心理的、个人的、家庭的以及其他方面的原因。

比如，在表的一列写下，为什么《亡命天涯》里的理查德·金布尔医生没有放弃?

- 他并没有犯罪，但是他将被判有罪。
- 而真正杀死他妻子的凶手将逍遥法外。
- 他受到各种回忆的困扰（在电影里有一系列的梦境）。
- 凶手可能再次出动。
- 真正的坏人（如果存在的话）将继续作恶。
- 正义体系将会被扭曲。
- 忠实的朋友会认为他一直都是傻瓜。

诸如此类。接下来，在表格的另一列，将人物**必须要离开**的所有原因都写进去：

- 美国的执法官拥有所有的资源。
- 他只是孤单一人，没有人相信他。
- 这是一个极大的阴谋。
- 他是一个**外科医生**，不是超级英雄。

给人物增加风险的另一个方法是**使之个性化**。在《伟大的警察》中，剽悍的警察班宁试图抓到犯罪团伙的老大。他使用其惯用的强硬手段，不愿因威胁而收手，随后暴徒制造了一起汽车爆炸案件，而且误炸了班宁的妻子。

现在变成个人恩怨了。

社会风险

有什么更大的问题在起作用吗？是社会这个大的因素吗?

以威尔·凯恩为警察局局长的小镇接下来会发生什么？他会被杀死吗？或者离开？杀手在这个镇上有很多朋友，他们喜欢威尔·凯恩来之前镇上的样子。

里克在《卡萨布兰卡》中是反英雄主义的会怎么样？如果他走自己的路，把伊尔莎留下来，必将对战争中的英雄拉兹洛造成伤害。文学世界的伦理会受到伤害。简言之，讨论风险！

修整

有时故事的松散是由于负担过重造成的，因为有太多松散的情节。你可以做一番修整，然后加强已有的好的情节。

可以试试下面的方法。

整合或减少人物

如果一个人物在情节里没有明显的作用，那就将其从故事中删掉。除非你认为这是一个足够丰富多彩的人物，具有独特的个人魅力。

如果是这样，那就保留下来。每个人物都有存在的理由。

如果是其中的一个重要人物，那么就分析一下他在这个故事里存在的主要利害关系是什么。他与主要人物有什么样的联系？有哪些主要的冲突范围？如果他不出现在这个故事里，情节几乎还是一样的，那他就没有出现的必要。

配角作为**盟友**或者**激发人们无限想象力的人物**应该出现在故事里。但如果他们不能给主要人物以帮助或者是无法给主要人物制造障碍，那么他们就没有存在的必要。

像跑龙套的小角色，只应该在故事必要的情境中出现。如乘坐出租车的时候，出租车司机要出镜；或者是主要人物去餐厅，餐厅里的服务员要出镜。

也可以将两个或者多个人物整合起来。首先好好思考一下所有人物之间的关系。可以制作一个关系图表，然后看看是否可以将两个或者两个以上的人物整合到一起，来完成共同的使命。例如，一个祖母和一个疯狂的阿姨可以合并成一个人物来对主要人物施加压力，这种压力与单个人给主要人物形成的压力是一样的。

专注于一个次要情节

你是否曾经因为一条情节主线搁浅而感到精疲力尽？或者是以一

种偏离正常程序的疯狂手法开始写作这条情节主线的?

选择精彩的次要情节，然后揉进主要情节当中。选择精彩的次要情节部分——可以是一个人物或者是一起事件——但不要给予太多的关注。

加强研究

有些作家喜欢在开始写故事之前做广泛的研究。对于写历史小说的作家而言，这似乎是明智的做法。做一些研究对完成初稿会有一定的帮助，但因为时间框架的限制而无法完成几个关键情节的同时设置。

其他作家，如斯蒂芬·金，倾向于首先在稿纸上完成一份初稿，然后再回过头来填补漏洞。

做研究能对你的修改提供帮助，它不仅仅会填补空隙，还能够提供新的见解来进一步深化小说的情节。

咨询专家

雷德利·皮尔森对于采访有一套很好的办法。他在开始写作之前做了充分的研究，然后才开始写作。他认真研究人物角色在遇到问题时的反应，然后向专家咨询核对。并且，他知道应该问些什么问题，能够很好地遵循专家访谈的第一条规则：**不要浪费他们的时间。**

- 向专家咨询问题之前先做一遍功课，不要浪费他的时间。清楚自己应该问什么问题，想想自己在联系他前需要准备什么材料。自己应该尽力多做些准备，然后去向专家请教那些具体的细节。

- 当你计划去拜访警察局的公共关系办公室等部门的时候，应该先确保他们清楚你**不是**一个调查记者！问他们这样的问题，诸如“你是否能帮我联系上某人，看他能否花一点时间讨论一下某某问题?”应该告诉他们你需要多少时间。第一次采访时间应控制在大约 30 分钟。

- 应该问一些开放式的问题和细节，应该将意外的新发现考虑在内。鼓励讲故事，但是要在离开之前得到**关键问题的**答案。

- 采访中途（一旦你采访的专家进入“好的状态”）经常可以问的好问题如下：（1）你工作中**最好的**一部分是什么？你最喜欢的是什么？（2）工作中你最讨厌的是什么？
- 超出了预定的时间是很不礼貌的做法。
- 如果你需要后续的访谈，应该事先征求对方许可，确认是否可以回电话：“你好，还是我。现在方便说话吗？或者我应该过会儿再打电话来？”让他知道你不会浪费他的时间。
- 消息灵通人士**会**变成“伙伴”，你可以请他去吃午餐等。
- 调查一下你采访的专家是否喜欢读书，然后你就可以确定联系的方式，鼓励他做生动形象的表达。
- 上一个专业的培训课程（比如射击课程）。
- 加入到巡逻行列（与警察一起，或者如果警察不允许，那就和医护人员一起）。

仔细留意所见所闻以及人们是如何交谈的，等等。注意他们使用的一些专业术语、行话。

或者只是去找到它

年轻的迪恩·孔茨用利·尼科尔斯为笔名写了一部小说《午夜之钥》（*The Key to Midnight*）。故事开始于日本京都：

> 早上4点钟，京都很安静，即使在有夜总会和艺妓院的娱乐街区，祇园这里也十分安静。一个不可思议的城市，她不禁这样想……迷人的各色霓虹灯和古老的寺庙，华丽的塑料装饰物和美丽的手工雕刻石头，星光闪烁的现代建筑最糟糕，它们耸立在经历了几个世纪的严寒酷暑的华丽的圣坛旁边。

过了一会儿，人物进入了一个餐馆：

> 弘水谷是一家日式榻榻米餐馆，它以蒲草纸分隔成许多私密

> 的雅间，这里的餐食都是严格地按照日式风格准备的。天花板不高，在亚历克斯的头顶上面不到 18 英寸，地板是用精心抛光的松木铺的，色泽通透，深如大海。在门厅，亚历克斯和乔安娜脱下自己的鞋子，穿上了柔软的拖鞋，然后跟随一个娇小的年轻女服务员进入了一个房间，他们并排坐在放在地板上的垫子上，很薄，但很舒适。

一位非常了解京都的作家朋友以为孔茨一定是去过京都那里，就打电话给孔茨向他表达祝贺。孔茨说："我压根儿就没去过京都。"

那么，他是如何自圆其说，并让人以为他曾经去过那里的呢？通过阅读旅行书籍、照片指南、观光书籍、地图、去过京都的人写的回忆录、餐馆指南以及所有他能够找到的有关资料，他搜集了上千条信息，甚至连京都最大的出租车公司的名字都收录了。孔茨也阅读文化类书籍，包括小说《幕府将军》(*Shogun*)，以了解日本人的观念以及思想的形成。

他在设置一部小说场景的时候，必须要做这些工作，他可不想让场景淹没在太平洋里。

结 尾

关于结尾的几个关键问题

- 文章中是不是还有一些线索没有处理好？你必须以不偏离情节主线的方法解决这些问题，或者回头将它们剪切掉。读者的记忆力很好。
- 我的结尾能引起读者的共鸣吗？最好的结尾能超出书中所写，给人以无限想象空间。
- 读者会有我想传达给他们的那种感觉吗？

通常的补救措施

将线索集中在一起

回过头来重新读一下初稿，只看那些与特定线索有关的、可能存在问题的部分。

你应该了解哪里有问题。

只读这些地方，跳过其他的部分。

阅读思考的时候做好笔记，列出所有可能的解决方案，无论多么荒诞。

思考一两天。将头脑里蹦出来的任何想法都加进去。

然后从中选择最适合你的解决方案。

另一个办法是利用一个次要人物来解释或表达一个解决方案。这一度是推理小说的主要方法，比如，最后侦探会召集房间里的所有人解释一下发生了什么。人们现在更敏感了，但是我们仍然可以分成小块来处理这一情节。

总的来说，就是试着把那个松散的结尾变得紧凑起来，按照与介绍出场相反的顺序来做。

下面的方法可能会有些帮助：

介绍说明性问题→主要问题→额外问题 1→ 额外问题 2→额外问题 3

解决方法可以如下：

额外问题 3 已经解决 ←额外问题 2 已经解决←额外问题 1 已经解决 ←主要问题已经解决←介绍说明性问题已经解决

应该注意的是，介绍性问题不是本书的最大问题。通常这是某种开放性的干扰问题。所以，在最后应该避免虎头蛇尾，确保每个场景中都解决了这些问题。

在迪恩·孔茨写的《午夜》中，我们了解到山姆·布克和他那十几岁的儿子有一些个人恩怨。故事就从那里展开了。在最后，有一个场景是描写布克和他儿子在一起的，和解从这里开始。

产生共鸣

完美的最后一页、精彩的最后一段、尽善尽美的最后一行是至关重要的。因为每部小说都是独一无二的，所以，不可能有一个实现这个目标的固定方法。

不过你可以通过下面这种方式来处理：写上好几个不同的故事结尾。尝试运用不同的表达方式和节奏。

在小说中寻找一条对话的主线，可以在结尾中重复出现。例如，我曾经写过一本小说，里面的男主人公是一个赏金杀手，在被女主人公（他正在帮助的人）问及处在麻烦中他们能做什么的时候，他回答道："临时发挥。"

在小说的结尾，当两人即将成为浪漫的一对时，这次是他问他们应该怎么办，她回答说："临时发挥。"

这就是最后一句话。

或者只是围绕一条听起来不错的对话主线，来创造几段对话。然后从中选出一个最好的，接着想办法在小说的开始部分植入一个关于这个对话的暗示。

最后的转折

想出几个备选的结尾。如果其中一个看起来比现有的好，那就考虑将其放到小说里。

但是不要放弃之前的结尾。可以考虑将其作为一个转折性的结尾。你必须调整一下细节，因为你可能会用到它。

或者采用其中一个你想出来的备选结尾。

最终的转折应该短小，但要避免虎头蛇尾。

场　景

关于场景的几个关键问题

- 每个场景中都有冲突或紧张的局面吗？
- 你创建的角色有自己的观点吗？
- 如果是动作场景，目的明确吗？
- 如果是反应场景，情感到位吗？

通常的补救措施

重新体验场景

不用重写，**而是重新体验。**

你曾经把自己想象成小说中的人物吗？是否曾经试着感觉一下他或她的感受？

那么，现在就试一试吧，这并不难，就像一个演员一样。

通常，每写完一个场景，我就会回过头来试着体验一下里面的真情实感。我会自己表演一下自己创作的那部分。几乎总是在我感觉自己“进入到那个人物中”的时候，又给场景增加一些新内容，或者改变一下场景。

你还可以在脑海中一幕一幕地想象一下这些场景，非常生动形象，就像演一场电影那样。只不过不是坐在电影院里看电影，而是**处于场景中**。其他的人物看不到你，但是你可以看到他们，也能听到他们。

强化过程。在这个过程中要安排一些事情发生。让角色即兴发挥。如果你不喜欢他们即兴想出来的内容，那就回放一下场景，让他们做些其他事情。

看一下场景的开头。在故事的开头你要用什么来吸引读者？在背景描述上你是否花费了太多的时间？一般而言，在开始的时候就**直奔主题**（在事情发生的中间阶段）是比较好的，稍后再进行一些描述。

检查场景的结束处。你所提供的这些内容会让读者感兴趣并愿意继续读下去吗？结束场景的几个关键时刻如下：

- 在将要做出一个重要决定的时刻
- 当一件糟糕的事情发生的时候
- 预示着不好的事情**将要**发生的一刻
- 有着强烈的情感表现的时刻
- 提出一个没有直接答案的问题

写作过程中应该注意不断地改进场景，这样你就能快速提高小说的质量，从而让读者有爱不释手的感觉。

升温核心

问问自己场景的核心是什么？目的是什么？为什么会存在？关于场景中的四个关键问题，它会怎样回答？

如果核心薄弱或不清楚，就要加强对核心的描写。

将它作为“热点”，并想办法使其升温。

调整节奏

如果你需要将一个场景的节奏加快，其中一个方法就是写对话。几轮简短的交流可以让读者有时间思考，书页中留下大量的空白，让读者觉得整个故事在运动。在劳伦斯·布洛克写的故事《布袋夫人的蜡烛》里，女服务员告诉私家侦探马特·斯卡德说有人在找他，最后在描述那个找他的人的时候，说他看起来“重心低”。

> “真的是一个好词。”
>
> “我说你迟早会来。”

> “我一直都来，只是早点或晚点而已。”
>
> “嗯，嗯，你挺好吧，马特？”
>
> “梅莰丢了比分接近的一局。”
>
> “我听说是 13 比 4。”
>
> “这已经是他们这些天来比分最接近的一局了。他说要干什么了吗？”

如果想要放慢场景的节奏，你可以添加动作节奏、思想、描述以及大段的演讲。在布洛克的故事中，一个杀手向斯卡德供认，他杀死了布袋夫人。斯卡德问他为什么要这样做。

> “跟波本威士忌和咖啡一样，不得不做的事，必须得品味一下，尝尝是什么味道。”他的眼神与我相遇了。他的眼睛很大，空洞无神。我幻想正好可以通过他那空洞无神的眼睛看到其黑暗的内心。“我脑子里的谋杀念头挥之不去。”他说。现在他的声音变得更冷静了，话语中还有些许调侃的味道。“我曾经试着控制自己，但是控制不了。这个想法一直萦绕在我脑子里，我也害怕我可能会杀了她。我就是无法控制，也无法思考，我每分每秒看到的都只是鲜血和死亡。我害怕极了，因为害怕看到什么，赶紧闭上眼睛。我只能醒着，睡不着，似乎过了几天，我感到疲惫不堪，一闭上眼睛，就感觉晕过去了。我不再吃饭了，我的体重曾经重得惊人，就这样不吃不睡，体重一下子就轻了好多。”

延伸紧张感

不要浪费任何精彩的紧张节奏。延伸紧张感，这会让你的小说成为电影的慢镜头。

把每一个节奏都表现出来，运用可以使用的所有工具：思想、动作、对话、描述等，然后将这些混合起来。

在迪恩·孔茨的《耳语》中，有一处有名的早期场景，他用了17页纸来描述主要人物强奸未遂的情节。所有的故事都发生在一栋房子里。可以学习一下这种写法。

避免模糊的视角

每个场景中都需要人物有一个鲜明的视角。规则是每个场景只有一个视角，而不应该有几个。

唯一的例外是你选择的是富有挑战性的全知视角。

否则的话，就牢牢地围绕一个视角展开。

仔细检查你写的场景，看看在前面几段中你的视角是否明确、清晰。你可以迅速补救出现的问题，不要使用如下的方法来开始场景：

> 房间里很闷，挤满了人。

要这样写：

> 史蒂夫走进闷热的房间，试着从人群中穿过。

在整个场景中，你可能需要提醒我们支持哪个人物。你可以利用一些小线索来写，像**“史蒂夫知道他不得不……”**或**“史蒂夫感受到胳膊下的汗水……”。**

对于软弱无力的场景，要么删掉，要么进一步加强

从小说中找出十个最弱的场景，你应该知道哪些是最弱的场景。凭着你的直觉，在通读手稿的时候，你能够在一些场景中感觉到某种失望，甚至是彻底失望的情绪。

比如以下场景：

- 人物之间进行了大量的交流，却没有太多的冲突。

- 这个场景感觉像是其他场景的预设。
- 似乎还没有发现人物的动机。
- 这里有太多的自省。
- 没有足够可以解释行为动机的自省。
- 人物之间没有一点紧张感和冲突。
- 人物内心没有一点紧张感和冲突。

从初稿中找出十个较弱的场景。即使你认为只有五个较弱的场景，那也要找出另外五个相对较弱的场景。

按相对较弱的程度列出这些场景。最弱的场景排在第一位，下一个最弱的排在第二位，依此类推。

把这些数字写在便笺本上，并在手稿中标出每个较弱的场景。

现在你需要按照如下步骤来做：

1. **删掉初稿中的第一个薄弱场景。**让其消失，因为它是最弱的一环。跟它说再见。

2. **移到第二个薄弱场景。**回答下面三个问题：

● 场景的目标是什么，谁来完成这个目标？换句话说，谁是视角人物，这个场景之后他会做些什么？如果他没有任何追求，那就给他添加一些追求或者直接剪掉这个场景。你必须能够将人物的目标陈述清楚、明确，而且还必须在场景的开始就将这个人物的观点向读者表明。人物必须陈述自己的目标，或者在随后的行动中体现出来。

● 接下来，阻挡人物实现已知的目标的障碍是什么？他为什么实现不了目标？在小说写作中你可以运用三种基本障碍：

a. 另一个有意识或无意识地反对他的人物。

b. 人物本身正在进行激烈的内心斗争，以克服那些障碍。

c. 身体上的原因使他很难做到或者根本没有可能达成目标。

● 最后，场景会产生什么样的结果？人物能否实现目标？你觉得最大的紧张感应该是什么？为什么不呢？因为麻烦就是你的游戏，麻烦是造成气氛紧张的要素，这才是吸引读者继续读下去的地方。大多数时候，可以让结尾变成消极的目标，或者至少是一个还没有实现的目标。

3. **回答以上三个方面的问题，然后更深入地思考一下。**例如，仔细考虑第二个薄弱场景的答案：

- **目标**

a. 开动脑筋，想出可以使目标更强大、更紧张并且对视角人物更重要的方法。重写场景，向我们展示这种新的强度。或者——

b. 开动脑筋，想出其他可能的目标。至少列出五个可能的目标。哪一个是与人物一致的最初目标？考虑一下把最初的目标当成新的目标重写场景，尽可能写得紧张激烈些。

- **障碍**

a. 开动脑筋，想办法使阻碍实现目标的反面势力更强大、更有紧张感、更重要。

b. 开动脑筋，想办法使得人物的内心斗争更加激烈，并通过想法和行动告诉我们场景里发生了什么事。

c. 如果障碍适用的话，将身体的障碍写得更真实、直接、危险些。

- **结果**

a. 开动脑筋，想一下这个场景可能的最糟糕的结果。在这个场景里不仅要让人物实现不了目标，而且要让这种损失使他的情况变得更糟，甚至越来越糟。考虑一下将这个作为结果。

b. 在多种结果中，能取得偶然性的胜利是最好的。但是不要让人物被胜利冲昏头脑。相反，沉浸于好的结果往往会引起更大的麻烦。现在你已经将第二个最弱的场景大大加强了。

4. **重复上述过程。**你应该对列表中其余的八个场景都做这样的处理。

5. **获得额外的学分。**用上述三个问题对你的所有场景做一个快速回顾。有时候，你只需要一两行就能将故事的节奏变得更加紧凑。

> 到最后一稿的时候，我甚至都认不出第一稿的模样了。我改变了一切。当初稿结束的时候，我在零点广场陷入沉思，就好像是我用这个草稿来考虑整个情节一样。在我写完的那一刻，每一稿的打印稿都像是滴着墨水，我会这样一遍又一遍地重复多次。
>
> ——泰莉·布莱克斯托克

陈　述

关于陈述的几个关键问题

● 你是否在一个地方汇集了大量的信息？

● 你所做的陈述是否有双重功效？剪掉那些不符合小说氛围或基调的陈述。

通常的补救措施

隐藏陈述

最好的陈述并不明显。好的陈述不会给人一种故事戛然而止的感觉，这样读者便可以边读边汇总信息。

一“大块”陈述可以包括两个或者更多的句子中的任何信息。

以作者的声音非常直白地呈现信息是最不可取的。

所以，应该将每块陈述都按照以下方法处理：

● 挑选出读者绝对不需要知道的那些陈述材料，如果它们只是填充材料的话，就应该被删掉。

哪些陈述必要是个经验问题。例如，如果你要写一个地方的历史，你想营造这个地方的氛围，就需要陈述。特别是如果你喜欢调查研究的话，陈述就是将你所知道的全部呈现出来，以增加吸引力。

- 删掉那些对小说风格形成或者故事理解没有价值的部分。
- 现在，将那些留下来的大块陈述放到对话或人物思想里。

更好的做法是，将这些大块陈述放到冲突性的对话里，或者使它们成为高度紧张的思考。

开始章节

在章节的开始部分要特别注意陈述。行动在先，解释在后。

将读者完全没有必要知道的信息，尤其是章节开始部分的信息剔除出来。看一看是否能把陈述放到后面的部分里，不是一次把全部的陈述都加进去，而是在行动开始之后，把陈述点缀其中。

声音、风格和视角

关于声音、风格和视角的几个关键问题

- 小说中有没有看起来不自然的风格或者呆板的部分？试着大声读出来或者用电脑里模拟的声音读出来。把小说朗读出来有助于你分辨出需要删掉或者修改的部分。
- 在每个场景中你的视角都是一致的吗？
- 如果你是以第一人称写作，人物能够看到或者感受到你所描述的东西吗？
- 如果你是以第三人称写作，你是否只描写了主要人物的想法，而忽视了对场景中其他视角人物的描写？你是否描写了一些人物角色看不到或者感受不到的事情？

通常的补救措施

形象化

将你自己的观点植入视角人物的头脑中，通过他的眼睛使场景形象化。透过视角人物的眼睛，可以一段一段地浏览小说，来“看”场景。

寻找人物角色没能感知到的那些节奏。这些节奏不稳定，但是你练习得越多，就越能更好地抓住这些节奏。

讲究情态

以第一人称视角写作特别要讲究情态。如果是以其他人称视角来写作，你能增加情态系数吗？要通过探索人物对情节的情绪反应，来积累人物更多的表达方式。

背景与描写

关于背景与描写的几个关键问题

- 你的背景设置对于读者来说是否活灵活现？
- 背景的设置是否像塑造人物角色那样用心？
- 你所描写的地点和人物是否太普通？
- 你的描写是否通过添加气氛或基调而具有双重用途？

通常的补救措施

添加生动的细节

通读背景描写，找一个地方植入一个精彩生动的细节。一个生动的细节描述抵得上十个平平淡淡的描述。

关于嗅觉、味觉和触觉的描写在小说中不经常出现，那么，为什么不用这些描写呢？

列出一个与你小说有关的词汇表，要努力让读者感受到这些词语所表达出来的含义。例如：

- 愤怒
- 悲伤
- 希望
- 康复
- 胜利

在你写出的每个词语下面，开动脑筋，想出几个与之相关的感官词汇。

关于**愤怒**，你可能会想到：**红色**、**火**、**噪音**、**碰撞**、**尖叫**、**痛苦**。接下来，当你试图创建有愤怒感的特定场景时，将其中一个描写感官的词汇植入描述之中。

可以将这些添加的词汇视为“香料”，将它们运用得越节俭、越有目的性，效果就越好。

对 话

关于对话的几个关键问题

- 稍微“偏离”的回答比准确的回应更有悬疑感。你能把不合理的推论、以问题作答等形式写进对话中吗？
- 你能把一些直述——**他说**、**她说**——改成动作节奏吗？
- 好的对话能带给读者惊喜，并能制造紧张感。将作品视为一个游戏，游戏里的玩家都在试图击败对方，他们是将对话作为“武器”吗？

- 你设置的对话应该有冲突或紧张感，甚至在盟友之间也是如此。你做到了吗？

通常的补救措施

大声读出来

大声将对话读出来，或者是让电脑模拟的声音替你读出来，拿一支红笔随时准备好修改小说。

精简

看看可以精简掉多少对话。

任意删掉一行对话，代之以动作节奏。

可以试着将超过两行的对话删掉一些词，以此来精简对话。

编排

如果不同人物的对话听起来都一样，就需要精心编排一下了，要使每一段对话都独一无二。例如：

- 赋予人物角色他们自己所钟爱的语句或措辞，他们可以在小说中反复说。
- 注意节奏。一些人说话比别人更快。
- 应该确保你可以“听到”每个人物的声音。

主　题

关于主题的几个关键问题

- 你了解自己小说的主题是什么吗？

- 在写作过程中出现了不同的主题吗？你处理好了吗？
- 你是否将主题元素很自然地植入了小说之中？
- 你是否避免了“讲稿”式写法？

通常的补救措施

写一篇短文

对，就像在学校里写的那样。

不要在乎是什么类型的小说，即使是纯粹的动作戏也可以，你所关心的只是速度。写一篇短文，这篇短文是关于你的书的主题的。

值得庆幸的是，你不需要把写好的短文上交。你可以给自己评分。但是，应该要求自己像对待其他文学作品那样，探究自己的小说，做出评论。

这个练习里通常会出现至少一个占主导地位的主题元素，然后你就可以将其植入自己的小说中。

润　色

在这方面你已经做得很好了，很辛苦，但肯定会有回报。充分利用左右脑，反反复复地修改，认真分析、瞄准问题、开动脑筋、尝试新鲜事物。

这样你就可以成为一个真正的作家。是的，你可以玩那种一个月写一本小说的游戏，那样做既有趣又是一个很好的锻炼。

但是，对小说进行各种加工编辑，比如削减、塑造、增加、删除等，使作品质量越来越高，这些才是真正的写作所必需的。

这样坚持下去，你发表小说的机会就会大大增加。

如果你是自助出版，那就让读者阅读它、喜欢它。[①]

现在，在将小说寄出去之前，再通读一遍。相比之下，这样不会花费很长的时间，但它可能会让你给小说增添意外的亮点，从而使其更加出众。

这就是润色。

章节开头

通读初稿，读一下所有章节的开头。考虑下面几个问题：

- 你的开头能不能再深入一些？
- 开头能吸引住读者吗？有冲突或行动的暗示吗？
- 如果以描述开始，它是否有双重用途？如果没有的话，就把描述放到后面。
- 大部分的章节都是以同样的方式开始的吗？如是，就以不同的方式开始。

章节结尾

看看每一章的结尾。

看看前边有没有什么地方可以作为这一章的结束部分。可以提前一段、两段、三段或者更多。它给人的感觉如何？可能更好，也可能不好。

如果更好的话，就用它结束这一章。

如果不是更好的话，看一下如果加上一些其他东西，能不能使这一章的结尾变得更有预示性或提示性，比如：

- 一段情绪化的描述
- 一段对于恐惧或担心的自省

---

① 如果你想自助出版，这本书对你来说十分重要。自助出版的危险就在于自己出版！自己出版就没有编辑催你。要自己督促自己。

- 做出决定或者说出打算的时刻
- 一段严丝合缝的对话

如果你自己结尾的方式就已经很不错了，就不要改动了！

对话

- 在对话交流中是否有大量空白？
- 其中默认的归属标记是**“说”**吗？
- 你是否是通过动作节奏来使其多样化的？
- 你是否设置了太多的动作节奏？记住，**对话**可以让读者不假思索地阅读下去，这样很好。
- 能否删掉一些词语从而让对话变得更加紧凑？
- 你能把一句话“改编”得更加令人难忘吗？

检索词

搜集一下你经常或多次使用的词语和短语。你会在修订过程中发现这些词语和短语，一个好的编辑或者读者会提醒你注意这些词语，这些词语在不同的表达里也应该有所改变。你会发现自己经常重复同样的词语，因为它们已经深深地扎根在了你的脑海之中。

我要提及的是那些与众不同的单词。动词如**混战**（scuffle）和**蹦蹦跳跳**（scamper）；动作的表达方式，如**清了清他的嗓子；**以及大胆夸张的形容词。

搜索手稿中那些你重复使用的单词和短语，然后对其进行相应的修改。

此外，寻找下面这些词：

- **非常。**这几乎是个没有用的形容词，删掉它。
- **突然。**多半用不到。
- 副词。除非绝对有存在的必要（一些作家坚称这些词没有存在的必要），否则就删掉它们。

重要时刻

我在润色修改一部小说的时候，直接找到了一个关键场景，在这个场景中，正面人物与一个恶棍面对面交锋，他被恶棍的随从带走，将被谋杀。

在我最初的版本中，有正面人物被恶棍关起来痛打的情节。正面人物说了一些挑衅的话，然后被拖出了房间。

这样的情节描写对我来说并不是什么难事，所以在润色修改阶段，我让正面人物轻松摆脱关押，并痛打了恶棍的脸。恶棍是一个老头，被打翻在地，这为小说故事在切换到下一个场景之前增加了更多的紧张感。

在初稿中确定五个重要时刻。每次修改至少读一遍这五个地方。

每读完一个地方，就列出十个可以强化那一重要时刻的方法，让它更加紧张、更加强烈、更有效果。

你可能很快就会想到两三个方法，应该要求自己思考得远远不止于此。即使你认为其中的一些想法是荒诞的，也要列出十个方法来，一定要这样做。

然后坐下来，静静想一想其中的哪一个感觉最好。应该试着以这种方式重写那个重要时刻。

应该用同样的方法重写另外四个重要时刻。

最后的提醒

- 冲突规则。如果你已经找到一种将场景中的冲突升级的方法，那就使用这种方法来升级冲突。看一看场景中的人物角色，即使他们是站在同一立场上的，你也能在他们之间创造出一种不言而喻的紧张感吗？至少一个人物角色平静的外表下应该有加速跳动的心，应该给交流增加更大的难度。
- 分析一下人物之间的关系。你能增加关系网吗？能不能将他们的过去以某种方式交叉起来？

● 给每个主要角色都设定一个秘密——即使这些秘密从来没有在故事中出现过——这会增加一定的感情色彩。

● 不要让你的正面人物表现得十全十美，也不要让反面人物各个方面都表现得很坏。

● **情感**！这才是读者想要的！它的重要性甚至超过写作手法或情节。你必须被故事感动，这样你的读者才会被感动。**所以，必须带着感情去写**！

● 通常要列出各种可能性。寻找最初的那个可能。

● 小说中的每一页至少要使用一种感觉印象（听、尝、看、摸、闻）。

● 永远不能让主要人物依靠巧合来摆脱麻烦。

● 罗伯特·牛顿·佩克曾经说过："许多小说的成功都取决于一个简单的方法：让读者感到困惑不安。"

● 在创作小说的时候应该记日志，记录下你都学到了什么、研究了些什么。随着你写作事业的不断发展，这本日志对你来说将是无价之宝。

● 要坚持不断地学习写作手法，但是当你下笔写作的时候，要像《江湖浪子》里的法斯特·艾迪·费尔森打台球那样，应该快速而流畅。而当你进行修改的时候，应该是慢慢地、冷静地修改。

结束语：无法解释的技巧

上大学的时候，我迷上了魔术。更准确地说是近景魔术，这是最好的一种魔术。扑克牌、硬币、杯子和球，所有这些道具都可以放在观众眼前的桌子上，近距离欣赏。

那时我经常出入好莱坞的魔法城堡，与一些魔术界的传奇人物进行交流。比如深受人们喜爱的弗朗西斯·卡莱尔和查理·米勒。

但是其中最伟大的魔术家是戴·弗农。

现在已是耄耋之年的弗农，在 20 世纪时，多数业内人士都将其视为最厉害的纸牌魔术大师。见过他之后，我认真仔细地读了他的书籍，并试着模仿这位大师。

在他众多的著作中有一本是与路易斯·甘松合著的，弗农详细描述了可能是他个人最好的一项技巧，他称之为“无法解释的技巧”，而且这个技巧的使用从来没有重复过。在老练的魔术师手中，这个技巧总会产生令人敬畏的效果。

该技巧无法解释的原因在于，魔术师所使用的他熟知的每个细节都是随着环境的不同而发生变化的。

例如，他可能会在纸上写一个预言，然后邀请一位观众洗牌，并从中选出一张牌。

每隔一段时间，预测的牌就被选中。魔术师的每个时刻都是即时的，很值得观赏。

而且大多数时候，他必须要即兴表演。但他拥有大量的魔术技巧，可以随意施展，如虚虚实实的洗牌、遮盖压住、快速换牌等。

正如弗农所说：“一个人对于纸牌魔术了解的越多，效果就越好。你需要快速思考并决定如何根据现场环境来获得最好的效果。”

这也是写出精彩的小说的秘诀所在。这就是为什么你应该从这类书中学习写作手法，并且永不停止学习的原因。因为你知道的写作手法越多，在写小说的时候，你就越有能力将其应用于各种各样的情况之中。你是一个小说写作者，就像一个魔术师，你也要处理幻象。

当这种幻象发挥作用时，深入思考的读者就会感到很开心，他会大声喊道：**“这是多么神奇的故事啊！”**

这种“技巧”可以解释吗？

不完全能。这就是才智与技巧、艺术和技能相结合的结果。

如果你在某种程度或层面上拥有了这些只可意会的技巧，并能运用这些技巧和才智来写作，你就会不断地取得进步。

所以，掌握并运用这些技巧来写作，就能创造出自己魔幻般的作品。

练习答案

第四章

练习 1

弗兰克跑进房间，希望莎拉还在那里。[画线的词语说明，我们是站在弗兰克的角度。]

她是在那里，但是等得有点不耐烦了。[弗兰克怎么看出她不耐烦了？尽管通过察言观色，他可以得出结论。但我们观察不到。实际上，我们已转入莎拉的内心世界。]“快一点，”他说，“我们必须离开这里！”

莎拉叹了口气［每个角色都能察觉到这一点，因此适用于任何视角的描写］：“这次又是什么？”

“是警察，警察来了。”她为什么就不能按照他说的去做呢？[一个想法，我们又站在弗兰克的视角上了。]他走到窗前，看着下面的街道，留意有没有警车过来。

莎拉从安乐椅上站起身，[如果弗兰克正在看窗外，他是怎么知道莎拉站起来的？]说道：“你这是妄想症，你这个傻瓜。这是你的药。”每一次她都会随身给他带着药。[这是莎拉的想法。]

当第一辆黑白相间的警车停到路边时，弗兰克转过身来。[如果弗兰克转身离开窗户，那他是如何看到的？]

“如果每个人都追你的话，就不是妄想症了！”他高声尖叫道，“我跟你说话的时候你要看着我！”

莎拉想，[明显的转换。]我准备好的时候，我就会看着你了。她走进厨房。她是一个 30 岁的可爱女人，在朋友中颇受欢迎。但是此刻她却不讨丈夫的欢心。[现在谁在考虑这个呢？听起来像是作者！莎拉自己可能不会有意识地这样想。]

又一辆黑白相间的警车在公寓大楼前停了下来。[谁看到了？又是作者看到的，而不是哪一个人物。]

弗兰克和莎拉听到了扩音器里传来的声音[现在我们视角一致了！之前从未一致过]：“我们知道你在里面！举着手走出来。”

他们躁动不安起来。[同时发生。]

莎拉知道这意味着要坐牢。[莎拉的视角。]

弗兰克也知道莎拉所知道的事情，[弗兰克的视角。]因为他无所不知。[作者再次介入！]

在此处选段中，我们进行了如下视角转换：

> 弗兰克跑进房间，希望莎拉还在那里。
>
> 她是在那里，但是等得有点不耐烦了。

通过用**不耐烦**这个词，我们确保自己是从弗兰克这一原始视角来观察，这样就能够感知到莎拉所察觉到的。

那么我们怎样才可以既保持一致又传达相同的意思呢？身处弗兰克的视角，只能看到他所看到的东西：

> 弗兰克跑进房间，希望莎拉还在那里。
>
> 她还在那里，双臂交叉着，脚敲着地。

这是在**展示**。这要比下面的表达方式好：

> 弗兰克跑进房间，希望莎拉还在那里。
>
> 她还在那里，看起来焦躁不安。

这是在**讲述**，但当把它变成这样的小节时，也是可以接受的。

我们也可以这样：

> “是警察，警察来了。”她为什么就不能按照他说的去做呢？他走到窗前，看着下面的街道，留意有没有警车过来。

莎拉从安乐椅上站起身……

注意弗兰克，如果他往窗外看，他就不会看到莎拉从椅子上站起身。对此如何进行补救呢？站在弗兰克的角度，就会知道他此刻看到的东西，然后增添一些环节来提醒他：

“是警察，警察来了。”她为什么就不能按照他说的去做呢？他走到窗前，看着下面的街道，留意有没有警车过来。

他听到一声摩擦的声音，回头看了一下。莎拉此时正站在那儿，注视着他。

练习 2

我走进熟食店，寻找她。店里座无虚席，人们正一边忙着吃饭，一边讨论问题。[弗兰克可以看到人们忙着吃饭，但却不知道他们在想些什么。他们有的可能很开心。如果这就是他对人们的整体所得出的结论，那么作为故事叙述者，他必须说得更清晰。]

我看到她了。她背对着我，坐在靠墙的隔间里。

面带坚毅的表情，［弗兰克看不到自己的表情。］我走向隔间，坐到了她的对面。

她很不开心。[这并不是根据弗兰克看见的事情得出的结论。我们有时也会接受，可以快速记录下人物的特征。尽管如此，最好让动作和对白来发挥作用。]

“莎拉，你怎么样啊？”我说。

“你觉得我会怎么样呢？”她厌烦地摇摇头。［这样使用副词就显得有些笨拙，但严格说来也不算有错。弗兰克正在描述她是怎样摇头的。]

服务生端着一盘炒鸡蛋走到我身后，说［如果服务生在弗兰克身后，那么他是看不到盘子或鸡蛋的]："我看见你来了一个朋友。"说完把盘子放在了莎拉面前。

"给我来杯咖啡。"我说道。

有些东西的历史引人瞩目，咖啡就是其中之一。起初，咖啡主要闻名于伊斯兰世界，但是渐渐经由荷兰传入欧洲。欧洲咖啡的主要产地正是荷属东印度。咖啡的健康效用备受争议，但是目前的研究表明适量饮用还是有益于健康的。[这便是作者干预，除非弗兰克有充分的理由来讲一个包括这个信息的故事。即使那样，这听起来也不像是人物角色的观点。]

莎拉不喜欢让人陪着 [这又可能是弗兰克的评价，但最好给我们看看场景]："你在这儿干什么呢？"

我眨了眨蓝色的眼睛说："我来看看你都知道些什么。"[弗兰克是看不到自己的眼睛在闪烁的。]

莎拉把手伸进钱包，摸索着钥匙，[弗兰克看不到莎拉在钱包里摸索什么。] 她把钥匙扔到玻璃桌子上，钥匙在我的面前叮当作响。

"这就是你想要知道的一切。"她说道。

第五章

练习 1

当太阳升起来时，山姆 [视角人物，因为已经提到过他，而且下个词是打算] 打算开车去罗兹那儿，然后自己接希瑟。但是他的妻子劝他不要去，他知道她是对的。这件事情不能强求，应该是自然而然的。

此外，由于没有睡觉，他不确定自己是否理性和冷静。到头来，他可能会落得个沿街追狗或者是撕咬邮递员的下场。

于是，他走进了办公室。但是工作就像是在泥泞的山地里步履艰难地跋涉。山姆喝了平常量三倍的拿铁咖啡，试图借此梳理一下自己混乱的思绪。但凌晨与希瑟争吵后，尽管他试图集中精力来做事，却都成了徒劳。**我简直要疯了。**

然而，有件事他已经决定了，这已经没有任何犹豫的余地了。他喝完咖啡，去了卢的办公室。

“嗨，怎么了伙计?”卢右手转动着铅笔，另一只手敲着电脑键盘。

“我不能那么做，卢。”[我们就在这儿确定目标。他决定去卢的办公室看看。但为什么呢？现在我们看到，他是去传达他不会放弃诉讼的消息。]

“做什么?”

“放弃哈珀。我要负责到底。”

卢把铅笔扔到桌子上。“我很失望。”[此动作和对话使卢成为这个场景中的反面人物。]

“抱歉，只能是这样。”

“就这样?”

“我想了很长时间了。”

“这不是应该我们一起来做决定吗?”

“卢，你想要绕过我做决定。你明明声称这由我来决定，但实际上你却不想要我继续处理这个案子。但这是我应该负责的，这是我作为一名律师的职责——”

卢摇了摇头：“我不太高兴，当然，你之前就已经想到会是这样了。”他沉默了片刻，说：“好吧，做你需要做的事吧。但我们不会免掉我们的费用。[最终卢同意了，但带有一个附加条件。]现在离开这儿去做你的工作吧。”

工作，是的。山姆还会做过去做的那些事，干点零工。他知道，在法学院他的班级里，他从来都不是最聪明的学生。但他确信没有人在工作能力上能超过他，而且确实没有人做到过。

他将努力争取让女儿回到自己身边，努力为莎拉·哈珀伸张正义，努力使生活中公平再现。他将会穷尽一生为之努力。

练习 2

这样的开头比较笨拙，过度使用了**寒冷**这个词。其中包含不少无意义的细节内容，尽管有时你想以此种方式开始一个场景，然而出于节奏的原因，应该开门见山切入主题。怎样做才能让故事进展更快呢？下面是三条建议：

约翰感觉到一下撞击，接着听到了尖叫声。他停下车，跳了下来。

一个老人一动不动地躺在车道上。

雪到处都是，风撕扯着约翰的衣服。

“不！”约翰说，“快醒醒，请不要死啊。”

他并没看到这个老人，只是觉得有些颠簸，听到了尖叫声。他刚刚从私人车道上出来。那个老人在那儿干什么呢？他没看到他吗？

雪到处都是，风撕扯着约翰的衣服。

死神冷冰冰的，就在雪地里。

约翰只好返回。他把情况汇报给警察。在寒风刺骨的早上，他什么事也没做。

第六章

练习 1

注意：只有一种方法。存在许多种可能性。

“晚上好。”

“你刚刚说的是什么?”

“我不知道你也来了。”

“我收到一个邀请。”

“太好了。多么美好的夜晚啊，不是吗?”

“有什么好的?”

“微风中飘着金银花的芬芳，难道你不喜欢吗?”

“嗯，当然。”

练习 3

富兰克林转身对着我，从他看的那页读道：“我肯定，我的美国同胞们都期待我在就任总统后，坦率而果断地向你们讲话——”

“就在那儿停下。”我说。

“怎么了，亲爱的?”他说。

“有点自命不凡。”

“先听听，行吗?”

我坐着把两只胳膊交叉起来。

富兰克林点了根烟，然后说道：“在我们的人民推动的现在的形势下要有坚定的信念。”

他透过眼镜打量着我："你喜欢吗？**推动**？"

"继续。"我说。

"现在正是坦白、勇敢地说出实话，说出全部实话的最好时刻。我们不必畏首畏尾，应该老老实实地面对现如今我国的国情。这个伟大的国家会一如既往地存在下去，它会复兴和繁荣起来——"

"我打扰你们了吗？"

是赫尔，他一贯喜欢闯进来。

"对，"富兰克林说，"现在不是时候。"

"你建议在什么时候？"赫尔挺直了腰。

"在我打消全国人民的疑虑以后。"富兰克林对我眨眨眼。

赫尔摇了摇头，退出了办公室。

"那话挺好，"我说，"在演讲中加入一点。"

"对，对，现在听听。到哪儿了啊？哦，对。会复兴和繁荣起来。因此，让我首先表明我的坚定信念：我们唯一害怕的就是来年。"

"呃。"我说。

"什么？"

"来年？那是我们所担心的？"

"看起来形势不乐观。"

我站起来，然后走到办公桌前。没等他反应过来，我从他手里抓过那几张纸，拿起笔开始草草地写起来。

"你在干什么？"富兰克林说。

"安静。"

我写完了，然后给他看了一下。他一把夺过来，哼了一声便开始读起来。他嘴边露出一丝微笑："害怕本身。很好。太好了。"

又有敲门声。从门后传来："富兰克林在吗？"

"是埃莉诺，"富兰克林说道，"快，到窗帘后面。"

第八章

练习 1

唐走进酒吧。混杂着陈年啤酒和汗的气味刺入他的鼻孔。真要命，他心想。

一阵犬吠！

唐后退了几步。一只水壶大小的狮子狗冲他露出了牙齿。

他踢了狗一脚，狗**汪汪地**跑了回去。

"你好大胆！"一个女人说。她坐在桌子旁，手握拴狗的皮带。她肯定得有三百磅重。她可能已年过五十，年龄堆积在脸上。脸上有双下巴。

"你为什么不管管那只蠢狗？"唐说。

"你说什么？"这个女人说。

"在我用它剔牙之前，把它带出去。"

女人喘着气说："乔！乔，你可以过来一下吗？"

吧台后面站着一个年轻小伙子，肩膀像是和酒吧屋顶一样宽。他的脚步声听起来很像哥斯拉。

"有什么问题吗，亨尼斯太太？"乔说。

"这个人踢了小狗一脚。"亨尼斯太太说。

乔看着唐，摇了摇脑袋："恐怕我得让你——"

"让我走，"唐说，"好，没问题。"

练习 2

约翰使劲用拳头捶打着墙壁。

约翰双手抱着头。

玛丽走进来，一屁股坐在那把她喜欢的椅子上，那是一把老式的躺椅。

“你这蠢货！”玛丽踱着步子，挥动着胳膊，“你毁掉了我们所有得到幸福的机会。你和你的顽固让所有事情都成了笑话。老兄，线索在这儿。所有事情都不是笑话。你才是笑话。而且如果你不赶紧成熟起来，我就要离开这儿了。”

“创意写作书系”介绍

这是国内首次系统引进国外创意写作成果的丛书，它为读者提供了一把通往作家之路的钥匙，帮助读者克服写作障碍，学习写作技巧，规划写作生涯。从开始写，到写得更好，你都可以使用这套书。

“创意写作书系”丛书书目

非虚构类写作指导		
书名	作者	出版日期
自我与面具：回忆录写作的艺术	玛丽·卡尔	2017 年 10 月
新闻写作的艺术	纳维德·萨利赫	2017 年 6 月
回忆录写作（第二版）	朱迪思·巴林顿	2014 年 6 月
写作法宝：非虚构写作指南	威廉·津瑟	2013 年 9 月
写出心灵深处的故事——非虚构创作指南	李华	2014 年 1 月
★故事技巧——叙事性非虚构文学写作指南	杰克·哈特	2012 年 7 月
★开始写吧！——非虚构文学创作	雪莉·艾利斯	2011 年 1 月
虚构类写作指导		
小说的艺术：给青年作者的写作指导	约翰·加德纳	2019 年 10 月
超级结构：解锁故事能量的钥匙	詹姆斯·斯科特·贝尔	2019 年 6 月
人物与视角：小说创作的要素	奥森·斯科特·卡德	2019 年 3 月
从生活到小说（第三版）	罗宾·赫姆利	2018 年 1 月
小说写作：叙事技巧指南（第九版）	珍妮特·伯罗薇等	2017 年 10 月
★成为小说家	约翰·加德纳	2016 年 11 月
小说创作谈	大卫·姚斯	2016 年 11 月
如何创作炫人耳目的对话	詹姆斯·斯科特·贝尔	2016 年 11 月
小说创作技能拓展	陈鸣	2016 年 4 月
故事力学：掌握故事创作的内在动力	拉里·布鲁克斯	2016 年 3 月
写小说的艺术	安德鲁·考恩	2015 年 10 月
弗雷的小说写作坊：让劲爆小说飞起来	詹姆斯·N. 弗雷	2015 年 7 月
弗雷的小说写作坊：劲爆小说秘境游走	詹姆斯·N. 弗雷	2015 年 7 月
经典情节 20 种（第二版）	罗纳德·B. 托比亚斯	2015 年 4 月
故事工程——掌握成功写作的六大核心技能	拉里·布鲁克斯	2014 年 6 月
★冲突与悬念——小说创作的要素	詹姆斯·斯科特·贝尔	2014 年 6 月
情节与人物——找到伟大小说的平衡点	杰夫·格尔克	2014 年 6 月
★经典人物原型 45 种——创造独特角色的神话模型（第三版）	维多利亚·林恩·施密特	2014 年 6 月
★30 天写小说	克里斯·巴蒂	2013 年 5 月

★情节！情节！——通过人物、悬念与冲突赋予故事生命力	诺亚·卢克曼	2012 年 7 月
★开始写吧！——虚构文学创作	雪莉·艾利斯	2011 年 1 月
★小说写作教程——虚构文学速成全攻略	杰里·克利弗	2011 年 1 月
★小说写作实训教程	陈鸣	2021 年 3 月
综合类写作指导		
与逝者协商——布克奖得主玛格丽特·阿特伍德谈写作	玛格丽特·阿特伍德	2019 年 10 月
童书写作指南	玛丽·科尔	2018 年 7 月
心灵旷野：活出作家人生	纳塔莉·戈德堡	2018 年 1 月
来稿恕难录用：为什么你总是被退稿	杰西卡·佩奇·莫雷尔	2018 年 1 月
大学创意写作·应用写作篇	葛红兵 许道军 主编	2017 年 10 月
大学创意写作·文学写作篇	葛红兵 许道军 主编	2017 年 4 月
从创意到畅销书：修改与自我编辑	詹姆斯·斯科特·贝尔	2016 年 1 月
写作是什么：给爱写作的你	克莉·梅杰斯	2015 年 10 月
故事工坊	许道军	2015 年 5 月
写好前五十页	杰夫·格尔克	2015 年 1 月
作家创意手册	杰克·赫弗伦	2015 年 1 月
创意写作教学（实用方法 50 例）	伊莱恩·沃尔克	2014 年 3 月
你的写作教练（第二版）	于尔根·沃尔夫	2014 年 1 月
诗性的寻找——文学作品的创作与欣赏	刁克利	2013 年 10 月
创意写作大师课	于尔根·沃尔夫	2013 年 7 月
★一年通往作家路——提高写作技巧的 12 堂课	苏珊·M. 蒂贝尔吉安	2013 年 5 月
写好前五页——出版人眼中的好作品	诺亚·卢克曼	2013 年 1 月
畅销书写作技巧	德怀特·V. 斯温	2013 年 1 月
成为作家	多萝西娅·布兰德	2011 年 1 月
类型文学写作指导		
开始写吧！——推理小说创作	劳丽·拉姆森	2016 年 7 月
开始写吧！——科幻、奇幻、惊悚小说创作	劳丽·拉姆森	2016 年 1 月
弗雷的小说写作坊：悬疑小说创作指导	詹姆斯·N. 弗雷	2015 年 10 月
网络文学创作原理	王祥	2015 年 4 月
好剧本如何讲故事	罗伯·托宾	2015 年 3 月
写我人生诗	塞琪·科恩	2014 年 10 月
开始写吧！——影视剧本创作	雪莉·艾利斯	2012 年 7 月
青少年写作指导		
北大附中创意写作课	李韧	2020 年 1 月
北大附中说理写作课	李亦辰	2019 年 12 月
奇妙的创意写作：让你的故事和诗飞起来	卡伦·本基	2019 年 3 月
会写作的大脑 1：梵高和面包车（修订版）	邦妮·纽鲍尔	2018 年 7 月
会写作的大脑 2：怪物大碰撞（修订版）	邦妮·纽鲍尔	2018 年 7 月
会写作的大脑 3：33 个我（修订版）	邦妮·纽鲍尔	2018 年 7 月
会写作的大脑 4：亲爱的日记（修订版）	邦妮·纽鲍尔	2018 年 7 月

创意写作书系·青少年系列

《会写作的大脑》（套装四册）

作者：【美】邦妮·纽鲍尔 出版时间：2018年6月

《会写作的大脑1·梵高和面包车（修订版）》

这是一本给青少年的创意写作练习册，包括100个趣味写作练习，它将帮助你尽快进入写作，并养成写作习惯。你只需要一支笔和每天十分钟，就可以加入这个写作训练营了。

《会写作的大脑2·怪物大碰撞（修订版）》

本书包含了100个充满创意、异想天开的写作练习，帮助你迅速进入状态，并且坚持写作。你在开始写作时遇到过困难吗？以后不会了！拿起这本书，释放你内心的作家自我吧！

《会写作的大脑3·33个我（修订版）》

在这本书中，你会用各种各样的工具、用各种各样的姿势、在各种各样的地方写作。它将帮助你向内探索，把自己的生活写成故事。

《会写作的大脑4·亲爱的日记（修订版）》

本书是那些需要点燃或者重启写作灵感的人的完美选择。无论何时、何地，只要你翻开这本书，开始动笔跟着练习去写，它都能激发你的创造力，给你的写作过程增加乐趣，并帮助你深入生活、形成自己的创作观。

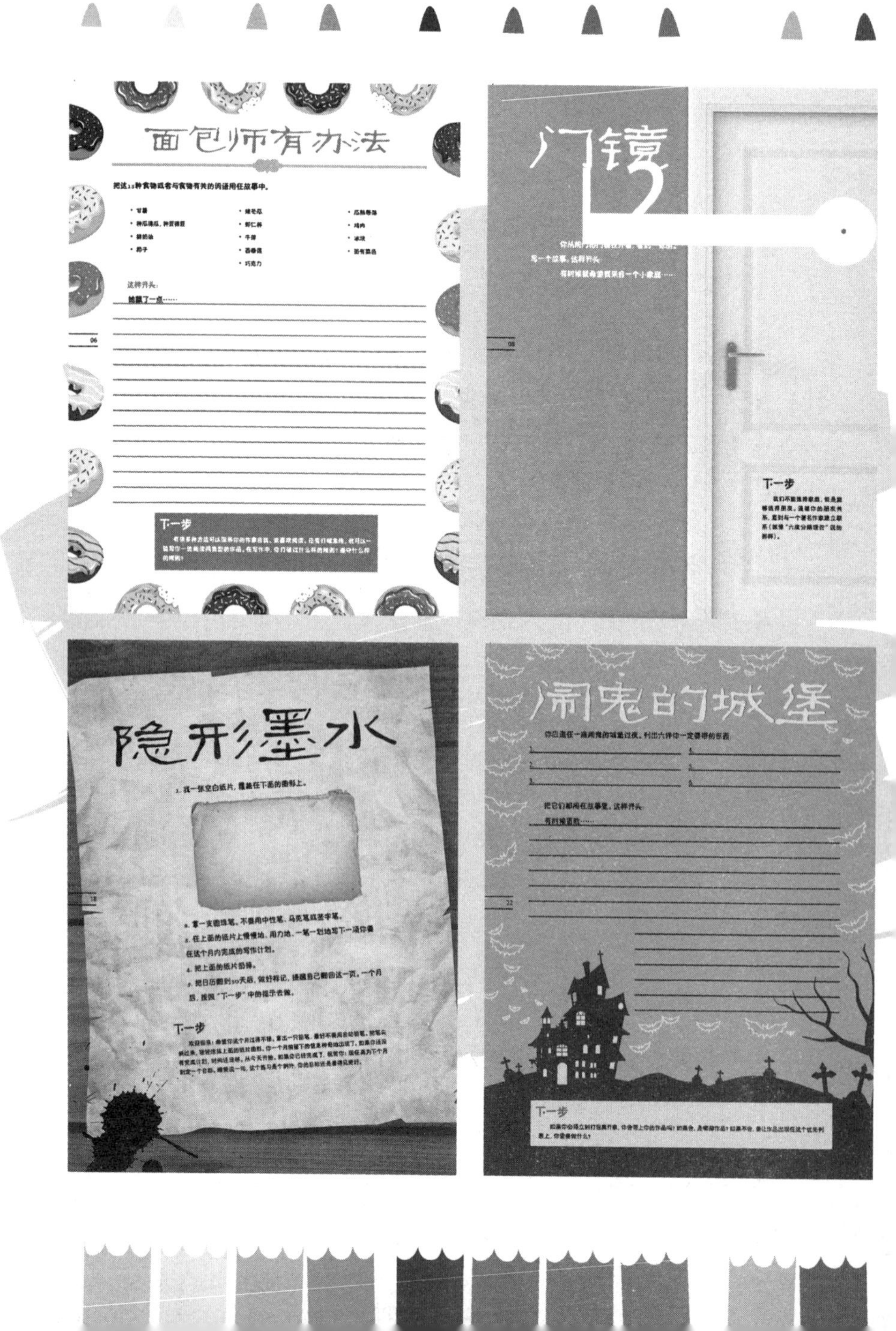
面包师有办法
把这13种食物或者与食物有关的词语用在故事中。
这样开头：
下一步
06
门镜
下一步
08
隐形墨水
1. 找一张空白纸片，覆盖在下面的图形上。
4. 把上面的纸片扔掉。
下一步
18
闹鬼的城堡
下一步
22

图书在版编目（CIP）数据

从创意到畅销书：修改与自我编辑：第2版/（美）贝尔（Bell，J. S.）著；刘在良译．—北京：中国人民大学出版社，2016.1
（创意写作书系）
ISBN 978-7-300-22126-7

Ⅰ.①从… Ⅱ.①贝… ②刘… Ⅲ.①编辑工作 Ⅳ.①G232

中国版本图书馆CIP数据核字（2015）第273564号

创意写作书系
从创意到畅销书——修改与自我编辑（第二版）
詹姆斯·斯科特·贝尔　著
刘在良　译
Cong Chuangyi dao Changxiaoshu

出版发行	中国人民大学出版社		
社　　址	北京中关村大街31号	邮政编码	100080
电　　话	010－62511242（总编室）		010－62511770（质管部）
	010－82501766（邮购部）		010－62514148（门市部）
	010－62515195（发行公司）		010－62515275（盗版举报）
网　　址	http://www.crup.com.cn		
经　　销	新华书店		
印　　刷	北京联兴盛业印刷股份有限公司		
规　　格	145 mm×210 mm　32开本	版　　次	2016年1月第1版
印　　张	11.375 插页2	印　　次	2021年3月第3次印刷
字　　数	269 000	定　　价	58.00元